A SABEDORIA DOS PSICOPATAS

KEVIN DUTTON

A SABEDORIA DOS PSICOPATAS

Tradução de
ALESSANDRA BONRRUQUER

6ª edição

EDITORA RECORD
RIO DE JANEIRO • SÃO PAULO
2025

CIP-BRASIL. CATALOGAÇÃO NA PUBLICAÇÃO
SINDICATO NACIONAL DOS EDITORES DE LIVROS, RJ

D979s
6ª ed.

Dutton, Kevin
 A sabedoria dos psicopatas: o que santos, espiões e serial killers podem nos ensinar sobre o sucesso / Kevin Dutton; tradução de Alessandra Bonrruquer. – 6ª ed. – Rio de Janeiro: Record, 2025.

 Tradução de: The wisdom of psychopaths
 Inclui bibliografia e índice
 ISBN 978-85-01-40077-2

 1. Psicopatas. I. Bonrruquer, Alessandra. II. Título.

18-46985

CDD: 616.8582
CDU: 616.89-008.1

Copyright © Kevin Dutton, 2012

Título original em inglês: The wisdom of psychopaths

Todos os direitos reservados. Proibida a reprodução, armazenamento ou transmissão de partes deste livro, através de quaisquer meios, sem prévia autorização por escrito.

Texto revisado segundo o novo Acordo Ortográfico da Língua Portuguesa.

Direitos exclusivos de publicação em língua portuguesa para o Brasil adquiridos pela
EDITORA RECORD LTDA.
Rua Argentina, 171 – 20921-380 – Rio de Janeiro, RJ – Tel.: (21) 2585-2000, que se reserva a propriedade literária desta tradução.

Impresso no Brasil

ISBN 978-85-01-40077-2

Seja um leitor preferencial Record.
Cadastre-se em www.record.com.br
e receba informações sobre nossos lançamentos e nossas promoções.

Atendimento e venda direta ao leitor:
sac@record.com.br

EDITORA AFILIADA

Sumário

Prefácio — 9

1. Escorpião interior — 17
2. O verdadeiro psicopata pode se levantar, por favor? — 47
3. *Carpe noctem* — 83
4. A sabedoria dos psicopatas — 109
5. Faça de mim um psicopata — 139
6. Os sete sucessos capitais — 169
7. Supersanidade — 195

Notas — 229
Agradecimentos — 257
Nota do autor — 261
Índice — 263

A mente é seu próprio lugar, e dentro de si pode fazer um inferno do céu, um céu do inferno.

John Milton, *O paraíso perdido* (1667)

Prefácio

Meu pai era psicopata. Pensando bem, parece um pouco estranho dizer isso agora. Mas não há dúvida de que ele era. Ele era encantador, destemido, intransigente (mas nunca violento). E tinha tanta consciência quanto a geladeira de Jeffrey Dahmer. Ele não matou ninguém. Mas certamente aplicou alguns golpes.

Que bom que os genes não são tudo, não é verdade?

Meu pai também tinha um talento incomum para conseguir exatamente o que queria. Em geral, apenas com uma frase casual ou um único gesto significativo. As pessoas até mesmo costumavam dizer que ele *se parecia com Del Boy*. E ele se parecia mesmo, fisicamente, não apenas no modo de agir (ele também era feirante).

Only fools and horses era como um vídeo caseiro da família Dutton.

Lembro-me de uma vez ajudar meu pai a vender um monte de agendas no mercado de Petticoat Lane, no bairro londrino de East End. Eu tinha 10 anos na época, e era dia de escola. As agendas em questão eram um item de colecionador. Elas só possuíam onze meses.

— Você não pode vendê-las — protestei. — Está faltando janeiro!

— Eu sei — disse ele. — Foi por isso que esqueci seu aniversário.

— Oportunidade única de pôr suas mãos em uma agenda de onze meses, pessoal! Aproveitem a oferta especial de duas por uma e ganhem um mês grátis no ano que vem.

Nós vendemos todo o maldito lote.

Eu sempre defendi que meu pai possuía a personalidade ideal para a vida moderna. Nunca o vi entrar em pânico. Nem uma única vez eu o vi perder a calma ou ficar vermelho de raiva pelo que quer que fosse. E, acredite, houve muitas ocasiões em que ele poderia.

— Dizem que os seres humanos desenvolveram o medo como mecanismo de sobrevivência contra os predadores — ele me disse uma vez. — Mas a gente não vê muitos tigres-dentes-de-sabre rondando a Avenida Elephant and Castle, não é?[1]

Ele tinha razão. Eu certamente não vira nenhum. Algumas cobras, talvez. Mas todo mundo sabia quem *elas* eram.

Durante muito tempo, enquanto crescia, eu achei que esse *bon mot* de meu pai fosse apenas mais uma de suas frases de vendedor. Hoje tem, amanhã não tem mais. Um pouco como o monte de porcarias que ele costumava vender. Mas agora, anos depois, percebo que havia uma profunda verdade biológica no que ele dizia. De fato, ele antecipou a posição assumida pelos modernos psicólogos evolucionistas com misteriosa e sublime precisão. Aparentemente, nós humanos realmente desenvolvemos a reação de medo como mecanismo de sobrevivência para nos proteger de predadores. Macacos com lesões na amídala — o centro de triagem emocional do cérebro — fazem coisas muito estúpidas. Como tentar apanhar cobras.[2]

No entanto, milhões de anos depois, em um mundo no qual não há animais selvagens espreitando em cada esquina, esse sistema de medo pode ser excessivamente sensível — como um motorista nervoso cujo pé está sempre pairando sobre o pedal do freio —, reagindo a perigos que na verdade não existem e nos levando a tomar decisões ilógicas e irracionais.

"Não havia algo como um mercado de ações no Pleistoceno", diz George Loewenstein, professor de economia e psicologia em Carnegie Mellon. "Mas seres humanos são patologicamente avessos ao risco. Muitos dos mecanismos que dirigem nossas emoções não estão realmente adaptados à vida moderna."[3]

Eu prefiro a versão de meu pai.

Desnecessário dizer que a observação de que seres humanos modernos são patologicamente avessos ao risco não significa que esse foi sempre o caso. Na verdade, pode-se argumentar que aqueles de nós, hoje, que são clinicamente avessos ao risco — aqueles de nós, por exemplo, que sofrem de ansiedade crônica — simplesmente têm uma coisa boa em excesso. No tempo de nossos ancestrais, como sugerem os biólogos evolucionistas, a existência de indivíduos superatentos às ameaças pode ter sido decisiva na luta contra os predadores — e, desse ponto de vista, a ansiedade teria indubitavelmente servido como considerável vantagem adaptativa. Quanto mais sensível se fosse a pequenos estalidos nos arbustos, maior a probabilidade de se manter vivo, bem como à família e ao resto do grupo. Mesmo hoje, indivíduos ansiosos são melhores que o resto de nós em detectar a presença de ameaças: coloque a foto de um rosto zangado no meio de outras fotos de rostos felizes ou neutros e as pessoas ansiosas serão muito mais rápidas em detectá-lo que os que não sofrem de ansiedade — o que não é uma má qualidade para se possuir quando se está sozinho à noite andando por uma vizinhança desconhecida. Ser ansioso pode ser útil às vezes.[4]

A noção de que transtornos mentais ocasionalmente podem ser úteis, de que podem conferir tanto imensa angústia quanto extraordinárias e estranhas vantagens a seus portadores, não é novidade. Como observou o filósofo Aristóteles há mais de 2.400 anos, "Nunca houve um gênio sem um traço de loucura". Para a maioria das pessoas, graças ao sucesso de bilheteria dos filmes *Rain Man* e *Uma mente brilhante*, a ligação entre "gênio" e "loucura" é provavelmente mais aparente quando se trata de autismo e esquizofrenia. No livro *O homem que confundiu sua mulher com um chapéu*, o neurologista e psiquiatra Oliver Sacks narrou seu famoso encontro com "os gêmeos". Profundamente autistas, John e Michael, na época com 26 anos, viviam em um hospital psiquiátrico. Quando uma caixa de fósforos caiu no chão, ambos disseram "111" simultaneamente. Enquanto Sacks apanhava os fósforos, ele começou a contar...[5]

De modo semelhante, o conhecido estereótipo do artista genial, mas atormentado, também não é sem fundamento. O pintor Vincent van Gogh, o dançarino Vaslav Nijinsky e o pai da "teoria dos jogos" (voltaremos a isso mais tarde) John Nash eram todos psicóticos. Coincidência? Não de acordo com Szabolcs Kéri, pesquisador da Universidade de Semmelweis em Budapeste, que parece ter encontrado um polimorfismo genético associado tanto à esquizofrenia quanto à criatividade. Kéri descobriu que pessoas com duas cópias de determinada variação de uma única "letra" química do DNA em um gene chamado *neuregulin 1*, variação previamente ligada à psicose — assim como a problemas de memória e sensibilidade à crítica —, tendem a ter desempenhos muito melhores em testes de criatividade que indivíduos com apenas uma ou nenhuma cópia da variação. Os que possuem apenas uma cópia também tendem a ser mais criativos, na média, que os que não possuem nenhuma.[6]

Até mesmo a depressão tem vantagens. Pesquisas recentes sugerem que o desânimo nos ajuda a pensar melhor — e também contribui para aumentar a atenção e melhorar nossa capacidade de resolver problemas. Em um engenhoso experimento, Joe Forgas, professor de psicologia na Universidade de New South Wales, colocou uma série de objetos, como soldados de brinquedo, animais de plástico e miniaturas de carros, perto do caixa de uma pequena papelaria em Sydney.[7] Conforme os clientes saíam, Forgas testava sua memória, pedindo que listassem tantos itens quanto possível. Mas havia um porém: em alguns dias, o tempo estava chuvoso, e Forgas punha o "Réquiem" de Verdi para tocar na loja; em outros fazia sol, e os clientes recebiam uma explosão de Gilbert e Sullivan.

Os resultados não poderiam ser mais claros. Clientes dos dias de "mau humor" lembraram quatro vezes mais objetos. A chuva os deixou tristes, e sua tristeza os fez prestar mais atenção. Moral da história? Se o dia estiver bonito, confira seu troco.

Quando se pega a estrada de transtornos que conferem vantagens, de males que vêm para o bem e de prêmios de consolação psicológicos, é difícil conceber uma condição que *não* valha a pena, de um jeito ou de outro. Obsessivo compulsivo? Você nunca vai deixar o gás ligado. Paranoico? Você nunca será enganado pelas letras pequenas de um contrato. Na verdade, medo e tristeza — ansiedade e depressão — constituem duas das cinco emoções básicas* que evoluíram universalmente entre as culturas e que, como tais, praticamente todos nós experimentamos em algum momento de nossas vidas. Mas há um grupo de pessoas que é exceção à regra, que não experimenta nenhuma das duas — mesmo sob as mais difíceis e desafiadoras circunstâncias. Psicopatas. Um psicopata não se preocuparia ainda que ele** *tivesse* deixado o gás ligado.[8] Algum benefício aqui?

---

* As outras três emoções básicas são raiva, felicidade e repulsa. Existe alguma disputa sobre a inclusão de uma sexta, surpresa, nessa lista.
** Na maior parte das vezes, *é* "ele". Para as possíveis razões, veja a seção de Notas no fim do livro.

Pergunte isso a um psicopata e, na maioria das vezes, ele olhará para você como se *você* fosse maluco. Veja, para um psicopata, não existem males. Existem *apenas* benefícios. Você poderia pensar que a engenhosa observação de que um ano possui doze meses, e não onze, poria fim à ideia de vender aquelas agendas. Mas não para meu pai. Antes o oposto, na verdade. Ele viu isso como um argumento de venda.

Ele certamente não está sozinho. Nem, como alguns poderiam argumentar, completamente errado. Durante o curso de minha pesquisa, eu conheci muitos psicopatas de todos os grupos sociais — e não, que fique claro, apenas em minha família. É claro que, a portas fechadas, eu encontrei minha dose de Hannibal Lecters e Ted Bundys: pessoas tão sem remorso ou consciência que seriam convidadas para jantar na casa de qualquer psicopata que você mencione sem nem ao menos telefonar antes — bastaria aparecer por lá. Mas eu também conheci psicopatas que, longe de devorarem a sociedade por dentro, servem, por meio de atitudes calmas e da capacidade de tomar decisões difíceis, para enriquecê-la: cirurgiões, soldados, espiões, empreendedores — e, ouso dizer, mesmo advogados. "Não fique convencido demais. Não importa quão bom você seja. Não deixe que notem você", aconselhou Al Pacino como dono de um grande escritório de advocacia no filme *O advogado do diabo*. "Isso é uma gafe, meu amigo. Torne-se pequeno. Seja o caipira. O aleijado. O nerd. O leproso. O esquisito. Olhe para mim — eu fui subestimado desde o início." Pacino interpretava o Diabo. E, talvez de modo não surpreendente, acertou exatamente no alvo. Se há uma coisa que psicopatas têm em comum é a consumada habilidade de se passarem por pessoas comuns, enquanto, por detrás da fachada — do brutal e brilhante disfarce —, bate o gelado coração de um impiedoso predador.

Como um jovem e extremamente bem-sucedido advogado me disse uma vez no terraço de sua cobertura sobre o Tâmisa: "Em algum lugar de mim, lá no fundo, há um serial killer à espreita. Mas eu o mantenho distraído com cocaína, Fórmula 1, sexo casual e esplêndidas inquirições."

Lentamente, eu me afastei do beiral da cobertura.

Esse encontro com o jovem advogado (mais tarde, ele me levaria de volta ao hotel, rio abaixo, em sua lancha) de certa maneira ilustra minha teoria sobre psicopatas: uma das razões pelas quais somos tão fascinados por eles é o fato de sermos fascinados por ilusões, por coisas que parecem normais na superfície, mas, examinadas mais de perto, revelam-se tudo menos isso. *Amyciaea lineatipes* é uma espécie de aracnídeo que mimetiza a aparência física das formigas das quais se alimenta. Quando suas vítimas finalmente desistem da ideia de que são boas julgadoras de caráter, já é tarde demais. Muitas pessoas que entrevistei se sentiam exatamente assim. E, acredite em mim, elas são as que tiveram sorte.

Dê uma olhada na imagem a seguir. Quantas bolas de futebol você consegue ver? Seis? Olhe novamente. Ainda seis? Vá até a última página deste prefácio e você encontrará a resposta no rodapé.

Assim são os psicopatas. Externamente elegantes, seu charme, seu carisma e sua impecável camuflagem psicológica nos distraem de sua verdadeira face: a latente anomalia bem em frente de nossos olhos. Sua intoxicante e hipnótica presença nos atrai inexoravelmente.

E, no entanto, a psicopatia, como o Diabo e seu brilhante afilhado londrino acabaram de indicar, também pode ser benéfica. Ao menos em pequenas doses. Assim como a ansiedade, a depressão e vários outros transtornos psicológicos, ela às vezes pode ser adaptativa. Psicopatas, como veremos, têm uma variedade de atributos — magnetismo pessoal e talento para o disfarce sendo apenas o pacote inicial — que, uma vez dominados e controlados, oferecem vantagens consideráveis não apenas no ambiente de trabalho, mas na vida cotidiana em geral. A psicopatia é como a luz do sol. O excesso pode apressar a morte de um modo grotesco, cancerígeno. Mas a exposição regular, em níveis ótimos e controlados, pode ter impacto significativamente positivo no bem-estar e na qualidade de vida.

Nas páginas que se seguem, examinaremos esses atributos de modo detalhado. E veremos como sua incorporação em nossas próprias habilidades psicológicas pode transformar nossas vidas de modo dramático. Evidentemente, não é de modo algum minha intenção glamourizar as ações dos psicopatas — certamente não os psicopatas disfuncionais. Seria como glamourizar um melanoma cognitivo, as malignas maquinações do câncer da personalidade. Mas evidências sugerem que a psicopatia, ao menos em pequenas doses, é como uma personalidade bronzeada. E pode trazer benefícios surpreendentes.

Eu testemunhei alguns desses benefícios em primeira mão. Quando envelheceu e se aposentou da vida de feirante, os deuses não sorriram para meu pai. (Embora ele não fosse exigente: imagens de Buda, Maomé, Sagrado Coração, Virgem Maria... todas tiveram sua vez no bagageiro de sua van.) Ele foi diagnosticado com doença de Parkinson — e passou, com brevidade assustadora, de alguém que podia arrumar uma mala em 10 segundos (habilidade que se mostrara útil com surpreendente frequência) para alguém que não podia nem ao menos ficar em pé sem que o apoiassem pelos braços ("Nos velhos tempos, seria um policial de cada lado", como ele diria).

Mas seu melhor momento, sem dúvida, ocorreu postumamente. Ao menos, eu só descobri depois que ele morreu. Uma noite, não muito depois do funeral, eu estava arrumando suas coisas quando por acaso encontrei um caderno de notas em uma gaveta. Eram anotações feitas por suas várias cuidadoras nos meses anteriores (contra os conselhos de praticamente todo mundo, ele dera um jeito de permanecer em casa) e formavam o que se poderia chamar de "diário" médico.

Eu lembro que a primeira coisa que me chamou atenção no diário foi o quanto as entradas eram claras e minuciosamente detalhadas. Inconfundivelmente feminina, a letra se espalhava com volúpia pela página, recatadamente vestida de azul ou preto Bic, sem ao menos uma serifa ou ligadura fora de lugar. Mas, quanto mais eu lia, mais se tornava claro para mim como houve pouca variedade nos últimos meses de meu pai sobre a terra; o quanto deve ter sido monótona, repetitiva e invariavelmente escura aquela negociação final, aquela última pechincha na feira da vida. Não que ele jamais tenha dado essa impressão quando eu o visitava. A doença de Parkinson podia estar arrancando o couro de seus braços e pernas, mas não era páreo para seu espírito.

Ainda assim, a realidade de sua situação era clara:

— O sr. Dutton levantou às 7h30.
— Fiz a barba do sr. Dutton.
— Fiz um sanduíche de pepino para o sr. Dutton.
— Trouxe uma xícara de chá para o sr. Dutton.

E assim por diante. E adiante. *Ad infinitum*.

Em pouco tempo fiquei entediado. E, como fazemos nessas ocasiões, comecei a folhear as páginas ao acaso. Até que algo capturou meu olhar. Em uma escrita trêmula e angulosa, garatujada em largas e fragmentadas letras maiúsculas bem no meio de uma das páginas, estava o seguinte: O SR. DUTTON DEU UMA CAMBALHOTA NO CORREDOR. Seguido, algumas páginas depois, por: O SR. DUTTON FEZ UM STRIPTEASE NA SACADA.

Algo me disse que ele estava inventando. Mas, ei, estamos falando do meu pai. Para que modificar os hábitos de uma vida inteira?

Além disso, as regras do jogo haviam mudado. Por trás da mentira barata, escondia-se uma verdade maior e mais grandiosa: a história de um homem cuja alma estava sob fogo, cujos circuitos e sinapses estavam sendo irreversível e impiedosamente vencidos. Mas que, perdendo em um jogo já quase no fim, dava um brado de irrepreensível irreverência.

Cambalhotas e stripteases ganham de fazer a barba e comer sanduíches de pepino em qualquer comparação.

E daí que era mentira?

Sim, você acertou. São mesmo seis bolas. Mas dê uma olhada nas mãos do homem. Notou algo incomum?

1
Escorpião interior

Grande e Bom raramente são o mesmo homem.

Winston Churchill

Um escorpião e um sapo estão sentados à beira de um rio e ambos precisam chegar ao outro lado.
— Olá, senhor Sapo! — chama o escorpião por dentre os juncos. — Será que você poderia me dar uma carona nas suas costas através da água? Eu tenho assuntos importantes do outro lado e não posso nadar em uma correnteza tão forte.
O sapo imediatamente se enche de suspeitas.
— Bem, senhor Escorpião — ele replica —, entendo que você tenha assuntos importantes do outro lado do rio. Mas pense um pouco em seu pedido. Você é um escorpião. Você tem um grande ferrão na ponta de sua cauda. Assim que eu o deixasse subir em minhas costas, seria de sua natureza me ferroar.
O escorpião, que antecipara as objeções do sapo, contrapõe:
— Meu querido senhor Sapo, suas reservas são perfeitamente razoáveis. Mas claramente não é de meu interesse ferroar você. Eu realmente preciso chegar ao outro lado do rio. E dou minha palavra de que você não sofrerá nenhum dano.
Relutantemente, o sapo admite que o escorpião tem razão. Assim, ele permite que o artrópode cheio de lábia suba em suas costas. E, sem mais delongas, pula na água.

No começo, tudo vai bem. Tudo segue de acordo com o plano. Mas, no meio do caminho, subitamente o sapo sente uma dor aguda em suas costas — e vê, pelo canto do olho, o escorpião retirando o ferrão de sua pele. Um torpor começa a se espalhar por seus membros.

— Seu tolo! — coaxa o sapo. — Você disse que precisava chegar ao outro lado para resolver seus assuntos. Agora nós dois vamos morrer!

O escorpião dá de ombros e faz uns passinhos de dança nas costas do sapo prestes a se afogar.

— Senhor Sapo — replica ele casualmente —, você mesmo o disse. Eu sou um escorpião. Está em minha natureza ferroar você.

Com isso, tanto o escorpião quanto o sapo desaparecem sob as turvas e lamacentas águas da correnteza veloz.

E nenhum dos dois foi visto novamente.

Conclusão

Em seu julgamento em 1980, John Wayne Gacy declarou com um suspiro que sua única culpa real era "manter um cemitério sem licença".

E que cemitério. Entre 1972 e 1978, Gacy violentou e matou ao menos 33 jovens e meninos (com média de idade de 18 anos), antes de enterrá-los no subsolo de sua casa. Uma de suas vítimas, Robert Donnelly, sobreviveu à atenção de Gacy, mas foi torturado tão impiedosamente por seu captor que, várias vezes durante seu cativeiro, implorou a Gacy para "acabar logo com aquilo" e matá-lo.

Gacy ficou perplexo. — É justamente o que estou tentando evitar — respondeu.

Eu segurei o cérebro de John Wayne Gacy em minhas mãos. Depois de sua execução por injeção letal em 1994, a dra. Helen Morrison — testemunha de defesa em seu julgamento e uma das maiores autoridades mundiais em serial killers — auxiliou em sua autópsia no hospital de Chicago e então dirigiu para casa com seu cérebro sacolejando dentro de um pequeno recipiente de vidro no banco de passageiros de seu Buick. Ela queria descobrir se havia algo nele — lesões, tumores, doenças — que o tornassem diferente do cérebro das pessoas normais.

Os testes não revelaram nada fora do comum.

Muitos anos depois, tomando café em seu escritório em Chicago, conversei com a dra. Morrison sobre o significado de suas descobertas. O significado de descobrir... nada.

— Isso significa — perguntei a ela — que, no fundo, somos todos psicopatas? Que cada um de nós guarda em si a propensão a violentar, matar e torturar? Se não há diferença entre meu cérebro e o cérebro de John Wayne Gacy, então onde, precisamente, está a diferença?

Morrison hesitou antes de revelar uma das verdades mais fundamentais da neurociência.

— Um cérebro morto é muito diferente de um vivo — disse ela. — Por fora, um cérebro pode parecer muito similar a outro, mas funcionar de modo completamente diferente. O que pesa na balança é o que acontece quando as luzes estão acesas, e não apagadas. Gacy era um caso tão extremo que eu me perguntava se poderia haver alguma outra coisa contribuindo para suas ações — algum ferimento ou dano em seu cérebro ou alguma anomalia anatômica. Mas não havia. Ele era normal. O que mostra quão complexo e impenetrável o cérebro pode ser, quão relutante em revelar seus segredos. O quanto diferenças de criação, por exemplo, ou outras experiências aleatórias podem causar mudanças sutis no funcionamento interno e na química que, mais tarde, causarão alterações tectônicas no comportamento.

Ouvir Morrison falar sobre luzes e alterações tectônicas do comportamento me fez lembrar um rumor que ouvi certa vez sobre Robert Hare, professor de psicologia da Universidade da Colúmbia Britânica e uma das maiores autoridades mundiais em psicopatas. Nos anos 1990, Hare submeteu um relatório de pesquisa a um jornal acadêmico.[1] O relatório incluía os eletroencefalogramas de psicopatas e não psicopatas enquanto executavam o que são conhecidas como tarefas de decisão lexical. Hare e sua equipe mostravam aos voluntários uma série de cadeias de letras e eles tinham de decidir, tão rapidamente quanto possível, se essas cadeias formavam uma palavra.

O que eles descobriram é surpreendente. Enquanto os participantes normais identificaram palavras emocionalmente carregadas como "c-â-n-c-e-r" e "e-s-t-u-p-r-o" mais rapidamente que palavras neutras como "t-r-ê-s" ou "p-r-a-t-o", esse não foi o caso com os psicopatas. Para os psicopatas, a emoção era irrelevante. O jornal rejeitou o relatório. Não, como se viu depois, por suas conclusões. Mas por algo ainda mais extraordinário. Os examinadores alegaram que alguns eletroencefalogramas eram tão anormais que não *poderiam* pertencer a pessoas reais. Mas é claro que pertenciam.

Intrigado com minha conversa com Morrison em Chicago sobre os mistérios e enigmas da mente psicopática — de fato, sobre recalcitrância neural em geral —, visitei Hare em Vancouver. O rumor era verdadeiro? O relatório realmente fora rejeitado? Se sim, por quê?

Por causa de um bocado de coisas, como fiquei sabendo.

— Há quatro diferentes tipos de ondas cerebrais — disse-me ele —, partindo das ondas beta durante os períodos de extremo alerta, passando pelas ondas alfa e teta, até as ondas delta que ocorrem durante o sono profundo. Essas ondas refletem as flutuações do nível de atividade elétrica no cérebro em vários momentos. Nas pessoas normais, as ondas teta são associadas a estados de sonolência, de meditação ou sono. Em psicopatas, todavia, elas ocorrem durante estados normais e acordados — e às vezes mesmo em estados de elevada excitação.

"A linguagem, para os psicopatas, tem somente a profundidade das palavras. Não há contexto emocional por trás dela. Um psicopata pode dizer 'Eu amo você', mas para ele isso tem tanto significado quanto dizer 'Vou tomar uma xícara de café'. Essa é uma das razões pelas quais psicopatas permanecem tão calmos e compostos em condições de extremo perigo e por que são motivados por recompensas e assumem riscos. Seus cérebros, falando quase que literalmente, são menos 'ligados' que o nosso."

Pensei novamente em Gacy e no que eu aprendera com a dra. Morrison.

Aparentemente normal (Gacy era um pilar de sua comunidade, e certa vez chegou a ser fotografado com a primeira-dama Rosalynn Carter), ele camuflava seu escorpião interior com uma capa de charme afável.

Mas estava *inteiramente* em sua natureza ferroar você, mesmo quando estava prestes a se afogar.

— Não enche o meu saco — disse ele ao entrar na câmara de morte.

Sobre o andar

Fabrizio Rossi tem 35 anos e já trabalhou limpando janelas. Mas sua predileção por assassinatos acabou por vencê-lo. Agora, acredite ou não, ele vive disso.

Em uma suave manhã de primavera, enquanto, pouco à vontade, damos uma olhada no quarto de John Wayne Gacy, pergunto a Rossi sobre isso. Por que achamos os psicopatas tão irresistíveis? Por que nos fascinam tanto?

— Acho que a principal coisa sobre os psicopatas — diz Rossi — é o fato de, por um lado, eles serem tão normais, tão parecidos conosco, e, por outro, serem tão diferentes. Veja bem, Gacy chegou a se vestir de palhaço para animar festas infantis. Esse é o problema dos psicopatas. Por fora, eles são tão comuns. Mas arranhe a superfície, dê uma olhada lá embaixo e você não sabe o que poderá encontrar.

Não estamos, é claro, no verdadeiro quarto de Gacy, mas antes em uma imitação meio debochada exibida naquele que certamente é candidato a museu mais repugnante do mundo: o Museu de Serial Killers, em Florença. O museu fica localizado na Via Cavour, uma próspera rua lateral a um grito de distância do Duomo.

E Fabrizio Rossi é seu curador.

O museu está indo bem. E por que não iria? Estão todos lá, se você gosta deles. Todo mundo, de Jack, o Estripador a Jeffrey Dahmer. De Charles Manson a Ted Bundy.

Bundy é um caso interessante, como digo a Rossi. Um horripilante portento dos poderes ocultos da psicopatia. Um mesmerizante indicador da possibilidade de que, se você olhar com atenção suficiente, pode haver mais naquele subterrâneo do que apenas segredos sombrios.

Ele fica surpreso, para dizer o mínimo.

— Mas Bundy é um dos mais notórios serial killers da história. Ele é uma das maiores atrações do museu. Como pode haver algo nele exceto segredos sombrios?

Pode. Em 2009, vinte anos após sua execução na Prisão Estadual da Flórida (no momento preciso em que Bundy era conduzido à cadeira elétrica, as estações de rádio locais pediram aos ouvintes para desligar os eletrodomésticos a fim de maximizar o fornecimento de energia), a psicóloga Angela Book e seus colegas da Universidade Brock, no Canadá, decidiram tomar o frio serial killer americano ao pé da letra. Durante uma entrevista, Bundy, que esmagou o crânio de 35 mulheres durante um período de quatro anos em meados dos anos 1970, disse, com aquele sorriso infantil e totalmente americano que lhe era característico, que ele podia descobrir uma "boa" vítima simplesmente pela maneira como ela andava.

— Eu sou o filho da puta mais frio que há, vocês jamais conhecerão outro igual — anunciou Bundy. Ninguém pode contradizê-lo. Mas, perguntou-se Book, também seria um dos mais sagazes?

Para descobrir, ela montou um experimento simples.[2] Primeiro, ela distribuiu uma Escala de Autoavaliação de Psicopatia — um questionário especialmente formulado para descobrir traços de psicopatia na população em geral, em oposição a uma prisão ou hospital — a 47 estudantes universitários do sexo masculino.[3] Então, baseada nos resultados, ela os dividiu por sua pontuação, alta ou baixa. Em seguida, filmou o modo de andar de vinte novos participantes enquanto caminhavam por um corredor de uma sala a outra, onde preenchiam questionários demográficos comuns. O questionário incluía dois itens: 1) Você já foi vítima de ataque no passado (sim ou não)? 2) Se sim, quantas vezes?

Finalmente, Book reproduziu os vinte segmentos filmados para os 47 participantes originais e apresentou um desafio: classificar, em uma escala de um a dez, a vulnerabilidade de cada um dos alvos.

O argumento era simples. Se a afirmação de Bundy se sustentasse, e ele realmente *tivesse* sido capaz de farejar fraqueza na maneira como suas vítimas andavam, então aqueles que tiveram pontuações mais altas na Escala de Autoavaliação de Psicopatia deveriam ser melhores em determinar vulnerabilidade que os que obtiveram pontuações mais baixas.

O que, como se viu depois, foi exatamente o que ela descobriu. Além disso, quando Book repetiu o procedimento com psicopatas clinicamente diagnosticados em uma prisão de segurança máxima, ela descobriu algo mais.[4] Os participantes do primeiro estudo com pontuações altas em "psicopatia" podiam ser bons em identificar fraquezas. Mas os psicopatas clínicos fizeram melhor. Eles declararam explicitamente que era por causa da maneira como as pessoas andavam. Assim como Bundy, eles sabiam exatamente o que estavam procurando.

Os homens que encaravam os fracos

As descobertas de Angela Book não são fogo de palha. Elas fazem parte de um crescente número de estudos que, em anos recentes, começaram a mostrar a psicopatia sob uma nova e complexa luz: uma luz de certo modo diferente das sombras sensacionalistas lançadas pelas manchetes dos jornais e pelos roteiristas de Hollywood. A novidade é difícil de engolir. E é vista aqui, nesse cantinho homicida de Florença, do mesmo modo que em toda parte: com uma saudável dose de ceticismo.

— Você quer dizer — pergunta Rossi, incrédulo — que há vezes em que não é necessariamente ruim ser psicopata?

— Não somente isso — concordo —, como também há vezes em que na verdade é uma coisa boa, ocasiões em que, sendo psicopata, você tem vantagem sobre as outras pessoas.

O antigo lavador de janelas parece longe de estar convencido. E, olhando em volta, é fácil entender por quê. Bundy e Gacy não são exatamente as melhores companhias do mundo. E, sejamos francos, quando há várias dezenas de outros espalhados pelas alas do museu, é difícil ver o lado positivo. Mas o Museu de Serial Killers não conta a história inteira. Na verdade, não conta nem a metade. Como Helen Morrison elucidou de maneira eloquente, o destino de um psicopata depende de uma grande variedade de fatores, incluindo genes, histórico familiar, educação, inteligência e oportunidade. E o modo como esses fatores interagem.

Jim Kouri, vice-presidente da Associação Nacional de Chefes de Polícia dos Estados Unidos, afirma algo semelhante. Kouri observa que traços comuns entre serial killers psicopatas — imensa autoestima, capacidade de persuasão, charme superficial, frieza, ausência de remorso e manipulação — também são partilhados por políticos e líderes mundiais. Indivíduos, em outras palavras, que não estão correndo da polícia, e sim concorrendo a gabinetes. Esse perfil, como nota Kouri, permite que aqueles que o possuem façam *o que* querem *quando* querem, completamente indiferentes às consequências sociais, morais ou legais de suas ações.

Se você nasceu sob a estrela certa, por exemplo, e tem tanto poder sobre a mente humana quanto a lua sobre o mar, você pode ordenar o genocídio de 100 mil curdos e caminhar para a forca com recalcitrância tão misteriosa que mesmo seus detratores mais duros o olharão com certa deferência perversa e muda.

"Não tenha medo, doutor", disse Saddam Hussein no patíbulo, minutos antes de sua execução. "Isso é para homens."

Se você é violento e sagaz, como o Hannibal Lecter da vida real Robert Maudsley, você pode atrair um colega prisioneiro até sua cela, esmagar seu crânio com um martelo e degustar seu cérebro com uma colher, tão casualmente quanto se estivesse comendo um ovo quente. (Maudsley, por falar nisso, está em confinamento solitário durante os últimos trinta anos, em uma cela à prova de balas no subsolo da Penitenciária de Wakefield, na Inglaterra.)

Ou, se você é um neurocirurgião brilhante, inabalavelmente frio e capaz de manter o foco sob pressão, você pode, como James Geraghty, tentar sua sorte em um campo completamente diferente: nos remotos destacamentos da medicina do século XXI, onde o risco é como um vento de 160 km/h e o oxigênio da deliberação é escasso:

— Eu não tenho compaixão pelos pacientes que opero — disse-me ele. — Esse é um luxo que não posso me permitir. Na sala de cirurgia, eu renasço como uma máquina fria e sem coração, totalmente conectada a bisturi, broca e serra. Quando você está se movendo nos limites do cérebro e enganando a morte, sentimentos não servem para nada. Emoção é entropia, e muito ruim para os negócios. Eu fiz com que ela se extinguisse ao longo dos anos.

Geraghty é um dos melhores neurocirurgiões do Reino Unido e, embora em certo nível suas palavras causem um frio na espinha, em outro elas fazem perfeito sentido. No interior dos guetos de algumas das vizinhanças mais perigosas do cérebro, entrevê-se o psicopata como um predador implacável que caça sozinho, uma espécie solitária cuja atração é passageira e mortal. Assim que a palavra é dita, imagens de serial killers, estupradores e homens-bomba loucos e reclusos começam a surgir ameaçadoramente nas escadarias de nossa mente.

Mas e se eu pintasse um quadro diferente? E se eu dissesse que o incendiário que queima sua casa poderia ser, em um universo paralelo, o herói que provavelmente enfrentaria as chamas em um prédio prestes a desabar para procurar e resgatar seus entes queridos? Ou que o garoto com uma faca escondido nas sombras do fundo da sala de cinema pode muito bem, em anos futuros, estar segurando um tipo bem diferente de faca em um tipo bem diferente de sala?

Afirmações como essas são reconhecidamente difíceis de aceitar. Mas elas são verdadeiras. Psicopatas são destemidos, confiantes, carismáticos, frios e centrados. E, no entanto, contrariamente à crença popular, não são necessariamente violentos. E, se isso parece bom, é porque é. Ou melhor, pode ser. Depende, como vimos, do que mais está à espreita nas prateleiras do armário de sua personalidade. Longe de ser uma questão de preto no branco — você é ou não psicopata —, existem zonas internas e externas de transtorno: um pouco como as zonas de tarifação em um mapa do metrô. Há, como veremos no capítulo 2, um espectro de psicopatia ao longo do qual cada um de nós tem seu lugar, com apenas uma pequena minoria vivendo no "centro".

Um indivíduo, por exemplo, pode se manter frio como gelo sob pressão e demonstrar tanta empatia quanto uma avalanche (encontraremos alguns desses na bolsa de valores mais tarde), e ao mesmo tempo não agir de forma violenta, antissocial ou sem consciência. Possuindo dois atributos de psicopatia, esse indivíduo pode com razão ser colocado mais adiante no espectro do que alguém com menos traços, mas ainda está longe da área de perigo de uma pessoa com todos eles.

Do mesmo modo que não existe uma linha oficial separando alguém que joga golfe nos fins de semana de, digamos, Tiger Woods, o limite entre um superpsicopata e alguém que simplesmente "psicopatiza" é igualmente incerto. Pense nas características da psicopatia como nos botões e *sliders* de uma mesa de som. Coloque todos no máximo e você terá uma faixa sonora que não serve a ninguém. Mas, se a trilha é graduada, e alguns canais estão mais altos que outros — como, por exemplo, destemor, foco, ausência de empatia e resiliência mental —, você pode muito bem ter um cirurgião que se destaca.

Cirurgia, é claro, é apenas uma instância na qual o "talento" psicopata pode se provar vantajoso. Há outras. Segurança pública, por exemplo. Em 2009, logo depois que Angela Book publicou os resultados de seu estudo, decidi tentar por mim mesmo.[5] Se, como ela descobrira, psicopatas realmente *fossem* melhores em decodificar vulnerabilidades, então isso tinha de ter aplicações. Tinha de haver meios pelos quais, em vez de ser um dreno social, esse talento trouxesse alguma vantagem. A iluminação chegou quando encontrei um amigo no aeroporto. Todos nós ficamos um pouco paranoicos quando passamos pela alfândega, mesmo quando somos perfeitamente inocentes. Imagine como você se sentiria se realmente *tivesse* algo a esconder.

Trinta estudantes universitários tomaram parte em meu experimento: metade com pontuações altas na Escala de Autoavaliação de Psicopatia, metade com pontuações baixas. Também havia cinco "associados". A tarefa dos estudantes era fácil. Eles tinham de se sentar em uma sala de aula e observar os movimentos dos associados enquanto eles entravam por uma porta e saíam pela outra, atravessando um pequeno palco. Mas havia um porém. Os estudantes também tinham de deduzir quem era "culpado": qual dos cinco escondia um lenço vermelho.

Para aumentar as apostas e fornecer alguma "motivação", o associado "culpado" recebeu 100 libras. Se o júri identificasse corretamente a parte culpada — se, quando os votos fossem contados, a pessoa com o lenço tivesse maioria —, ele tinha de devolver o dinheiro. Se, por outro lado, ele se livrasse e as suspeitas recaíssem sobre algum dos outros, o "associado culpado" seria recompensado. Ele ficaria com as 100 libras.

Os nervos estavam à flor da pele quando os associados entraram. Mas qual dos estudantes seria o melhor "fiscal de alfândega"? Os instintos predatórios dos psicopatas se mostrariam confiáveis? Ou seu faro para a vulnerabilidade os desapontaria?

Os resultados foram extraordinários. Mais de 70% dos que tiveram pontuação alta na Escala de Autoavaliação de Psicopatia escolheram corretamente o associado contrabandista de lenço, comparados a apenas 30% dos que tiveram pontuação baixa. Ainda que foco nas fraquezas seja parte das ferramentas de um serial killer, também pode ser útil no aeroporto.

Radar psicopata

Em 2003, Reid Meloy, professor de psiquiatria na Faculdade de Medicina da Universidade da Califórnia, em San Diego, conduziu um experimento que parece o outro lado da moeda do estudo com o lenço vermelho.[6] Psicopatas famosos têm tradicionalmente a reputação de poderem farejar vulnerabilidades. Mas eles também são conhecidos por nos causarem repulsa. Casos clínicos e relatos da vida cotidiana estão repletos de declarações dos que conheceram esses cruéis predadores sociais: misteriosos, viscerais aforismos como "meus cabelos ficaram em pé" ou "minha pele ficou arrepiada". Mas há algo real aí? Nossos instintos resistiriam ao escrutínio? Somos tão bons em detectar psicopatas quanto eles são bons em *nos* detectar?

Para descobrir, Meloy perguntou a 450 profissionais das áreas de justiça e saúde mental se eles haviam experimentado reações físicas estranhas ao entrevistar elementos psicopatas: criminosos violentos cujos botões na mesa de som estavam todos no máximo.

Os resultados não deixaram margem de dúvida. Mais de três quartos disseram que sim, com entrevistados do sexo feminino relatando uma incidência do fenômeno mais alta que os do sexo masculino (84% contra 71%) e médicos com bacharelado ou mestrado apresentando uma incidência maior que aqueles com doutorado e, do outro lado da linha profissional, agentes da lei (84%, 78% e 61%, respectivamente). Exemplos incluem: "eu me senti como se fosse o almoço"; "nojo, repulsa, fascinação"; e "uma essência maligna passou por mim".

Mas *o quê*, exatamente, estamos detectando?

Para responder a essa questão, Meloy voltou no tempo: para a pré-história e os obscuros e espectrais ditames da evolução humana. Existe certo número de teorias a respeito de como a psicopatia pode ter surgido, e as veremos um pouco mais tarde. Mas a questão mais abrangente no grande esquema etiológico das coisas é de que perspectiva ontológica essa condição deve ser encarada: do ponto de vista clínico, como um transtorno de personalidade? Ou do ponto de vista da teoria dos jogos, como legítimo estratagema biológico — uma estratégia que conferia significativas vantagens reprodutivas no ambiente ancestral?

Kent Bailey, professor emérito de psicologia clínica na Universidade de Virgínia, argumenta em favor da última e defende a teoria de que a competição violenta dentro de e entre grupos ancestrais próximos foi o primeiro precursor evolutivo da psicopatia (ou, como chama, do "falcão guerreiro").[7]

"Algum grau de violência predatória", propõe Bailey, "era necessário nas tarefas de encontrar e abater durante a caçada de grandes animais, e uma elite de cruéis 'falcões guerreiros' presumivelmente seria útil não somente para rastrear e matar a presa, mas também como força de defesa pronta a repelir iniciativas indesejadas de grupos vizinhos."

O problema, é claro, era o que diabos fazer com eles em tempos de paz. Robin Dunbar, professor de psicologia e antropologia evolutiva na Universidade de Oxford, corrobora as afirmações de Bailey.[8] Voltando ao tempo dos nórdicos, entre os séculos IX e XI, Dunbar citou os "berserkers" como exemplo: os festejados guerreiros vikings que, como atestam poemas e relatos históricos, parecem ter lutado com fúria brutal, como se estivessem em transe. Mas, cavando um pouco mais fundo na literatura, emerge uma figura mais sinistra: a de uma elite perigosa que podia se voltar contra os membros da comunidade que estava encarregada de proteger, cometendo selvagens atos de violência contra seus compatriotas.

Segundo Meloy, aí está a solução para o mistério dos cabelos arrepiados na nuca, o pensamento evolutivo de longo alcance por trás de nosso "radar psicopata" interno. Porque se, como Kent Bailey defende, tais ancestrais predatórios eram realmente psicopáticos, segue-se que, segundo o que sabemos sobre seleção natural, isso não seria uma via de mão única. Por sua vez, mais indivíduos pacíficos, tanto das comunidades vizinhas quanto das mais distantes, com toda probabilidade desenvolveram um mecanismo, uma tecnologia secreta de vigilância neural, para assinalar e significar perigo quando entrassem em seu espaço cognitivo — um clandestino sistema de alerta imediato que lhes permitiria bater em retirada.

Sob a luz do trabalho de Angela Book com vítimas de ataque e minhas próprias investigações com o contrabando do lenço vermelho, esse mecanismo poderia muito plausivelmente explicar as diferenças tanto de gênero quanto de status evidenciadas pelo experimento de Meloy. Dada a elevada reputação dos psicopatas como diabólicos *sommeliers* emocionais, seu ouvido especializado nas inescrutáveis notas surdas da fraqueza, não é impossível que as mulheres, por meio de uma sorrateira recompensa darwiniana por sua maior vulnerabilidade física, exibam reações mais intensas e frequentes em sua presença — como fizeram os profissionais de saúde mental com status mais baixo, e exatamente pela mesma razão. Quanto mais você se sente ameaçado, quanto mais está sob o risco de ataque, mais se torna importante fortalecer a segurança.

Não há dúvida de que, nos incertos dias de nossos ancestrais, caçadores implacáveis e sem remorso se tornaram mestres nas sombrias artes predatórias. Mas que esses caçadores, com sua capacidade de se antecipar à natureza, eram psicopatas como os conhecemos hoje é um pouco mais questionável. Em termos de diagnóstico, o obstáculo é a empatia.

Em tempos ancestrais, os mais prolíficos e bem-sucedidos caçadores não eram, como se poderia esperar, os mais sanguinários e infatigáveis. Eles eram, ao contrário, os mais calmos e empáticos. Os que eram capazes de assimilar a mentalidade de sua caça — de "tirar seus próprios sapatos" e caminhar nos sapatos de sua presa, e assim prever confiavelmente suas hábeis e inatas trajetórias de evasão, rotas e mecanismos de fuga.

Para entender por quê, basta observar um bebê aprendendo a andar. O desenvolvimento gradual do deslocamento ereto, da crescente postura bípede, tanto anunciou quanto facilitou uma nova era de ida ao supermercado para os hominídeos. A postura vertical prefigurou uma mobilidade aerodinâmica e mais eficiente, permitindo que nossos antepassados na savana africana coletassem e caçassem por períodos consideravelmente mais longos que a locomoção quadrúpede teria permitido.

Mas a "caçada persistente", como é conhecida em antropologia, traz seus próprios problemas. Gnus e antílopes ultrapassam facilmente a velocidade de um ser humano. Eles desaparecem no horizonte. Se você puder prever acuradamente onde eles irão parar — procurando por pistas que deixaram para trás, lendo suas mentes, ou ambos —, você pode aumentar marginalmente suas chances de sobrevivência.

Então, se predadores demonstram empatia, e em alguns casos mesmo elevada empatia, como eles podem ser realmente psicopatas? Se há algo sobre o que as pessoas concordam é o fato de que psicopatas exibem uma acentuada falta de sentimentos, uma singular ausência de entendimento dos outros. Como fazer a quadratura do círculo?

A resposta vem da neurociência cognitiva. Com um pouquinho de ajuda de uma engenhosa filosofia moral.

Dilema do trem

Joshua Greene, psicólogo da Universidade de Harvard, passou os últimos anos observando como psicopatas resolvem dilemas morais, como seus cérebros respondem em diferentes câmaras de compressão éticas.[9] Ele se deparou com algo interessante. Longe de ser uniforme, a empatia é esquizofrênica. Há duas variedades distintas: quente e fria.

Considere, por exemplo, o seguinte dilema (caso 1), proposto inicialmente pela filósofa Philippa Foot:

> *Um trem está em rota de colisão. Em seu caminho estão cinco pessoas; elas estão presas nos trilhos e não podem escapar. Felizmente, você pode acionar uma alavanca que desviará o trem para outro trilho, longe das cinco pessoas — mas a um preço. Há outra pessoa presa naquele trilho, e o trem a matará. Você deve acionar a alavanca?*[10]

A maioria de nós tem poucos problemas para decidir o que fazer nessa situação. Embora a perspectiva de acionar a alavanca não seja agradável, a opção utilitarista — matar apenas uma pessoa no lugar de cinco — representa a escolha "menos ruim". Certo?

Agora considere a seguinte variação (caso 2), proposta pela filósofa Judith Jarvis Thomson:

> *Como antes, um trem acelera descontroladamente em direção a cinco pessoas. Mas, dessa vez, você está atrás de um estranho grandalhão em uma plataforma sobre os trilhos. O único modo de salvar as cinco pessoas é empurrar o estranho. Ele cairá para a morte certa. Mas sua considerável corpulência bloqueará o trem, salvando cinco vidas. Você deve empurrá-lo?*[11]

Aqui se pode dizer que estamos enfrentando um dilema "real". Embora o resultado em vidas seja precisamente o mesmo do primeiro exemplo (cinco contra um), ficamos um pouco mais circunspectos e tensos. Mas por quê?

Joshua Greene acredita ter a resposta. E ela está relacionada às diferentes regiões climáticas do cérebro.

Segundo ele, o caso 1 é o que se poderia chamar de dilema moral *impessoal*. Ele envolve áreas do cérebro, o córtex pré-frontal e o córtex parietal posterior (em particular o córtex paracingulado posterior, o polo temporal e o sulco temporal superior), primariamente envolvidas em nossa experiência objetiva de empatia *fria*: pensamento sensato e racional.

Já o caso 2 é um dilema moral *pessoal* e bate à porta do centro emocional do cérebro, conhecido como amídala — o circuito da empatia *quente*.

Assim como as pessoas normais, psicopatas têm poucos problemas com o caso 1. Eles acionam a alavanca e o trem desvia, matando apenas uma pessoa em vez de cinco. No entanto — e é aqui que as coisas se tornam complicadas —, diferentemente das pessoas normais, eles também têm pouca dificuldade com o caso 2. Psicopatas, sem um piscar de olhos, ficam felizes em empurrar o cara gordo da plataforma, se é isso o que é preciso fazer.

Para intensificar ainda mais as coisas, essa diferença de comportamento é claramente reproduzida no cérebro. O padrão de ativação cerebral tanto em psicopatas quanto em pessoas normais é o mesmo durante a apresentação de dilemas morais impessoais — mas é radicalmente diferente quando as coisas se tornam um pouco mais pessoais.

Imagine que eu o coloque em um aparelho de ressonância magnética e então apresente os dois dilemas. O que eu observaria enquanto você tenta se desviar dessas maliciosas minas morais? Bem, no momento em que a natureza do dilema mudasse de impessoal para pessoal, eu veria sua amídala e os circuitos cerebrais relacionados — seu córtex órbito-frontal medial, por exemplo — acenderem feito uma máquina de fliperama. O momento, em outras palavras, no qual a emoção coloca sua ficha na máquina.

Em um psicopata, no entanto, eu veria apenas escuridão. O cavernoso cassino neural permaneceria fechado e vazio. E a passagem de impessoal para pessoal passaria despercebida.

Essa distinção entre empatia quente e fria, o tipo de empatia que "sentimos" quando observamos outras pessoas e o cortante cálculo emocional que nos permite avaliar, fria e desapaixonadamente, o que outra pessoa está pensando, deve ser música para os ouvidos de teóricos como Reid Meloy e Kent Bailey. Psicopatas podem ser deficientes na primeira variedade, o tipo sentimental. Mas, quando se trata da última, o tipo que se baseia em "entender" mais que em "sentir"; o tipo que permite predições abstratas e controladas, em oposição à identificação pessoal; o tipo que se baseia em processamento de símbolos em vez de simbiose afetiva, o mesmo tipo de habilidade cognitiva possuída por exímios caçadores e leitores frios, não somente no ambiente natural, mas também na arena humana; psicopatas estão em um nível completamente diferente. Eles se saem ainda melhor por sentirem apenas um tipo de empatia — essa sendo, é claro, uma das razões pelas quais são tão persuasivos. Se você sabe onde as teclas estão, e não se sente nervoso ao pressioná-las, há grandes chances de se dar bem.

A divisão empática certamente é música para os ouvidos de Robin Dunbar, que, quando não está lendo sobre berserkers, às vezes pode ser encontrado na sala de professores da Faculdade de Magdalen. Certa tarde, tomando chá com biscoitos em uma sala forrada com painéis de carvalho e com vista para os claustros, eu contei a ele sobre os trens e a diferença entre cérebros psicopáticos e cérebros normais. Ele não ficou surpreso.

— Os vikings sabiam das coisas — observa ele. — E os berserkers certamente nada faziam para desmentir sua reputação como pessoas com as quais não se devia mexer. Mas esse era seu trabalho. Seu papel era serem mais brutais, mais frios e mais selvagens que o soldado viking médio porque... é exatamente o que eram! Eles *eram* mais brutais, mais frios e mais selvagens que o soldado viking médio. Se você conectasse um berserker a um scanner cerebral e apresentasse o dilema do trem, eu tenho quase certeza do que obteria. Exatamente a mesma coisa que obteve com psicopatas. Nada. E o cara gordo teria virado história!

Passo manteiga no meu pãozinho.

— Acho que todas as sociedades necessitam de certos indivíduos para fazer seu trabalho sujo — continua ele. — Alguém que não tenha medo de tomar decisões difíceis. Fazer perguntas desconfortáveis. Assumir riscos. E, muitas vezes, esses indivíduos, pela própria natureza do trabalho que receberam, não são necessariamente o tipo de pessoa com quem você gostaria de se sentar para um chá da tarde. Sanduíche de pepino?

Daniel Bartels, da Universidade de Colúmbia, e David Pizarro, da Universidade de Cornell, não poderiam concordar mais enfaticamente — e eles têm provas documentais.[12] Estudos demonstraram que aproximadamente 90% das pessoas se recusariam a empurrar o estranho da plataforma, mesmo sabendo que, se fossem capazes de superar sua sensibilidade moral natural, a contagem de corpos seria de um para cinco. Isso, evidentemente, deixa 10% de fora: uma minoria moralmente menos higiênica que, quando a situação precisa literalmente de um empurrão, sente pouco ou nenhum remorso em colocar a vida de outra pessoa na balança. Mas quem é essa inescrupulosa minoria? Quem são esses 10%?

Para descobrir, Bartels e Pizarro apresentaram o dilema do trem a mais de duzentos estudantes e pediram que indicassem, em uma escala de quatro pontos, o quanto eram favoráveis a empurrar o cara gordo da plataforma — o quão "utilitaristas" eram. Paralelamente à questão do trem, os estudantes também responderam a uma série de perguntas sobre personalidade especialmente designadas para medir níveis latentes de psicopatia. Estas incluíam declarações como "Gosto de ver brigas de soco" e "O melhor jeito de lidar com as pessoas é dizer o que querem ouvir" (concordo / não concordo em uma escala de 1 a 10).

Bartels e Pizarro se perguntavam se poderia haver ligação entre esses dois constructos — psicopatia e utilitarismo. A resposta foi um ressoante sim. Sua análise revelou uma correlação significativa entre a abordagem utilitarista e o problema do trem (empurrar o cara gordo da plataforma) e um estilo de personalidade predominantemente psicopático. No que se refere à predição de Robin Dunbar, isso já era esperado — mas, no entendimento tradicional do utilitarismo, é um pouco problemático. No grande esquema das coisas, Jeremy Bentham e John Stuart Mill, os dois filósofos ingleses do século XIX que receberam o crédito por formalizar a teoria do utilitarismo, geralmente são tidos como caras do bem.

"A maior felicidade do maior número é a fundação da moral e da legislação" é a famosa frase de Bentham.

No entanto, cave um pouquinho mais, e surge uma imagem mais enganosa, ardilosa e sombria — uma de cruel seleção e perigosas correntezas morais. Modelar aquela legislação, por exemplo, escavar aquela moral, necessariamente exigirá ignorar os interesses de alguém. Algum grupo ou causa que, escolhido por simples loteria, terá de ser sacrificado em nome do "bem maior".

Mas quem terá coragem de realizar o sacrifício? Bartels e Pizarro podem ter encontrado um padrão em laboratório. Mas e quanto à vida cotidiana? É onde o psicopata realmente realiza seu potencial?

O lado escuro de pousar na lua

Quando se pensa bem, a questão sobre o que é necessário para ter sucesso em dada profissão, para entregar o prometido e dar conta do recado, não é tão difícil. Paralelamente ao conjunto de habilidades necessárias para realizar tarefas específicas, existe, em direito, no mundo dos negócios e em qualquer campo de empreendimento que se mencione, uma seleção de traços que garantem alto desempenho.

Em 2005, Belinda Board e Katarina Fritzon, da Universidade de Surrey, conduziram um estudo para descobrir precisamente de que são feitos os líderes do mundo dos negócios.[13] Elas queriam saber quais facetas de personalidade separam aqueles que viram à esquerda quando entram no avião daqueles que viram à direita.

Board e Fritzon separaram três grupos — executivos, pacientes psiquiátricos e criminosos hospitalizados (tanto psicopatas quanto portadores de outras doenças psiquiátricas) — e analisaram como se saíam em um teste de perfil psicológico.

Sua análise revelou que certo número de atributos psicopáticos é na verdade mais comum em executivos que nos chamados criminosos "perturbados" — atributos como charme superficial, egocentrismo, capacidade de persuasão, ausência de empatia, independência e foco — e que a diferença principal entre os grupos estava nos aspectos mais "antissociais" da síndrome: os *sliders* (para retomar nossa analogia anterior) de desobediência à lei, agressão física e impulsividade dos criminosos estavam em níveis mais altos.

Outros estudos parecem confirmar a figura da "mesa de som": a barreira entre psicopatia funcional e disfuncional depende não da presença de atributos psicopáticos *per se*, mas antes de seus níveis e da maneira como são combinados. Mehmet Mahmut e seus colegas na Universidade Macquarie demonstraram recentemente que padrões de disfunção cerebral (especificamente em relação ao córtex órbito-frontal, a área do cérebro que regula o input de emoções na tomada de decisões) observados em psicopatas, criminosos ou não, exibem diferenças antes dimensionais que discretas.[14] Isso, segundo ele, significa que os dois grupos não deveriam ser vistos como populações qualitativamente distintas, mas antes como ocupando posições diferentes no mesmo *continuum* neuropsicológico.

No mesmo estilo (embora menos *high tech*), pedi a alunos de uma turma do primeiro ano que imaginassem que eram gerentes em uma empresa de recursos humanos.[15]

— Implacável, destemido, charmoso, amoral e focado — disse a eles. — Suponha que você tem um cliente com esse tipo de perfil. Para que espécie de emprego você acha que ele seria indicado?

Suas respostas, como veremos mais tarde, não poderiam ter sido mais perspicazes. CEO, espião, cirurgião, político, militar... todos foram mencionados. Juntamente com serial killer, matador e ladrão de banco.

— Capacidade intelectual em si mesma é somente um jeito elegante de terminar em segundo — disse-me um CEO de sucesso. — Lembre-se, não chamam isso de "subir no pau de sebo" à toa. O caminho até o topo é árduo. Mas é mais fácil escalar se você usa os outros como alavanca. E ainda mais fácil se eles acharem que ganharão alguma coisa com isso.

Jon Moulton, um dos mais bem-sucedidos investidores em capital de risco de Londres, concorda.[16] Em uma entrevista recente ao *Financial Times*, ele listou determinação, curiosidade e insensibilidade como seus três traços de caráter mais valiosos. Nada demais nos dois primeiros. Mas insensibilidade? "O bom da insensibilidade", explicou Moulton, "é que ela o deixa dormir quando os outros não conseguem."

Se a ideia de traços psicopáticos ajudando nos negócios não é grande surpresa, que tal no espaço? Eu diria que, dada sua reputação terrestre, lançar psicopatas nas profundezas do espaço não inspira muita confiança — e também seria justo dizer que qualidades psicopáticas não estão entre os exclusivíssimos critérios de seleção de astronautas da Nasa. Mas, certa vez, ouvi uma história que ilustra como a gélida neurologia mostrada nas ressonâncias cerebrais de Robert Hare pode, em certas situações, conferir benefícios reais: como o foco reptiliano e o cristalino distanciamento do neurocirurgião James Geraghty podem conduzir à grandeza não apenas nas salas de reunião, de audiência e de cirurgia, mas também em outros mundos.[17]

Eis a história. Em 20 de julho de 1969, quando Neil Armstrong e seu parceiro Buzz Aldrin se moviam sobre a superfície lunar procurando um lugar para pousar, eles estiveram a poucos segundos de um pouso forçado. O problema era a geologia. Havia muito dela. E combustível: muito pouco. Rochas e pedregulhos se espalhavam por todos os lados, tornando impossível uma aproximação segura. Aldrin esfregou a testa. Com um olho no medidor de combustível e outro no terreno, ele apresentou um ultimato a Armstrong: pouse essa coisa — e rápido!

Armstrong, no entanto, decididamente era mais fleumático. Talvez — quem sabe? — ele não tivesse muita paciência com passageiros dando palpites. Mas, com o relógio correndo, o combustível acabando e a perspectiva de morte por gravidade se tornando uma possibilidade cada vez maior, ele calmamente elaborou um plano. Ele instruiu Aldrin a converter em segundos a quantidade de combustível restante. E começar a contar em voz alta.

Aldrin fez o que ele pediu.

Setenta... sessenta... cinquenta...

Enquanto ele contava, Armstrong escrutinava a inexorável topografia lunar.

Quarenta... trinta... vinte...

E a paisagem ainda se recusava a ceder um milímetro.

Então, com apenas 10 segundos de sobra, Armstrong viu sua chance: um oásis prateado de nada logo abaixo do horizonte. Súbita e imperceptivelmente, como um predador se aproximando de sua presa, seu cérebro estreitou seu foco. Como se estivesse em uma pista de treino, ele manobrou a nave habilmente até a zona de aterrissagem. E realizou, na única clareira em quilômetros, um pouso perfeito, didático. Um salto gigante para a humanidade. Mas quase, quase mesmo, uma gigante cagada cosmológica.

Especialistas em bombas — o que os faz tiquetaquear?

Esse extraordinário registro de inacreditável despreocupação interplanetária é a epítome da vida nos horizontes da possibilidade, onde triunfo e desastre dividem uma fronteira tensa e frágil pela qual o tráfego flui livremente. Dessa vez, no entanto, a estrada para o desastre estava fechada. E a calma de Neil Armstrong sob fogo resgatou da calamidade cosmológica um dos maiores feitos da história da humanidade. Mas há mais. Mais tarde, os relatórios revelaram que seu pulso mal acelerou. Ele poderia manobrar tanto uma bomba no posto de gasolina quanto uma espaçonave na lua. Obra de algum poder cardiovascular estranho? A ciência sugere que não.

Nos anos 1980, o pesquisador de Harvard Stanley Rachman descobriu algo similar em desarmadores de bombas.[18] Rachman queria saber o que separava homens de meninos nessa profissão de alto risco e alta voltagem. Todos os desarmadores de bombas são bons. Se não fossem, estariam mortos. Mas o que as estrelas possuem e os menos iluminados, não?

Para descobrir, ele selecionou desarmadores de bombas experientes — com dez anos de experiência ou mais — e os dividiu em dois grupos: os que haviam sido condecorados por seu trabalho e os que não haviam sido. Então comparou sua pulsação em trabalhos que exigiam níveis particularmente altos de concentração.

O que ele revelou é assombroso. Embora a pulsação de todos os desarmadores tenha permanecido estável, algo quase inacreditável ocorreu com os que haviam sido condecorados. Sua pulsação na verdade baixou. Assim que entraram na zona de perigo (ou "zona de lançamento", como disse um cara com quem conversei), eles assumiram um estado de foco frio e meditativo: um elevado estado de consciência no qual eles e o mecanismo em que estavam trabalhando se tornaram um só.

Análises posteriores investigaram mais profundamente e revelaram a causa da disparidade: confiança. Os desarmadores que haviam sido condecorados tiveram notas mais altas nos testes de autoconfiança que seus colegas não condecorados.

Era convicção que os fazia tiquetaquear.

Stanley Rachman sabe tudo sobre a destemida e ártica neurologia do psicopata. E suas descobertas são certamente explosivas. Tanto que ele mesmo levantou a questão: deveríamos estar prestando mais atenção em nossos desarmadores de bombas? Sua conclusão parece bastante clara: "Os operadores que receberam prêmios por seu comportamento corajoso/destemido não apresentavam anomalias psicológicas ou comportamento antissocial." Ao contrário, a maioria das descrições de psicopatia inclui adjetivos como "irresponsável" e "impulsivo". Adjetivos que, em sua experiência, não condizem com nenhum de seus estudos de caso.

Mas, à luz da pesquisa de Belinda Board e Katarina Fritzon em 2005, a qual, se você recorda, demonstrou que certo número de traços psicopáticos é mais prevalente entre executivos que entre criminosos psicopatas diagnosticados, os comentários de Rachman imploram pela questão: o que, precisamente, queremos dizer quando usamos a palavra "psicopata"? Nem todos os psicopatas são tão completamente selvagens, tão socialmente ferozes, quanto ele pode nos fazer acreditar. De fato, a implicação de destaque do estudo de Board e Fritzon é a sugestão de que é precisamente essa parte "antissocial" do transtorno, compreendendo os elementos de impulsividade e irresponsabilidade, que "faz ou destrói" o psicopata — isso os destina, dependendo do nível desses botões de personalidade particulares, à disfunção ou ao sucesso.

Para jogar ainda mais lenha metodológica na fogueira, desarmadores de bombas não são os únicos a experimentar uma queda na pulsação quando estão concentrados. Os especialistas em relacionamentos Neil Jacobson e John Gottman, autores do popular *When Men Batter Women* [Quando homens espancam mulheres], observaram perfis cardiovasculares idênticos em certos tipos de agressores, que, como demonstrado na pesquisa, ficam mais relaxados ao espancar suas parceiras que ao descansar em uma poltrona com os olhos fechados.[19]

Em sua amplamente citada tipologia de agressores, Jacobson e Gottman se referem a indivíduos com esse tipo de perfil como "cobras". Cobras, diferentemente de seus opostos, os "pit bulls", atacam rápida e ferozmente e permanecem controlados. Eles possuem um grandioso senso de direito ao que quer que sintam, quando quer que sintam. Além disso, como seu nome sugere, permanecem calmos e focados antes de desencadear uma ofensiva. Pit bulls, por outro lado, são emocionalmente mais voláteis e mais propensos a deixar que as coisas degenerem e saiam de controle.

Comparações adicionais entre esses dois grupos compõem uma leitura interessante:

Cobra	Pit Bull
Demonstra violência na relação com outros	Normalmente só é violento com a parceira
Sente pouco remorso	Demonstra certo nível de culpa
Motivado pelo desejo de gratificação imediata	Motivado pelo medo de abandono
Capaz de encerrar a relação e seguir em frente	Obsessivo; frequentemente persegue a vítima
Sente-se superior	Adota o papel de "vítima"
Persuasivo: capaz de inventar uma história para as autoridades	Grande dependência emocional
Charmoso e carismático	Depressivo e introvertido
Controle significa não lhe dizerem o que fazer	Controle significa constante monitoração da parceira
Criação traumática: violência prevalente na família	Certo nível de violência no histórico familiar
Impermeável à intervenção terapêutica	Às vezes se beneficia de programas de tratamento

Tabela 1. Diferenças entre cobras e pit bulls.

Grande destemor pode muito bem descender da coragem, como propõe Rachman no caso do desarmamento de bombas. Ele pode ser adquirido através da exposição repetida ao perigo. Mas alguns indivíduos o reivindicam como direito de nascimento, indivíduos cuja biologia é tão fundamentalmente diferente da nossa que eles permanecem, tanto consciente quanto inconscientemente, completamente impermeáveis mesmo ao menor traço de antígenos de ansiedade. Eu sei, porque eu os testei.

O cheiro do medo

Se alguma vez você já sentiu medo no avião durante uma turbulência, ficou pouco à vontade quando o trem parou em um túnel ou simplesmente experimentou um indefinível sentimento de temor de que "algo estava errado", você poderia estar apenas respondendo ao medo das pessoas ao seu redor. Em 2009, Lilianne Mujica-Parodi, neurocientista cognitiva da Universidade de Stony Brook, em Nova York, coletou suor das axilas de paraquedistas em seu primeiro salto enquanto eles se lançavam em direção ao solo em velocidade terminal.[20] De volta ao laboratório, ela transferiu o suor de discos absorventes colocados sob os braços dos voluntários, bem como amostras de suor cotidiano normal e com "baixo teor de medo", para uma "caixa nebulizadora" especialmente calibrada e a agitou sob as narinas de um grupo de voluntários colocados em um aparelho de ressonância magnética funcional, fMRI.*

Embora nenhum dos voluntários tivesse ideia do que estava inalando, aqueles expostos ao suor do medo demonstraram consideravelmente mais atividade em seus endereços cerebrais processadores do medo (a amídala e o hipotálamo) que aqueles que respiraram suor de exercícios. Além disso, em uma tarefa de reconhecimento de emoções, voluntários que inalaram o suor do medo foram 43% mais precisos em julgar se um rosto expressava ameaça ou era neutro que aqueles que inalaram suor de malhação.

Tudo isso levanta uma questão muito interessante: podemos "pegar" medo, do mesmo modo que pegamos um resfriado?

Mujica-Parodi e sua equipe certamente parecem pensar que sim — e, à luz de suas descobertas, aludem à possibilidade de "haver um componente biológico oculto nas dinâmicas sociais humanas no qual o estresse emocional é, quase literalmente, 'contagioso'".

O que, é claro, levanta uma questão ainda mais interessante: e quanto à imunidade? Alguns são mais propensos a pegar o vírus do medo que outros? Alguns podem sentir seu "cheiro"?

---

* No exame de ressonância magnética funcional, um ímã gigante circunda a cabeça do paciente. Mudanças na direção do campo magnético induzem os átomos de hidrogênio do cérebro a emitir sinais de rádio. Esses sinais aumentam quando sobe o nível de oxigênio no sangue, indicando quais partes do cérebro estão mais ativas.

Para descobrir, fiz uma variação do estudo de Mujica-Parodi.[21] Primeiro, exibi um filme assustador (*O mistério de Candyman*) para um grupo de voluntários e coloquei um segundo grupo para malhar. Em seguida, coletei seu suor. Depois, eu o engarrafei. Por fim, esguichei o suor nas narinas de um terceiro grupo de voluntários enquanto eles jogavam.

O jogo em questão era o Cambridge Gamble Task, um teste computadorizado de tomada de decisões de risco. O teste compreende uma série de rodadas durante as quais os participantes são apresentados a um conjunto de dez caixas (azuis ou vermelhas) e precisam adivinhar quais dessas caixas escondem uma ficha amarela. A proporção de caixas coloridas varia de rodada para rodada (por exemplo, seis vermelhas e quatro azuis; uma azul e nove vermelhas) e os participantes começam com um total de cem pontos — dos quais precisam apostar uma proporção fixa (5%, 25%, 75%, 95%) ao fim da primeira rodada. O que acontece então é contingente ao resultado. Dependendo de ganharem ou perderem, a quantia apostada é somada ou subtraída a sua pontuação inicial e o protocolo é repetido em todas as rodadas subsequentes. Apostas altas estão associadas a alto risco.

Se a teoria de Mujica-Parodi estivesse minimamente correta, então a predição seria bastante direta. Voluntários que inalaram o suor de *O mistério de Candyman* seriam mais cautelosos e apostariam de maneira mais conservadora que aqueles que inalaram suor de atividade física.

Mas havia um senão. Metade dos voluntários era psicopata. Seriam os psicopatas, notados por sua calma sob pressão, imunes ao estresse alheio? Como experientes caçadores e rastreadores, poderiam eles ser hipervigilantes em relação a pistas visuais de vulnerabilidade — como Angela Book descobriu —, mas quimicamente impermeáveis às olfativas?

Os resultados do experimento não poderiam ser mais claros. Exatamente como previsto pelas descobertas de Mujica-Parodi, os voluntários não psicopatas jogaram com suas cartas bem próximas ao peito quando expostos ao suor do medo, apostando porcentagens menores. Mas os psicopatas permaneceram inabaláveis. Eles não apenas eram mais ousados para começar, como também eram mais ousados para terminar, continuando a assumir riscos mesmo quando alagados com "medo". Seus sistemas neurológicos imunes pareciam manter o "vírus" na rédea curta, adotando uma política de tolerância zero com a ansiedade. Enquanto o resto de nós apenas permite que ela se espalhe.

Espada de dois gumes

Vislumbradas ao se passar por uma vitrine — ou, nos dias atuais, mais provavelmente pela Amazon —, *A sabedoria dos psicopatas* pode parecer um estranho conglomerado de palavras para aparecer na capa de um livro. Talvez chame a atenção, mas certamente é estranho. Pode-se pensar que a estridente justaposição desses dois monólitos existenciais, "sabedoria" e "psicopatas", indica pouco compromisso semântico, pouco no sentido de diálogo construtivo e significativo em torno da mesa de negociação científica e baseada na lógica.

E, no entanto, é séria a tese nuclear e fundamental de que psicopatas possuem sabedoria. Talvez não sabedoria no sentido tradicional da palavra, como uma propriedade emergente do passar dos anos e da experiência de vida acumulada. Mas como uma função inata e inefável de seus seres.

Considere, por exemplo, a seguinte analogia de alguém que conheceremos mais adiante.

Um psicopata.

Falando, devo acrescentar, de dentro dos rarefeitos e enclausurados confins de um transtorno de personalidade do tipo unidade de segurança máxima:

"Um carro esporte potente e de alta qualidade não é bom ou ruim por si mesmo. Ele vai depender de quem está sentado atrás do volante. Ele pode permitir, por exemplo, que um motorista habilidoso e experiente leve sua mulher ao hospital em tempo de dar à luz. Ou, em um universo paralelo, levar um garoto de 18 anos e sua namorada a despencarem de um despenhadeiro. Essencialmente, está tudo no manuseio, na competência do motorista, simples..."

Ele está certo. Talvez a mais distintiva característica de um psicopata, a última e "matadora" diferença entre a personalidade psicopática e a personalidade da maioria dos membros "normais" da população, é que os psicopatas não dão a mínima para o que pensam deles. Eles simplesmente não estão nem aí para como a sociedade pode interpretar suas ações. Isso, em um mundo no qual a imagem, o estigma e a reputação são mais sacrossantos que nunca — quais são os números agora: quinhentos milhões no Facebook? Duzentos milhões de vídeos no YouTube? Uma câmera de segurança para cada vinte pessoas no Reino Unido? —, sem dúvida constitui uma das razões fundamentais pelas quais eles se metem em tantos problemas.

E, claro, por que os achamos tão fascinantes.

No entanto, isso também pode predispor ao heroísmo e à resistência mental. A qualidades estimadas como coragem, integridade e virtude: à habilidade, por exemplo, de entrar em edifícios em chamas para salvar a vida dos que estão lá dentro. Ou empurrar caras gordos de plataformas e parar trens descarrilados.

A psicopatia realmente é como um carro esportivo de alto desempenho. É uma espada de dois gumes que inevitavelmente corta dos dois lados.

Nos capítulos seguintes, contarei, em detalhes científicos, sociológicos e filosóficos, a história dessa espada de dois gumes e do perfil psicológico único dos que a empunham. Começaremos por olhar quem, precisamente, o psicopata realmente é (além do monstro no qual habitualmente pensamos). Viajaremos nas zonas internas e externas da metrópole psicopática, excursionando pelos ultraviolentos guetos do centro e pelos subúrbios mais claros, arborizados e agradáveis.

Como em qualquer escala ou espectro, ambas as pontas têm suas estrelas, seus garotos-propaganda. Em uma ponta, temos os Sutcliffes e os Lecters e os Bundys — os Estripadores, os Esfaqueadores, os Estranguladores. Enquanto na outra ponta temos os *antipsicopatas*: atletas espirituais de elite como os monges budistas tibetanos que, graças a anos de meditação faixa preta em monastérios remotos do Himalaia, sentem apenas compaixão. Na verdade, as últimas pesquisas no campo da neurociência cognitiva sugerem que o espectro pode ser circular: que, ao longo da linha neural de sanidade e loucura, os psicopatas e os antipsicopatas se sentam ombro a ombro. Tão perto e, todavia, tão longe.

De linhas neurais isoladas, mudaremos nosso foco para a arqueologia cognitiva e, tendo esboçado as coordenadas da psicopatia nos dias modernos, iremos em busca de suas origens. Usando a teoria dos jogos, a lógica e a psicologia evolutiva de ponta, reconstruiremos as condições, profundamente enterradas em nosso passado ancestral, sob as quais psicopatas podem ter se desenvolvido. E exploraremos a possibilidade — tão profunda quanto perturbadora — de que, na sociedade do século XXI, eles continuem a evoluir e o transtorno esteja se tornando adaptativo.

Consideraremos exaustivamente as vantagens de ser psicopata — ou melhor, as vantagens de, ao menos em certas situações, ter aqueles *sliders* ligeiramente mais altos que o normal. Daremos uma olhada no destemor. Na inclemência. Na "presença" (psicopatas costumam piscar um pouquinho menos que o resto de nós, uma aberração fisiológica que contribui para lhes dar aquele ar enervante e hipnótico).* Devastador, deslumbrante e superconfiante são os epítetos que se ouvem frequentemente sobre eles. E não, como se poderia esperar, deles mesmos. Mas de suas vítimas! A ironia é clara como o dia. Psicopatas parecem ter, por força de alguma piadinha darwiniana, as exatas características de personalidade que morreríamos para ter. Em função das quais, aliás, muitos *morreram* de fato — razão pela qual nosso velho amigo Fabrizio Rossi acha difícil acreditar que alguma coisa boa possa sair do subterrâneo.

Iremos até os bastidores de uma das mais conceituadas unidades psicopáticas do mundo e conheceremos a visão dos psicopatas sobre os problemas, dilemas e desafios que cada um de nós enfrenta durante o curso da vida cotidiana. Encontraremos o neurocientista e caçador de psicopatas Kent Kiehl enquanto ele vasculha penitenciárias estaduais americanas com seu caminhão de dezoito rodas equipado com um aparelho de ressonância magnética funcional.

---

* Muitas pessoas que tiveram contato com psicopatas comentaram mais tarde sobre seus olhos extremamente penetrantes — fato que não passou despercebido por inúmeros roteiristas de Hollywood. A razão exata não é clara. Por um lado, o número de vezes em que se pisca é um índice confiável de níveis latentes de ansiedade. Por isso, como mencionado, psicopatas piscam em média um pouco menos que nós — um artefato autônomo que pode muito bem contribuir para sua intensa e "reptiliana" aura. Por outro, contudo, também se especulou que o intenso olhar fixo dos psicopatas pode refletir níveis de concentração melhorados e predatórios: assim como os melhores jogadores de pôquer do mundo, eles estão continuamente "revistando" seus "oponentes" em busca de evidências emocionais.

E, em um experimento único e revolucionário, finalmente sofrerei uma "transformação psicopática", ao permitir que um mundialmente renomado especialista em estimulação magnética transcraniana simule, com a ajuda de uma cirurgia remota não invasiva, um estado cerebral psicopata dentro da *minha* cabeça (já passou).

Enquanto *A sabedoria dos psicopatas* se desdobra, a verdade, como um predador impiedoso, lentamente se aproxima. Claro, esses caras podem nos ferrar. Mas eles também podem salvar nossas vidas. Seja como for, eles certamente têm algo a nos ensinar.

2
O verdadeiro psicopata pode se levantar, por favor?

> *Quem, no arco-íris, consegue traçar a linha onde acaba o violeta e começa o alaranjado? Vemos distintamente a diferença entre as cores, mas onde, exatamente, a primeira começa a se misturar na outra? Dá-se o mesmo com sanidade e insanidade.*
>
> Herman Melville

Por quê?

Há uma história mais ou menos assim circulando na internet: durante o funeral de sua mãe, uma mulher encontra um homem desconhecido. Ela se sente misteriosamente atraída por ele. Acreditando que ele é sua alma gêmea, apaixona-se instantaneamente. Mas não pergunta seu número de telefone e, quando o funeral termina, não tem como localizá-lo. Alguns dias depois, ela mata a irmã. Por quê?

Espere um pouco antes de responder. Aparentemente, esse simples teste pode determinar se você pensa ou não como um psicopata. Que motivo teria a mulher para tirar a vida da irmã? Ciúmes? Ela a encontrara na cama com o desconhecido? Vingança? Ambas plausíveis. Mas erradas. A resposta, presumindo que você pense como um psicopata, é: ela nutria a esperança de que o desconhecido aparecesse novamente *no funeral da irmã*.

Se foi essa a solução que você encontrou... não entre em pânico. Na verdade, eu menti. Evidentemente, isso não significa que você pense como um psicopata. Como grande parte das coisas que encontramos na internet, esse caso contém tanta verdade quanto o balancete de Bernie Madoff. Em uma análise superficial, ninguém discute que a estratégia da mulher é psicopática: fria, implacável, indiferente e de um egoísmo míope. Desafortunadamente, há um problema. Quando apliquei esse teste em alguns psicopatas reais — estupradores, assassinos, pedófilos e assaltantes à mão armada —, propriamente diagnosticados durante procedimentos clínicos padronizados, adivinhe o que aconteceu? Nenhum deles pensou no "funeral seguinte" como motivo. Em vez disso, quase todos responderam sob a lógica da "rivalidade romântica".

"Eu posso ser maluco, mas certamente não sou burro", comentou um deles.

Scott Lilienfeld é professor de psicologia na Universidade de Emory, em Atlanta, e um dos maiores especialistas mundiais em psicopatas. Ou, como ele diz, em psicopatas bem-sucedidos: aqueles mais inclinados a cair matando no mercado de ações do que em algum beco escuro e cheio de lixo. Enquanto atacávamos uma montanha de tacos de jacaré em uma lanchonete sulista a apenas alguns quilômetros de seu escritório, perguntei a ele sobre o enigma do funeral. O que acontece em casos como esse? Por que esse tipo de coisa mexe com a gente? A pergunta é perturbadora.

— Acho que o apelo de testes como esse está em sua simplicidade — diz ele. — Há algo de tranquilizador na ideia de que uma pergunta pode, de certo modo, desmascarar os psicopatas entre nós e nos proteger deles. Infelizmente, não é tão simples. Podemos até descobrir quem eles são, mas isso exige mais que apenas uma pergunta. Exige um monte delas.

Ele tem razão. No mundo real, simplesmente não existem perguntas "bala de prata", que, por algum engenhoso artifício mental, podem revelar nossas verdadeiras cores psicológicas. A personalidade é um constructo complexo demais para revelar seus segredos puramente na base de jogos de salão do tipo "um tiro só". Especialistas desse campo dispararam um bocado de tiros ao longo dos anos e apenas recentemente pensaram em pedir uma trégua.

Os caçadores de personalidade

A personalidade tem uma longa história. Ou melhor, sua avaliação tem. Ela começa na Grécia antiga, com Hipócrates (460–377 a.C.), o pai da medicina ocidental. Recorrendo à sabedoria de tradições ainda mais antigas (o cálculo celestial da astrologia babilônica, por exemplo), que atravessaram o Levante vindas dos sábios do Egito antigo e dos místicos da Mesopotâmia, Hipócrates discerniu quatro temperamentos distintos no cânone das emoções humanas: colérico, sanguíneo, melancólico e fleumático.

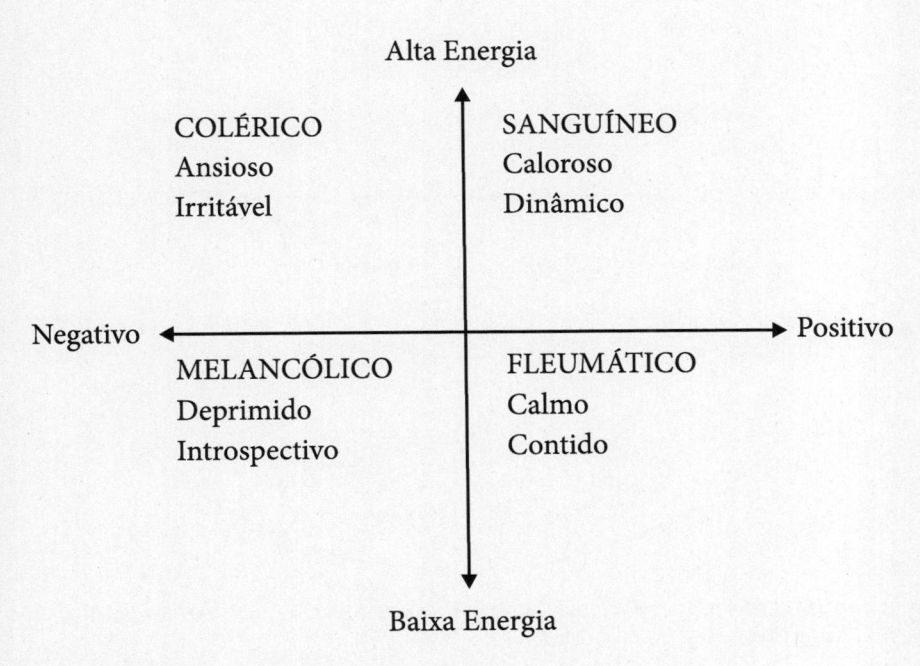

```
                    Alta Energia
                         ↑
        COLÉRICO         |      SANGUÍNEO
        Ansioso          |      Caloroso
        Irritável        |      Dinâmico
                         |
Negativo ←───────────────┼───────────────→ Positivo
                         |
        MELANCÓLICO      |      FLEUMÁTICO
        Deprimido        |      Calmo
        Introspectivo    |      Contido
                         |
                         ↓
                    Baixa Energia
```

Figura 2.1. Os quatro temperamentos de Hipócrates.

Depois de Hipócrates, não aconteceu muita coisa durante dois milênios e meio. Então, em 1952, o psicólogo inglês Hans Eysenck deu nova vida à antiga e diádica taxonomia do pai da medicina ocidental.[1] Utilizando a análise minuciosa de questionários e entrevistas clínicas aprofundadas, Eysenck propôs que a personalidade humana compreendia duas dimensões centrais: *introversão/extroversão* e *neuroticismo/estabilidade* (uma terceira, *psicoticismo*, caracterizada por agressividade, impulsividade e egocentrismo, foi adicionada mais tarde). Essas duas dimensões, quando dispostas ortogonalmente, encapsulam perfeitamente os quatro temperamentos clássicos originalmente identificados por Hipócrates:

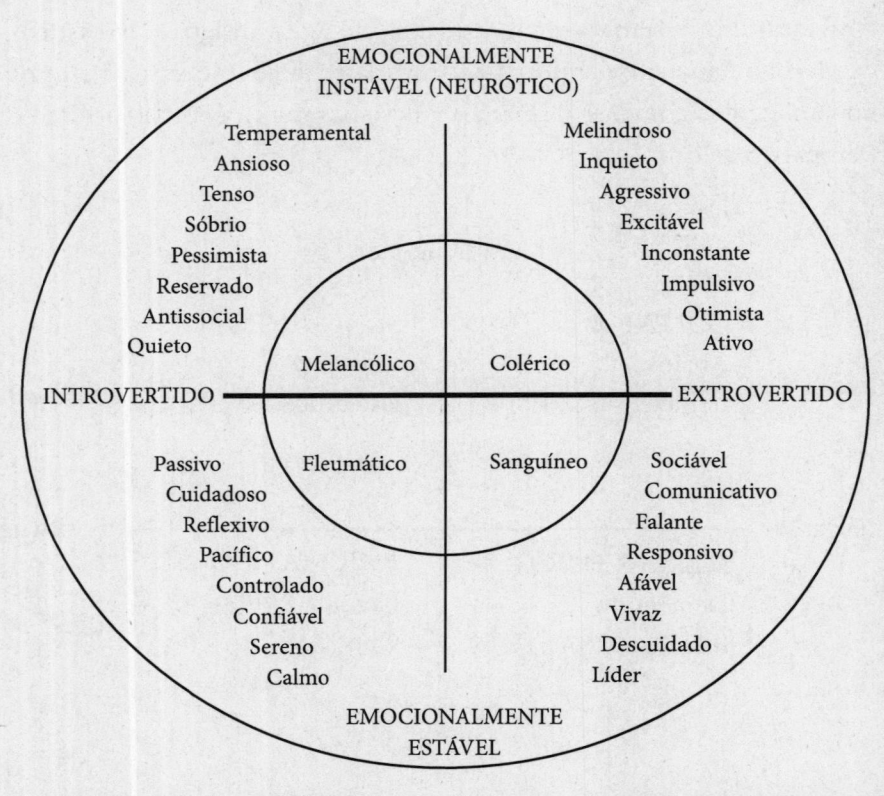

```
                    EMOCIONALMENTE
                  INSTÁVEL (NEURÓTICO)

            Temperamental          Melindroso
            Ansioso                Inquieto
            Tenso                  Agressivo
            Sóbrio                 Excitável
            Pessimista             Inconstante
            Reservado              Impulsivo
            Antissocial            Otimista
            Quieto                 Ativo
                    Melancólico  Colérico
INTROVERTIDO ────────────────────────────── EXTROVERTIDO
                    Fleumático   Sanguíneo
            Passivo                Sociável
            Cuidadoso              Comunicativo
            Reflexivo              Falante
            Pacífico               Responsivo
            Controlado             Afável
            Confiável              Vivaz
            Sereno                 Descuidado
            Calmo                  Líder
                    EMOCIONALMENTE
                       ESTÁVEL
```

Figura 2.2. Modelo de personalidade de Eysenck incorporando os quatro temperamentos de Hipócrates (Eysenck & Eysenck, 1958).

A personalidade colérica (ansiosa, irritável) foi mapeada na extroversão neurótica de Eysenck; a melancólica (deprimida, introspectiva), na introversão neurótica; a sanguínea (calorosa, dinâmica), na extroversão emocionalmente estável; e a fleumática (calma, contida), na introversão emocionalmente estável. Hipócrates, aparentemente, foi o pai não apenas da medicina moderna, mas também da natureza humana.

O modelo de personalidade de dois ciclos de Eysenck era positivamente anoréxico comparado ao colossal corpo de características escavado pelo psicólogo americano Gordon Allport cerca de vinte anos depois.[2] Alinhado à chamada hipótese "lexical" da personalidade, que estipulava que todos os termos significativos relacionados ao caráter deveriam, quase que literalmente e por definição, ser codificados em linguagem, Allport navegou pelas profundas e prolixas águas do *Novo dicionário internacional Webster*, em uma espécie de pescaria. Ele se perguntou quantos adjetivos relacionados à personalidade existiriam. A resposta, como se ficou sabendo, era um bocado — e ele voltou à terra firme com aproximadamente 18 mil. Após descartar as descrições relacionadas a traços temporários e não duradouros (por exemplo, eufórico, envergonhado), Allport reduziu a lista para 4.500.

Mas foi somente quando o psicólogo da Universidade de Illinois Raymond Cattell se apropriou da lista de Allport, em 1946, ao mesmo tempo em que Eysenck revia sua lista, que os teóricos da personalidade realmente tiveram algo com que brincar.[3] Eliminando sinônimos e introduzindo alguns itens adicionais coligidos em pesquisas de laboratório, Cattell chegou a uma contagem de 171 palavras. Então ele se pôs ao trabalho. Usando essas descrições para gerar escalas de avaliação, ele as entregou a voluntários. Sua tarefa era agradavelmente simples: avaliar seus conhecidos com base nas escalas providas.

As análises revelaram uma astronômica estrutura de personalidade composta por 35 traços principais, que Cattell, meio esotericamente, chamou de "esfera da personalidade". Durante a década seguinte, posterior depuração, com a ajuda de computadores de primeira geração e a embrionária feitiçaria da análise fatorial,* reduziu essa lista ainda mais, para apenas dezesseis fatores primários. Cattell decidiu que seu trabalho estava pronto.

---

* Análise fatorial é uma técnica estatística usada para descobrir padrões simples nas relações entre variáveis diferentes. Em particular, busca descobrir se as variáveis observadas podem ser explicadas por um número muito menor de variáveis, chamados *fatores*. Como exemplo, no modelo de Cattell, o fator hiperônimo "expansividade" foi destilado de componentes descritores como "amigável", "empático" e "acessível".

Valores baixos	Fator	Valores altos
Reservado	*Expansividade*	Expansivo
Menos inteligente	*Inteligência*	Mais inteligente
Emocionalmente reativo	*Estabilidade emocional*	Emocionalmente estável
Submisso	*Dominância*	Assertivo
Sério	*Preocupação*	Despreocupado
Não conformista	*Consciência das regras*	Consciencioso
Tímido	*Desenvoltura*	Desinibido
Realista	*Sensibilidade*	Sentimental
Confiante	*Confiança*	Desconfiado
Prático	*Capacidade de abstração*	Imaginativo
Franco	*Requinte*	Discreto
Autoconfiante	*Apreensão*	Apreensivo
Conservador	*Experimentação*	Experimentador
Afiliativo	*Autossuficiência*	Autossuficiente
Inexato	*Perfeccionismo*	Preciso
Relaxado	*Tensão*	Tenso

Tabela 2.1. Os dezesseis fatores primários da personalidade de Cattell (adaptado de Cattell, 1957).

Felizmente para os psicólogos ocupacionais e para os que trabalham na área de relações humanas, os teóricos continuaram pesquisando. Em 1961, dois pesquisadores da Força Aérea americana, Ernest Tupes e Raymond Christal, conseguiram reduzir os traços de Cattell a apenas cinco fatores recorrentes.[4] Eles os chamaram de extroversão, amabilidade, confiabilidade, estabilidade emocional e cultura. Mais recentemente, nos últimos vinte anos, o trabalho de Paul Costa e Robert McCrae, no Instituto Nacional de Saúde dos Estados Unidos, levou ao desenvolvimento de um teste padronizado de personalidade chamado Inventário de Personalidade NEO.[5]

Psicólogos não entram em consenso, se puderem evitar.[6] Mas, nesse caso, é difícil evitar. Abertura para a experiência, meticulosidade, extroversão, amabilidade e neuroticismo [*Openness to Experience, Conscientiousness, Extraversion, Agreeableness and Neuroticism*, OCEAN] constituem o genoma da personalidade humana. E nós somos a soma de nossas partes. Como na famosa frase de Patrick McGoohan em *O prisioneiro*, nós não somos números. Antes, somos uma constelação de números. Cada um de nós, no infinito firmamento algorítmico do espaço da personalidade, tem suas coordenadas únicas, que dependem precisamente de onde nos localizamos nessas cinco dimensões.* Ou, como elas são comumente chamadas, as Big Five.[7]

Dê-me cinco

Para o observador casual, é claro, a personalidade se apresenta como contínua e uniforme. Somente quando é passada pelo prisma do escrutínio matemático é que ela se divide oficialmente em seus cinco componentes constitutivos. Pode-se dizer que o modelo dos grandes cinco fatores corresponde às "cores primárias" indivisíveis da personalidade, ancoradas em cada lado por traços de caráter diametralmente opostos: um espectro de identidade que nos inerva.

Esses traços, juntamente com uma breve descrição do conjunto de atributos pessoais associados a cada dimensão, são descritos na Tabela 2.2.

Fator	Descritor
Abertura para a experiência	Imaginativo / Prático
	Gosta de variedade / Gosta de rotina
	Independente / Conformista
Meticulosidade	Organizado / Desorganizado
	Cuidadoso / Descuidado
	Autodisciplinado / Impulsivo
Extroversão	Sociável / Reservado
	Gosta de diversão / Sóbrio
	Caloroso/ Reservado

---

* Se você quiser descobrir quem *você* é baseado em sua personalidade, tente a forma abreviada do teste de personalidade Big Five que pode ser encontrada em www.wisdomofpsychopaths.co.uk.

Fator	Descritor
Amabilidade	Bondoso / Implacável
	Confiante / Desconfiado
	Prestativo / Não cooperativo
Neuroticismo	Preocupado / Calmo
	Inseguro / Seguro
	Autocomiserativo / Satisfeito consigo mesmo

Tabela 2.2. Modelo de personalidade dos cinco grandes fatores (Big Five) (McCrae & Costa 1999, 1990).

Talvez não seja surpresa o fato de que psicólogos ocupacionais acumularam muitas milhas no NEO (e em outros testes de personalidade semelhantes ao Big Five). Eles o aplicaram aos profissionais de virtualmente todas as profissões imagináveis para estabelecer a exata relação entre constituição psicológica e sucesso no emprego. Ao fazer isso, encontraram uma espetacular conexão entre temperamento e tipo de trabalho, entre como somos feitos e onde somos contratados.[8]

Demonstrou-se que abertura para a experiência desempenha papel importante em profissões nas quais um modo de pensar original ou inteligência emocional estão na ordem do dia — profissões como consultoria, arbitragem e publicidade —, enquanto indivíduos com baixas pontuações nessa dimensão tendem a se sair melhor na indústria ou em trabalhos mecânicos. Profissionais com pontuações de médias a altas em meticulosidade (se elas forem muito altas, pode-se ultrapassar a fronteira da obsessão, da compulsão e do perfeccionismo) tendem a ser excelentes em todas as áreas, o oposto sendo verdadeiro para os que possuem pontuações mais baixas. Extrovertidos se dão bem em trabalhos que exigem interação social, enquanto introvertidos se dão bem em profissões mais "solitárias" ou "reflexivas", como design gráfico e contabilidade. Assim como meticulosidade, amabilidade é praticamente um facilitador universal do desempenho, mas se mostra particularmente proeminente em ocupações nas quais a ênfase está no trabalho em equipe ou no atendimento ao consumidor, como enfermagem e as forças armadas. Mas, ao contrário da meticulosidade, ter níveis baixos de amabilidade também pode ser útil — em arenas agressivas e ferozes como a mídia, nas quais o choque de egos e a competição por recursos (ideias, reportagens, comissões) são frequentemente violentos.

Por fim, temos o neuroticismo, possivelmente a mais precária das cinco dimensões do NEO. No entanto, embora ninguém duvide de que estabilidade emocional e calma sob pressão podem pesar na balança em profissões nas quais foco e equilíbrio são importantes (o *cockpit* e a sala de cirurgia sendo apenas dois casos típicos), também se deve lembrar que o casamento entre neuroticismo e criatividade é de longa duração. Algumas das maiores produções da arte e da literatura ao longo dos séculos foram garimpadas não nas águas rasas do litoral cerebral, mas nos profundos e não mapeados labirintos da alma.

Mas, com os psicólogos ocupacionais tendo descoberto diferenças individuais de temperamento baseadas em modelos de desempenho profissional — eixos de personalidade que determinam sucesso no local de trabalho —, onde entra o psicopata? Em 2001, Donald Lynam e seus colegas da Universidade do Kentucky conduziram um estudo para determinar a resposta e descobriram que sua estrutura de personalidade única esconde uma reveladora configuração de traços, tão implacável quanto hipnótica.[9]

Lynam pediu a alguns dos maiores especialistas mundiais em psicopatia (colegas com comprovada experiência de campo) que avaliassem, em uma escala de 1 a 5 (sendo 1 extremamente baixa e 5 extremamente alta), a provável pontuação de psicopatas em uma série de trinta subtraços — as partes constituintes de cada uma das dimensões primárias que constituem o Big Five. Os resultados são mostrados a seguir:

Abertura para a experiência	Meticulosidade	Extroversão	Amabilidade	Neuroticismo
Fantasia 3, 1	Competência 4, 2	Cordialidade 1, 7	Confiança 1, 7	Ansiedade 1, 5
Estética 2, 3	Ordem 2, 6	Gregariedade 3, 7	Franqueza 1, 1	Hostilidade 3, 9
Sentimentos 1, 8	Senso de dever 1, 2	Assertividade 4, 5	Altruísmo 1, 3	Depressão 1, 4
Ações 4, 3	Empenho 3, 1	Atividade 3, 7	Conformidade 1, 3	Autoconsciência 1, 1
Ideias 3, 5	Autodisciplina 1, 9	Busca por excitação 4, 7	Modéstia 1, 0	Impulsividade 4, 5
Valores 2, 9	Deliberação 1, 6	Emoções positivas 2, 5	Flexibilidade 1, 3	Vulnerabilidade 1, 5

Tabela 2.3. Avaliação dos especialistas do perfil de personalidade psicopática como revelado pelo desempenho no Big Five (Miller et al., 2001).

Como se pode ver, os especialistas consideraram psicopatas quase nulos em amabilidade — o que não é de se surpreender, visto que, para a maioria dos médicos, mentira, manipulação, inclemência e arrogância são praticamente o padrão ouro dos traços psicopáticos. Sua meticulosidade tampouco é notável: como se esperava, impulsividade, ausência de objetivos de longo prazo e falha em assumir responsabilidade estão todas aí, mas note como competência inverte a tendência — uma medida da inabalável autoconfiança e da despreocupada indiferença à adversidade dos psicopatas — e como o padrão continua com neuroticismo: ansiedade, depressão, autoconsciência e vulnerabilidade mal aparecem no radar, o que, quando combinado com fortes resultados em extroversão (assertividade e busca por excitação) e em abertura para a experiência (ações), gera aquele carisma elementar, em estado bruto.

A imagem que emerge é a de uma personalidade profundamente potente, mas sombriamente imprevisível. Deslumbrante e sem remorsos por um lado. Fria e imprevisível por outro.

A imagem de um presidente dos Estados Unidos?[10] De saída, pode-se pensar que não. Mas, em 2010, Scott Lilienfeld se associou ao psicólogo forense Steven Rubenzer e a Thomas Faschingbauer, professor de psicologia na Fundação para o Estudo da Personalidade na História, em Houston, no Texas, e os ajudou a analisar alguns dados muito interessantes. Em 2000, Rubenzer e Faschingbauer enviaram o Inventário de Personalidade NEO aos biógrafos de cada presidente dos Estados Unidos.*[11] Ele incluía questões como "Você deve tirar vantagem dos outros antes que eles tirem vantagem de você" e "Eu nunca me sinto culpado por ferir pessoas". Havia 240 desses itens no total. E uma pegadinha. Quem estava sendo testado não eram os biógrafos, mas seus biografados. Baseados em seu conhecimento, os biógrafos tinham de responder em nome dos biografados.

Os resultados geraram uma leitura interessante. Certo número de presidentes dos Estados Unidos exibiram distintos traços psicopáticos, com ninguém menos que John F. Kennedy e Bill Clinton na liderança (para ver a tabela completa, acesse www.wisdomofpsychopaths.co.uk). Não só eles, mas veja como os Roosevelts são. Alguns dos prodígios da história estão no mesmo grupo

Deveríamos ficar apreensivos? Deveria ser motivo de preocupação o fato de o líder da mais poderosa nação da Terra dividir, como disse Jim Kouri, uma proporção significativa de seus traços centrais de personalidade com serial killers?

Talvez.

Mas, para entender a base dos perfis de personalidade políticos de Lilienfeld, Rubenzer e Faschingbauer, precisamos entender mais profundamente o que significa ser psicopata.

Quando a personalidade dá errado

É preciso ser muito cuidadoso ao falar de transtorno de personalidade. Afinal, todo mundo tem um, certo? Então sejamos claros desde o início: transtornos de personalidade não são exclusivos daqueles que enchem seu

---

* Na verdade, o NEO fazia parte de um questionário mais amplo, com 592 itens cobrindo um vasto campo de variáveis, incluindo personalidade, inteligência e comportamento. Mas técnicas estatísticas permitiram extrapolar uma personalidade psicopática do desempenho geral do indivíduo no NEO.

saco (um erro comum entre narcisistas). Em vez disso, como definido pelo *Manual diagnóstico e estatístico de transtornos mentais* [*Diagnostic and Statistical Manual of Mental Disorders, DSM*],* são "um padrão duradouro de experiência interior e comportamento que marcadamente se desvia das expectativas da cultura a que pertence o indivíduo".

A palavra-chave é "duradouro". Transtornos de personalidade não existem apenas durante o Natal (embora o Natal os favoreça). Transtornos de personalidade são caracterizados por inflexíveis e profundamente enraizados padrões de pensamento, sentimento ou relacionamento com outros ou pela inabilidade de controlar ou regular impulsos que causam sofrimento ou prejudicam o funcionamento. Eles podem não ser exclusivos daquelas pessoas que irritam você, mas, se alguém os possui, são elas.

O *DSM* classifica os transtornos de personalidade em três grupos distintos.**[12] São eles: *estranho/excêntrico*, *dramático/errático* e *ansioso/inibido*. E, acredite, estão todos aí. A tia que cria inúmeros gatos e vê o futuro na bola de cristal, com seu gorro de lã e seus imensos brincos, que acha que seu quarto está cheio de "presenças" e acredita que o casal do outro lado da rua é alienígena (esquizotípica); o frequentador da piscina do clube, com suas joias e seu bronzeado permanente, tão cheio de botox que faz até Mickey Rourke parecer normal (narcisista); e a faxineira que eu contratei uma vez, a qual, depois de três longas horas, ainda estava limpando o maldito banheiro, por Deus do céu (obsessivo-compulsiva). (Eu a estava pagando por hora. Fico pensando em quem era o maluco, afinal de contas.)

Mas transtornos de personalidade não causam apenas problemas cotidianos. Eles incendeiam a psicologia clínica também. Um ponto de disputa é a palavra "transtorno". Com estimados 14% da população diagnosticados com algum tipo de transtorno, questiona-se se eles deveriam ser chamados de "transtornos", no fim das contas. "Personalidades" não seria uma descrição

---

* O *Manual diagnóstico e estatístico de transtornos mentais* é publicado pela Associação Americana de Psiquiatria e fornece uma linguagem comum e critérios padronizados para a classificação dos transtornos mentais. É utilizado nos Estados Unidos e ao redor do mundo por médicos e pesquisadores, além de companhias farmacêuticas e de seguro-saúde e agências reguladoras de fármacos. O manual foi publicado pela primeira vez em 1952. Sua última versão, o *DSM-V*, foi publicado em maio de 2013.

** Para a lista completa de transtornos, veja a seção de Notas ao fim deste livro.

melhor? Talvez. Mas então talvez devêssemos nos perguntar o que exatamente *são* transtornos de personalidade. Por exemplo, eles constituem um arquipélago separado de patologia, epidemiologicamente à deriva da costa continental da personalidade? Ou, ao contrário, fazem parte da península Big Five: remotos destacamentos do temperamento em suas mais escuras e tempestuosas periferias?

Adepta dessa última versão, a visão antisseparatista vem de uma ampla pesquisa conduzida por Lisa Saulsman e Andrew Page em 2004.[13] Saulsman e Page esquadrinharam a literatura clínica — estudos sobre a relação entre cada um dos dez transtornos de personalidade listados no *DSM* e cada uma das cinco dimensões de personalidade do Big Five — e jogaram suas descobertas em um grande caldeirão de dados. Análises revelaram que todos os dez transtornos de personalidade podem ser enquadrados no modelo Big Five, mas dois "Big Two" faziam a maior parte do trabalho pesado: neuroticismo e amabilidade.[14]

Como ilustração, Saulsman e Page descobriram que transtornos particularmente caracterizados por sofrimento emocional (paranoico, esquizotípico, borderline, esquivo e dependente) demonstram fortes associações com neuroticismo, enquanto aqueles mais adequadamente descritos por dificuldades interpessoais (paranoide, esquizotípico, antissocial, borderline e narcisista) recaem, de modo não surpreendente, em amabilidade. Também envolvidas, mas em nível mais baixo, estão as dimensões de extroversão e meticulosidade. Transtornos em ambos os lados do que se poderia chamar de divisão *socialite/eremita* (histriônico e narcisista de um lado; esquizoide, esquizotípico e esquivo do outro) tiveram, respectivamente, altos e baixos escores em extroversão, enquanto aqueles em ambos os lados da fronteira *sem destino/obcecado por controle* (antissocial e borderline em um campo *versus* obsessivo-compulsivo no outro) são similarmente bipolares em se tratando de meticulosidade.

A exposição parece bastante convincente. Se o onipotente Big Five constitui nosso sistema solar de personalidade, então a constelação transviada dos transtornos certamente faz parte do firmamento.

Mas, de novo, onde ficam os psicopatas?

A máscara da sanidade

A psicopatia, como a própria personalidade, surge pela primeira vez — de forma requintadamente ardilosa, porém inequívoca — nas meditações dos gregos antigos. O filósofo Teofrasto (*c.* 371-287 a.C.), sucessor de Aristóteles na liderança da escola Peripatética em Atenas, delineia, em seu livro *Os caracteres*, um coruscante conjunto de trinta temperamentos morais.[15] Um deles faz soar vários e cacofônicos alarmes.

"O Homem Inescrupuloso", lamenta Teofrasto, "pedirá emprestado dinheiro novamente de um credor a quem nunca pagou [...]. Ao fazer compras, lembra o açougueiro de algum serviço que lhe prestou e, ficando perto da balança, pega alguma carne, se puder, e um osso para a sopa. Se der certo, melhor ainda; se não der, ele agarra um pedaço de tripa e vai embora rindo."

E rindo ele foi embora.

Mas avancemos rapidamente uns duzentos anos, para o início do século XIX, e o homem inescrupuloso retorna, dessa vez como parte metafísica central no debate sobre o livre-arbítrio. Filósofos e médicos conjecturavam se seria possível que certos transgressores morais, certos delinquentes incorrigíveis, fossem não simplesmente "maus", em oposição com outros patifes, mas sim possuidores de pouco ou nenhum entendimento sobre as consequências de suas ações. Um deles achou que sim.

Em 1801, um médico francês chamado Philippe Pinel escreveu em seu bloco de notas as palavras *manie sans delire* ao assistir, horrorizado, enquanto um homem, de maneira fria, calma e composta, chutava um cachorro até a morte.[16] Mais tarde no mesmo ano, Pinel compilou um meticuloso e abrangente — e até hoje altamente preciso — relato da síndrome. Não apenas o homem em questão não exibira o menor traço de remorso por sua ação como também, na maioria dos outros aspectos, parecia perfeitamente são. Ele parecia, para cunhar uma frase com a qual muitos dos que desde então estiveram em contato com psicopatas concordam, "louco sem ser louco". *Manie sans delire*.

O francês, como se veria, não estava sozinho em suas ponderações. O médico Benjamin Rush, clinicando nos Estados Unidos no início do século XIX, proveu um relato similar ao de Pinel: o de comportamentos igualmente repugnantes e processos mentais igualmente imperturbáveis.[17] Rush atribuiu aos perpetradores de tais ações uma "depravação moral inata e preternatural", na qual "provavelmente existe uma organização original defeituosa naquelas partes do corpo ocupadas com as faculdades morais da mente".

"O arbítrio", continua ele, pode ser perturbado mesmo em "muitos casos de pessoas em seu perfeito juízo [...] a vontade se torna[ndo] o veículo involuntário de ações viciosas, através da instrumentalização das paixões".

Ele antecipou a moderna neurociência em duzentos anos. Em outras palavras, o tsunami neural da insanidade não precisa destruir apocalipticamente o litoral cristalino da lógica. Você pode simultaneamente ter um intelecto perfeito e ser "insano".

Avançando um século e meio e atravessando o Atlântico, no Faculdade de Medicina da Geórgia, o médico americano Hervey Cleckley provê um inventário mais detalhado da *folie raisonnante*. Em seu livro *The Mask of Sanity* [A máscara da sanidade], publicado em 1941, Cleckley reúne um kit um tanto eclético para a identificação do psicopata.[18] O psicopata, ele observa, é uma pessoa inteligente, caracterizada por pobreza de emoções, ausência de senso de vergonha, egocentrismo, charme superficial, inexistência de culpa e ansiedade, imunidade à punição, imprevisibilidade, irresponsabilidade, manipulação e um estilo de vida transiente — mais ou menos a imagem que os médicos do século XXI têm do transtorno hoje (embora, com a ajuda de programas de pesquisa em laboratório e o desenvolvimento de técnicas como o eletroencefalograma e a ressonância magnética funcional, estejamos começando a entender melhor o porquê).

Mas, entremeadas no retrato de Cleckley, estão pinceladas do que parece ser genialidade. O psicopata é descrito como possuidor de "perspicácia e agilidade [...] mental", capacidade de "conversa(r) de maneira interessante" e "charme extraordinário".

Em uma passagem memorável, Cleckley descreve os mais recônditos mecanismos da mente desses camaleões sociais, a vida cotidiana por trás da fria cortina de insensibilidade:

> O [psicopata] não tem familiaridade com os fatos ou dados primários do que se pode chamar de valores pessoais, e é completamente incapaz de entender essas questões. É impossível para ele interessar-se, ainda que minimamente, pela tragédia, pela alegria ou pelas batalhas da humanidade como apresentadas na alta literatura ou na arte. Ele também é indiferente

a todas essas questões na vida em si. Beleza e fealdade, com exceção de um sentido muito superficial, bondade, maldade, amor, horror e humor não possuem nenhum sentido real, nenhum poder de comovê-lo.

Além disso, ele não possui a capacidade de perceber que os outros se comovem. É como se, apesar de sua inteligência afiada, ele fosse cego a esse aspecto da existência humana. Não se pode explicar, porque não há nada em sua órbita de consciência que possa utilizar a comparação como ponte. Ele pode repetir as palavras e afirmar desenvoltamente que compreende, mas não há maneira de ele perceber que não compreende.

Já foi dito que o psicopata entende as palavras, mas não a música, da emoção.

Eu tive uma noção muito clara do que Cleckley queria dizer em um de meus primeiros encontros com um psicopata. Joe tinha 28 anos, era mais bonito que Brad Pitt e tinha um QI de 160. Por que ele sentiu necessidade de bater naquela garota em um estacionamento até que ela perdesse os sentidos, dirigir a um canto escuro nos limites de uma cidade do norte, estuprá-la repetidamente sob a ameaça de faca e depois cortar sua garganta e jogá-la na caçamba de uma fábrica deserta está além da compreensão. Partes da anatomia da jovem foram mais tarde encontradas em seu porta-luvas.

Em uma sala de entrevista sem charme e sem ar, cheirando vagamente a desinfetante, eu me sentei à mesa com Joe — cinco anos depois e a milhares de quilômetros de seu operário e interiorano campo da morte. Eu estava interessado na maneira como ele tomava decisões, no cenário estocástico do compasso moral de seu cérebro. E eu tinha uma arma secreta, um engenhoso truque psicológico em minha manga. Eu o apresentei ao seguinte dilema.

Um brilhante cirurgião de transplantes tem cinco pacientes. Cada um desses pacientes necessita de um órgão diferente, e cada um deles morrerá sem o órgão. Infelizmente, não há órgãos disponíveis para realizar nenhum dos transplantes. Um jovem e saudável viajante, apenas de passagem, vai ao consultório para um exame de rotina. Enquanto realiza o exame, o médico descobre que seus órgãos são compatíveis com todos os cinco pacientes à beira da morte. Suponha, além disso, que ninguém desconfiaria do médico se o jovem desaparecesse. O médico teria o direito de matar o jovem para salvar seus cinco pacientes?

Esse dilema moral foi apresentado pela primeira vez por Judith Jarvis Thomson, autora do experimento do trem e o homem gordo que discutimos no capítulo 1.[19] Embora certamente seja um ponto discutível, ele é facilmente resolvido pela maioria das pessoas. Seria moralmente repreensível que o médico tirasse a vida do jovem. Nenhum médico tem o direito de matar um paciente, não importa quão humana ou piedosa a justificativa possa parecer. Seria assassinato, pura e simplesmente. Mas qual seria a solução dada por alguém como Joe?

"Posso ver onde está o problema", disse ele de maneira prosaica. "Se tudo que você faz é jogar com os números, nem precisa pensar na resposta. Você mata o cara e salva os outros cinco. Utilitarismo ao extremo. O truque é não pensar muito no assunto. Se eu fosse o médico, não pensaria duas vezes. São cinco pelo preço de um, certo? Cinco porções de boas notícias — quero dizer, e as famílias desses caras? — contra uma porção de más notícias. É uma boa troca. Não é?"

"Eles lidam com as emoções através dos números", disse-me um psiquiatra forense enquanto conversávamos sobre psicopatas em seu escritório.

No caso de Joe, literalmente.

Crise de identidade

Os poderes de persuasão dos psicopatas são incomparáveis; sua capacidade de invasão psicológica, lendária. E Joe, o assassino, o estuprador, com seus gélidos olhos azuis e seu QI de gênio, certamente não era exceção à regra. Ironicamente, aliás, quando se conversa com um psicopata em uma entrevista, pode ser difícil acreditar que há algo errado — a menos que você esteja prevenido. E essa é apenas uma das razões pelas quais chegar a uma classificação precisa do transtorno, com a qual todos concordem, provou-se tão difícil ao longo dos anos.

Há três décadas, a psicopatia ganhou seu green card clínico. Em 1980, Robert Hare (que encontramos no capítulo 1) criou a Escala de Psicopatia, o teste inaugural (e, para muitos, ainda o melhor) para detectar a presença do transtorno.[20] A Escala — que, em 1991, fez uma plástica e se tornou Escala de Psicopatia Revisada (PCL-R) — compreende um questionário de vinte questões com um resultado máximo de 40 pontos (em cada item, pode-se marcar 0, "não se aplica"; 1, "aplica-se de certo modo"; ou 2, "aplica-se completamente") e foi desenvolvida por Hare com base tanto em suas observações clínicas quanto nas observações feitas previamente por Hervey Cleckley na Geórgia.[21]

A maioria de nós tem um resultado de cerca de 2 pontos. O nível inicial para psicopatas é 27.*

De maneira não surpreendente, dada a maneira como teóricos da personalidade gostam de fazer as coisas, os vinte itens da PCL-R, assim como os 240 itens do NEO, foram submetidos várias vezes ao jogo estatístico de embaralhamento de cartas que é a análise fatorial. Os resultados do jogo variaram ao longo dos anos, mas atividades recentes de certos psicólogos clínicos sugerem que, exatamente da mesma maneira que existem cinco dimensões principais no espaço geral da personalidade, quatro dimensões estão de tocaia na névoa psicopática espectral que se aloja nesse espaço (ver Tabela 2.4 a seguir).[22]

Itens interpessoais	Itens afetivos	Itens de estilo de vida	Itens antissociais
Fluência / charme superficial	Falta de remorso ou culpa	Necessidade de estímulo / tendência ao tédio	Pouco controle sobre o comportamento
Grandioso senso de valor próprio	Afetos superficiais	Estilo de vida parasitário	Problemas de comportamento desde cedo
Mentiras patológicas	Indiferença / falta de empatia	Falta de objetivos realistas de longo prazo	Delinquência juvenil
Trapaça / manipulação	Falha em aceitar responsabilidade por suas próprias ações	Impulsividade	Revogação de liberdade condicional
		Irresponsabilidade	Versatilidade criminosa

Tabela 2.4. Modelo de quatro fatores da PCL-R (extraído de Hare, 2003).

---

* A PCL-R é aplicada em ambiente clínico, por pessoal qualificado, e seu resultado se baseia em uma entrevista semiestruturada e na extensa revisão de cada caso. *Não* tente aplicá-la a seu gerente de banco.

A psicopatia, em outras palavras, é um transtorno composto formado por componentes múltiplos e inter-relacionados que se estendem, discreta e independentemente, ao longo de diferentes espectros: interpessoais, emocionais, de estilo de vida e antissociais — um caldeirão de bruxa feito das sobras da personalidade.

Mas qual desses espectros é mais importante? Alguém com muitos pontos nos elementos antissociais da lista e poucos pontos na dimensão interpessoal, digamos, é mais ou menos psicopata que alguém cujo perfil é o oposto?

Questões como essa surgem regularmente na batalha pela psique do psicopata, nas zonas de combate empíricas e diagnósticas da definição clínica. Tome-se, por exemplo, a descrição do *DSM* do transtorno de personalidade antissocial [*antisocial personality disorder*, ASPD], uma área de particular importância estratégica nos transtornos epidemiológicos. A versão oficial, definida pela Associação Americana de Psiquiatria, diz que ASPD e psicopatia são, de fato, sinônimos. O ASPD é definido como "padrão dominante de indiferença pelos, e violação dos, direitos dos outros, que começa na infância ou pré-adolescência e se estende pela vida adulta". O indivíduo deve ter 18 anos ou mais, ter dado evidências de transtorno de conduta* antes dos 15 anos e apresentar ao menos três dos seguintes critérios:

1. incapacidade de se adequar às normas sociais no que diz respeito ao comportamento lícito, indicado pela execução repetida de atos que constituem motivo de detenção;
2. propensão à fraude, indicada por mentir repetidamente, usar pseudônimos ou ludibriar outros para obter ganho pessoal ou por prazer;
3. impulsividade ou falha na capacidade de planejar com antecedência;

---

* O transtorno de conduta [*conduct disorder*, CD], de acordo com o *DSM*, é caracterizado por um "repetitivo e persistente padrão de comportamento no qual são violados os direitos básicos de outros ou normas e regras sociais importantes relacionadas à faixa etária [...] presentes três (ou mais) dos seguintes critérios nos últimos doze meses, com ao menos um critério presente nos últimos seis meses: agressão a pessoas ou animais, destruição de propriedade, fraude ou roubo, séria violação de regras". Adicionalmente, o transtorno de conduta deve resultar em "deficiência clinicamente significativa no funcionamento social, acadêmico ou ocupacional". Duas formas de transtorno de conduta são especificadas: ocorrência na infância (na qual ao menos um critério do transtorno deve estar em evidência antes dos 10 anos) e ocorrência na adolescência (na qual nenhum critério ocorreu antes dos 10 anos).

4. irritabilidade e agressividade, indicadas por repetidas lutas corporais ou agressões;
5. indiferença pela segurança própria ou alheia;
6. irresponsabilidade consistente, indicada pelo repetido fracasso em manter comportamento laboral consistente ou honrar obrigações financeiras;
7. ausência de remorso, indicada por indiferença ou racionalização ao ter ferido, maltratado ou roubado alguém.

Mas isso realmente é a mesma coisa que psicopatia? Muitos teóricos argumentam que não — e que, não obstante certa sobreposição entre os dois, a diferença fundamental reside nos caprichos da ênfase: no manifesto desequilíbrio entre o emaranhado de itens de *comportamento*, de critérios "socialmente desviantes" que caracterizam o ASPD, e o mau funcionamento *afetivo* central, o enevoado crepúsculo emocional que permeia a psicopatia.

As ramificações, estatísticas ou não, são relevantes. Nas populações prisionais, o ASPD é o equivalente psiquiátrico do resfriado comum: segundo Robert Hare, 80 a 85% dos criminosos encarcerados satisfazem os requisitos do transtorno.[23] Ao contrário, apenas 20% são psicopatas. Além disso, essa minoria de 20% vale mais do que pesa.[24] Cerca de 50% dos piores crimes registrados — crimes como assassinato e estupro em série, por exemplo — são cometidos por psicopatas.

E continuam a ser cometidos por psicopatas.

Estudos comparando as taxas de reincidência entre prisioneiros psicopatas e não psicopatas revelam que os primeiros têm três vezes mais chances de cometer novo crime que os últimos, em um período de apenas um ano.[25] Se o fator violência for adicionado à equação, a curva se torna ainda mais acentuada. Psicopatas têm até cinco vezes mais chances de espancar, estuprar, matar ou mutilar em seu caminho de volta às celas. O mais acurado é dizer que a relação entre ASPD e psicopatia é assimétrica. A cada quatro pessoas diagnosticadas com ASPD, pode-se ter um psicopata. Mas cada indivíduo psicopata também terá, por definição, ASPD.

Diferença assassina

Para demonstrar um pouco mais claramente a diferença entre as duas síndromes, considere os dois relatos de caso a seguir.[26]

Caso 1

Jimmy tem 34 anos e foi sentenciado à prisão perpétua por assassinato. Ele sempre teve o pavio curto e se envolveu em uma briga no pub que resultou em um ferimento fatal. De modo geral, Jimmy é popular na prisão: ele mantém a cabeça baixa e não se mete em confusão. A primeira impressão sobre ele é a de um cara imaturo e despreocupado que se dá bem tanto com os carcereiros quanto com os prisioneiros.

A ficha criminal de Jimmy (que contém cerca de meia dúzia de delitos) começou aos 17 anos, quando ele foi preso por furto — embora, de acordo com seus pais, mesmo antes disso as coisas já estivessem indo ladeira abaixo. Alguns anos antes, quando tinha 15, Jimmy começara a se meter em problemas tanto em casa quanto na escola. Ele passara a ficar fora até tarde, entrara para uma notória gangue local, mentia habitualmente, envolvia-se em brigas, roubava carros e vandalizava propriedades.

Quando completou 16 anos, Jimmy saiu da escola e começou a trabalhar para uma conhecida loja de departamentos, carregando caminhões. Ele também começou a beber muito, ocasionalmente roubando do depósito para poder "se aguentar". Como teve problemas com dinheiro e não conseguia pagar as contas, começou a vender maconha. Alguns anos mais tarde, três meses depois de seu 18º aniversário, ele saiu em condicional e foi morar com a namorada.

Após perder o emprego, e muitos outros depois desse, Jimmy encontrou trabalho em uma oficina. A despeito das constantes discussões sobre a bebida, o tráfico de drogas e seus hábitos perdulários, seu relacionamento com a namorada permaneceu razoavelmente estável por um tempo. Ele teve dois casos. Mas Jimmy terminou os dois. Ele disse que se sentia culpado. E também estava com medo de que a namorada o deixasse, se viesse a saber.

Então a bebida começou a sair de controle. Uma noite, Jimmy se envolveu em uma briga no pub local. Os funcionários do bar intervieram rapidamente e o mandaram embora. Normalmente, ele teria ido. Dessa vez, no entanto, por alguma razão, Jimmy simplesmente não podia "deixar pra lá". Então ele pegou um taco de bilhar e acertou a cabeça do outro cara por trás, com tanta força que o taco se despedaçou: infelizmente, o golpe causou maciça hemorragia cerebral.

A polícia chegou. E Jimmy confessou na hora. Em seu julgamento, ele se declarou culpado.

Caso 2

Ian tem 38 anos e está cumprindo prisão perpétua por assassinato. Uma noite, ele entrou em um motel para comer algo e acabou atirando na recepcionista à queima-roupa para roubar o dinheiro do caixa. Na prisão, ele é conhecido por estar profundamente envolvido tanto no uso quanto no tráfico de drogas, além de um bocado de outras atividades do crime organizado. Ele é charmoso e agradável de conversar, ao menos no início. Mas suas conversas normalmente terminam em violência ou sexo, fato bem conhecido pelas funcionárias do presídio. Ele teve alguns trabalhos em sua ala desde que foi admitido, mas sua falta de confiabilidade, combinada a sua agressividade explosiva (em geral quando não consegue que as coisas sejam feitas do seu jeito), levou a um histórico profissional acidentado. Pergunte a outros prisioneiros o que pensam dele e a maioria admitirá um misto de medo e respeito. É uma reputação que ele aprecia.

A ficha criminal de Ian começa aos 9 anos, quando ele roubou alguns componentes de computador do clube juvenil local. Rapidamente ele escalou para tentativa de assassinato de um colega de escola, aos 11 anos. Quando confrontado por Ian no banheiro da escola, o garoto se recusou a entregar o dinheiro do lanche — então Ian colocou uma sacola plástica em sua cabeça e tentou sufocá-lo em um dos cubículos. Se não fosse pela intervenção de um professor, ele teria "feito com que o babaca gordo nunca mais precisasse do dinheiro do lanche". Ao relembrar o incidente, ele balança a cabeça e sorri.

Ao deixar a escola, Ian passou a maior parte do tempo entrando e saindo da cadeia. Suas tendências criminosas eram versáteis, para dizer o mínimo: fraude, furto, arrombamento, assalto, lesão corporal grave, incêndio culposo, tráfico de drogas, rufianismo. Incapaz de parar no emprego por mais de duas semanas, ele explorava os amigos ou vivia do resultado de seus crimes. Ele desfrutava de uma vida transitória, de sofá em sofá ou de albergue em albergue, sempre em movimento e sem criar raízes. Irradiando uma segura, sedutora e autoconfiante persona, sempre havia alguém disposto a lhe dar um teto: em geral "alguma mulher" com a qual ele conversara em um bar. Mas isso sempre acabava em lágrimas.

Ian nunca se casou, mas morou com uma série de namoradas. Seu relacionamento mais longo durou seis meses e, como todos os outros, foi permeado de episódios violentos. Em todas essas ocasiões, Ian se mudara para a casa da parceira, nunca o contrário. E, em todas as ocasiões, ele "as pegou de jeito". Casos eram comuns. Na verdade, Ian tem dificuldades de se lembrar de uma época na qual não tivesse "mais de uma na fila", embora afirme que nunca foi infiel. "Na maioria dos casos, eu voltava para elas à noite", diz ele. "O que mais elas queriam?"

Em seu julgamento, as provas contra Ian eram fortíssimas. Mesmo assim, ele se declarou inocente. Quando o veredito foi lido na corte, ele sorriu para a família da vítima e mostrou o dedo para o juiz enquanto era escoltado do banco dos réus.

Desde que foi preso, Ian apelou da sentença duas vezes. Ele está sumamente confiante, a respeito dos repetidos protestos de seu advogado, de que seu caso será revisto e o veredito será anulado.

Como ele diz, o champanhe está no gelo.

Pois você é o médico, e Ian e Jimmy são colegas de cela. Eles estão sentados no corredor, esperando pela consulta. Você acha que pode identificar o psicopata entre eles? Superficialmente, pode parecer difícil. Mas veja novamente o critério para ASPD. Ambos demonstram fracasso em se ajustar às normas sociais. E ambos possuem tendências de pouco controle sobre o comportamento — impulsividade, agressividade e irresponsabilidade. Um diagnóstico claríssimo, eu diria.

Examinemos, contudo, a descrição psicopática. Necessidade de estímulo e estilo de vida parasitário? Mais para Ian que para Jimmy, em minha opinião. Mas é quando se trata de emoção, ou, mais especificamente, de sua ausência, que a "máscara de sanidade" de Ian começa a escorregar. Charmoso, com ares de grandeza, manipulador, incapaz de empatia ou culpa: Ian é *tão* bom em psicopatia que é como se ele andasse praticando. Como se tivesse recentemente saído de algum secreto curso superior para psicopatas.

Com honras.

ASPD é psicopatia mais emoção. Psicopatia é um vácuo emocional.

Omissão criminosa

Que a psicopatia não seja aceita pelos guardiões do *DSM* é um intrigante ato de omissão. A razão mais citada para sua curiosa e conspícua exclusão é sua intratabilidade empírica — isso e o fato de ser supostamente um sinônimo de ASPD. Culpa, remorso e empatia talvez não sejam os constructos mais quantificáveis que se poderia ter. Então o melhor é se deter no comportamento observável, sob o risco de o espectro da subjetividade se tornar um problema.

Isso é problemático, para dizer o mínimo, e em vários níveis. Inicialmente, estudos revelam que os índices de concordância entre médicos são bastante altos quando se trata da PCL-R.[27] A escala possui uma boa "confiabilidade interexaminadores". Além disso, como disse um psiquiatra sênior: "A gente consegue farejar um psicopata segundos depois de ele entrar pela porta."

Mas esse não é o único ponto de disputa. O enigma da identidade psicopática, de sobre o que, exatamente, se esconde sob a máscara da sanidade, sofreu outra reviravolta por causa de uma enervante e ligeiramente embaraçosa observação. Nem todos os psicopatas estão atrás das grades. A maioria, como se descobriu, está lá fora, no ambiente de trabalho. E alguns deles estão se dando muito bem, para dizer a verdade. Os chamados psicopatas "bem-sucedidos" — como os estudados por Scott Lilienfeld — apresentam um problema para o ASPD e, incidentalmente, para os proponentes da PCL-R.

Um estudo recente liderado por Stephanie Mullins-Sweatt na Universidade Estadual de Oklahoma apresentou a descrição prototípica de um psicopata a advogados e psicólogos clínicos.[28] Depois de lerem o perfil, os dois grupos foram questionados. Mullins-Sweatt queria saber se eles eram capazes de se lembrar de alguém, no passado ou no presente, que se encaixasse na descrição (e que, desnecessário dizer, fosse bem-sucedido na carreira). Se sim, poderiam avaliar a personalidade dessa pessoa em um teste Big Five?

Os resultados constituem uma leitura interessante. Como se esperava, os psicopatas de sucesso — conjurados, entre outros, do mundo dos negócios, da universidade e da segurança pública* — emergiram nefastos e vis como sempre. Assim como suas contrapartes malsucedidas, eles foram descritos em termos gerais como sendo "desonestos, exploradores, sem remorso, incapazes de assumirem a culpa, arrogantes e superficiais".

Sem surpresas.

Mas, no Big Five, a similaridade persistiu. Assim como no estudo de Donald Lynam, com avaliações feitas por especialistas, os psicopatas de sucesso, assim como seus prototípicos *alter egos*, são retratados (hipoteticamente) com pontuações altas nas dimensões de assertividade, busca por excitação e atividade, e baixas em amabilidade, como altruísmo, conformidade e modéstia. Além disso, à exceção de autodisciplina (na qual os psicopatas malsucedidos fracassaram e os bem-sucedidos foram excelentes), os perfis de meticulosidade também parecem convergir, com ambos os grupos tendo pontuações máximas em competência, ordem e empenho.

Isso leva à pergunta: onde reside a diferença crucial? O fulcro da disparidade entre mal e bem-sucedidos psicopatas, entre presidentes e pedófilos, giraria exclusivamente em torno da autodisciplina? Com todo o resto sendo igual, tal possibilidade pode ser plausível. A capacidade de esperar pela gratificação, de reprimir o desejo de fugir (e também, é claro, o de atacar), pode muito bem mover a balança para longe da atividade criminal e em direção a um estilo de vida mais estruturado, menos impulsivo, menos antissocial.

---

* "Detetive de polícia de elite"; "decano de uma grande universidade"; "homem de negócios bem-sucedido"; "ganhou muito dinheiro e foi prefeito durante três anos"; "posição gerencial em uma organização governamental"; "professor bolsista com numerosos subsídios" — esses são apenas alguns dos indicadores de sucesso que surgiram no estudo.

Exceto que a questão da atividade criminal traz problemas por si só. Tanto na PCL-R quanto no critério para ASPD estabelecido pelo *DSM*, "versatilidade criminosa" e "repetida realização de atos que constituem motivo de detenção" constituem, respectivamente, determinantes centrais do diagnóstico de psicopatia. Sintomas, em outras palavras. E, no entanto, como mostra o estudo de Mullins-Sweatt, nenhum desses itens se aplica necessariamente ao ramo bem-sucedido da espécie. É perfeitamente possível ser psicopata e não ser criminoso.

Então os psicopatas bem-sucedidos estão aquém do produto verdadeiro? São limitados, comparados a seus mais notórios e nefastos homônimos? É complicado determinar. Mas, há quinze anos, um homem assumiu a responsabilidade de fazer exatamente isso. E terminou comigo e uma montanha de tacos de jacaré em uma lanchonete no centro de Atlanta.

A estrada secundária da psicopatia

Em 1996, Scott Lilienfeld e seu colaborador Brian Andrews lidavam exatamente com esse enigma. Como pesquisador de campo experiente, com bom número de psicopatas no currículo, Lilienfeld chegara a uma conclusão definitiva, embora desconcertante. Em relação à constituição inaugural do transtorno — o conceito tradicional do que realmente significa ser psicopata, como definido pelo pai fundador Hervey Cleckley —, a PCL-R e outras medidas clínicas se comportavam de maneira estranha. Lilienfeld percebeu que, ao longo dos anos, o foco diagnóstico se expandiu. Inicialmente centrada nos traços de personalidade que corroboravam o transtorno, a ênfase agora parecia estar também, se não ainda mais, nas atitudes antissociais. O circo psicopático ficara preso na lama forense.

Como exemplo, Lilienfeld e Andrews citam a ausência de medo. Em seu manifesto original, de 1941, Cleckley argumenta que os baixos níveis de ansiedade constituem um dos verdadeiros traços do psicopata, uma característica fundamental do transtorno. E, contudo, *onde* exatamente se encontra isso na PCL-R? Por trás dessas omissões, Lilienfeld detectou uma grande fratura teórica no modo como diferentes setores das fraternidades clínicas e de pesquisa viam a psicopatia: uma antiga cisão acadêmica entre duas tradições analíticas. Entre meios qualitativos e psicológicos e fins quantitativos e comportamentais.

Aparentemente, dois campos saíram da floresta epistemológica. Em um deles estavam os defensores de escalas, cuja área maior de interesse reside na epiderme da personalidade; enquanto no outro se ocultavam os behavioristas, observadores do *DSM* e do evangelho do ASPD, que, ao contrário, tendem a se concentrar na ficha criminal. Desnecessário dizer que o cisma não conduziu nem a uma investigação empírica coerente nem ao consenso diagnóstico. Um indivíduo que possuísse todos os requisitos necessários à personalidade psicopática, mas não apresentasse comportamento antissocial recorrente — uma das variedades "subclínicas" de Mullins-Sweatt, por exemplo —, seria endossado como psicopata pelos defensores da abordagem baseada na personalidade, mas, como Lilienfeld e Andrews descobririam, seria rapidamente descartado pelos oponentes behavioristas, para quem ações falam mais alto que palavras.

E essa dinâmica funciona dos dois lados. Como vimos com Ian e Jimmy, nem todo aquele que se envolve em atividades criminosas habituais é psicopata. Somente uma pequena minoria, na verdade. Algo precisava ser feito para assimilar os sistemas rivais, alinhar essas perspectivas apesar de suas diferenças gritantes.

Lilienfeld e Andrews tinham a resposta.

O Inventário de Personalidade Psicopática (PPI) consiste em 187 questões.[29] Não é exatamente o questionário mais breve do mundo. Mas a natureza de seu objeto tampouco é simples. Oito dimensões separadas de personalidade convergem nesse psicométrico, tornando-o um dos mais abrangentes testes de psicopatia já criados. De modo interessante, nossa velha amiga, a análise fatorial, revelou um padrão familiar. Esses oito estados-satélite da personalidade psicopática — egocentrismo maquiavélico [*machiavellian egocentricity*, ME]; inconformismo impulsivo [*impulsive nonconformity*, IN]; externalização da culpa [*blame externalization*, BE]; ausência de planejamento [*carefree nonplanfulness*, CN]; falta de medo [*fearlessness*, F]; poder social [*social potency*, SOP]; imunidade ao estresse [*stress immunity*, STI]; e frieza emocional [*cold-heartedness*, C] — se dividem e realinham em três eixos hiperônimos...

1. Impulsividade autocentrada (ME + IN + BE + CN)
2. Dominância destemida (SOP + F + STI)
3. Frieza emocional (C)

... para revelar, em seu resíduo estatístico, depois de assentada a poeira matemática, o DNA estrutural da pura e inalterada psicopatia. Esse era o genoma que Cleckley sequenciara originalmente, inalterado pelo tempo, intocado pelas transgressões. E praticamente qualquer um podia ter uma identificação positiva.

A tequila está fluindo — assim como Lilienfeld, enquanto explica, por sobre os tacos, o que realmente significa, em termos de núcleo da personalidade central, ser considerado psicopata.

Ele recorda a lógica empírica por trás do desenvolvimento do PPI:

— O problema das escalas para o transtorno daquela época era que a maioria fora ajustada nas populações delinquentes ou criminosas. E sabemos que pessoas com traços psicopáticos funcionam perfeitamente bem fora da prisão, algumas são extremamente bem-sucedidas. Pode-se dizer que inclemência, resiliência mental, carisma, foco, poder de persuasão e calma sob pressão são qualidades que separam meninos de homens em praticamente todos os sentidos. Assim, precisávamos construir uma ponte ligando os psicopatas encarcerados, "forenses", e sua contraparte de elite, altamente funcional. A estrada direta até a psicopatia estava bem estabelecida. Mas e quanto a uma estrada secundária?

"Concluímos que a psicopatia é um espectro. Desnecessário dizer que alguns de nós apresentaremos certos traços, mas não outros. Eu e você poderíamos ter a mesma pontuação geral no PPI, mas, em relação às oito dimensões constitutivas, nossos perfis poderiam ser completamente diferentes. Você pode ter pontuação alta em ausência de planejamento, mas pontuação correspondentemente baixa em frieza emocional. Para mim, pode ser o oposto."

A noção de Lilienfeld de que a psicopatia é um espectro faz muito sentido. Se a psicopatia é conceituada como uma extensão da personalidade normal, segue-se logicamente que a própria psicopatia deve ser escalar. E que sua presença, em maior ou menor grau em contextos determinados, pode conferir grandes vantagens. Essa premissa tem precedentes nos anais da disfunção mental (se, é claro, a psicopatia *for* disfuncional, dados seus benefícios em certas condições). O espectro autista, por exemplo, refere-se a um contínuo de anomalia em interação social e comunicação que se estende de severas deficiências no "lado profundo" — aqueles que são silenciosos, mentalmente incapazes e presos a comportamentos estereotípicos como girar a cabeça e balançar o corpo — a interferências brandas no "lado superficial": indivíduos altamente funcionais com estratégias interpessoais ativas, mas distintivamente esquisitas, interesses muito focados e exagerada preocupação com "rotinas", regras e rituais.[30]

Provavelmente menos familiar, mas igualmente pertinente, é o espectro esquizofrênico.[31] Pesquisas sobre o constructo da esquizotipia sugerem que experiências psicóticas de um tipo ou outro (usualmente da variedade inofensiva e não aflitiva) são relativamente comuns entre a população geral, e que, antes de ser uma condição unitária — você é ou não é —, a esquizofrenia deveria ser vista como um transtorno dimensional, com limites arbitrários entre normal, estranho e doente. Nesse enquadramento, os sintomas do transtorno de personalidade esquizotípica (crenças estranhas, padrões de fala bizarros, estilo interpessoal excêntrico) são construídos quase que como pistas para iniciantes do maciço esquizofrênico central. Exatamente como ocorre com a psicopatia, em baixas a médias altitudes o "transtorno" é perfeitamente gerenciável. E mesmo benéfico, em certos contextos (a ligação entre esquizotipia e criatividade já foi claramente estabelecida). Mas, acima e além do limite de neve eterna, as condições se tornam cada vez mais arriscadas.

Essa abordagem do enigma do transtorno mental apela a nossos instintos e a nosso bom senso. A incômoda suposição de que todos somos um pouquinho loucos é difícil de ignorar. Mas, quando se trata de psicopatia e do desfecho dimensional do espectro psicopático, as coisas não saíram inteiramente como Scott Lilienfeld gostaria. Há os que veem problemas em sua solução de escalonamento e possuem evidências contrárias. Em primeiro lugar entre eles, está um homem chamado Joseph Newman.

O que você não sabe não pode feri-lo

Joe Newman é professor de psicologia na Universidade de Wisconsin, em Madison, e passar uma hora em seu escritório é como estar em um túnel de vento psicológico: como fazer *rafting* pelas corredeiras da ciência cognitiva. Na maior parte do tempo durante os últimos trinta anos, Newman frequentou as piores penitenciárias do meio-oeste. Não, é claro, como prisioneiro, mas como um dos pesquisadores mais intrépidos do mundo, trabalhando com psicopatas bem acima da linha de neve da disfunção. Embora aclimatado a essas severas e implacáveis condições, ainda *agora* ele concede que às vezes as coisas se tornam cabeludas.

Ele recorda, por exemplo, de um incidente há alguns anos, com um cara cuja nota na PCL-R era 40. Essa, se você se lembra, é a maior pontuação possível. E é rara. O cara era um psicopata "puro".

— Em geral há um momento na entrevista no qual gostamos de pressionar um pouco — relata Newman. — Desafiar as pessoas e medir sua reação. Mas quando fizemos isso com esse camarada, e ele realmente se mostrara um cara legal até então, charmoso, engraçado, grande personalidade, seu olhar se tornou frio, vazio. É difícil descrever, mas você reconhece quando o vê, e esse olhar parecia dizer "Recue!". Sabe o que fizemos? Recuamos! Ele nos deixou morrendo de medo.

Newman admite que às vezes seu próprio olhar é assim. Ele não chega a dizer que os iguais se reconhecem, mas, tendo crescido nas ruas de Nova York, ele foi atacado com facas, armas e toda sorte de coisas. Sem o menor traço de ironia, ele se diz grato. Foi uma amostra do que viria depois. Na universidade.

Newman é mais sóbrio que a maioria quando se trata de critérios de seleção para a psicopatia. — Minha preocupação principal é o fato de o rótulo [de psicopata] ser aplicado muito liberalmente, sem entendimento suficiente dos elementos-chave — diz ele, em tom quase apologético. — Como resultado, as portas se abrem para praticamente qualquer um, e o termo é frequentemente aplicado a delinquentes comuns e criminosos sexuais cujo comportamento pode refletir fatores primariamente sociais ou outros problemas emocionais, mais responsivos ao tratamento que a psicopatia.

Do mesmo modo, ele é mais que flexível à ideia da existência de psicopatas fora do universo criminal, frequentemente tendo sucesso em profissões que poderiam ser uma surpresa para os menos versados nos blocos de construção da personalidade psicopática: cirurgiões, advogados e líderes empresariais, por exemplo. — Em certas circunstâncias, a combinação entre baixa aversão ao risco e falta de culpa ou remorso, os dois pilares centrais da psicopatia, pode levar a uma carreira de sucesso tanto no crime quanto nos negócios. Às vezes em ambos.

Sem problemas até aqui. Newman, contudo, contraria a tendência quando se trata da causa subjacente, ou etiologia, do transtorno. A visão teórica tradicional sustenta que psicopatas são incapazes de experimentar medo, empatia e uma série de outras emoções, o que anestesia sua cognição social e os torna proporcionalmente incapazes de perceber essas emoções naqueles com quem entram em contato. Essa posição, assumida, entre outros, pelo colega e czar dos psicopatas James Blair, no Instituto Nacional de Saúde Mental em Bethesda, implica uma disfunção neural, especialmente na amídala, centro diretor da emoção, e em outras estruturas diretamente relacionadas a ela — hipocampo, sulco temporal superior, córtex fusiforme, cingulado e orbital frontal, por exemplo — como causa primária do transtorno, como núcleo biológico básico por trás da díade psicopática padrão: os acompanhamentos comportamentais da deficiência emocional profunda e da ação antissocial repetitiva.

Mas Newman pensa diferente. Longe de acreditar que psicopatas são incapazes de sentir medo — de que eles são o vácuo emocional que a literatura tradicionalmente descreve —, ele afirma que eles simplesmente não o percebem. Imagine, por exemplo, que você sofre de aracnofobia e começa a suar só de pensar em qualquer coisa com oito patas. É perfeitamente possível que uma tarântula esteja a centímetros de sua cabeça agora mesmo. Mas, se você não sabe que ela está lá, você não fica com medo, fica? Para o cérebro, ela simplesmente não existe.

Em um engenhoso experimento, Newman demonstrou que pode se dar o mesmo com psicopatas.[32] Não somente com aranhas, mas com a maioria das coisas. Eles não sentem angústia, ou percebem essa emoção em outras pessoas, porque, quando se concentram em uma tarefa que promete gratificação imediata, consideram todo o resto "irrelevante". Eles sofrem de "visão de túnel" emocional.

Ele e seus colegas apresentaram a um grupo de psicopatas e não psicopatas uma série de imagens com etiquetas erradas, como as mostradas a seguir:

Figura 2.3. A tarefa imagem-palavra de Stroop (adaptada de Rosinski, Golinkoff & Kukish, 1975).

Sua tarefa, uma favorita dos psicólogos cognitivos, especialmente os interessados nos mecanismos de atenção periférica, parece bastante simples. Nomeie a figura, ignorando a palavra incongruente. Em poucos segundos. Várias vezes seguidas.

A maioria das pessoas acha a tarefa complicada. A explícita instrução de nomear a imagem focal conflita com o impulso de ler a palavra discrepante, uma emperrada na caixa de câmbio que leva à hesitação. Essa hesitação, ou "interferência Stroop", como é conhecida (em homenagem a J. R. Stroop, que criou o paradigma original em 1935), é uma medida do foco de atenção. Quanto mais rápido você for, mais estreito seu feixe de atenção. Quanto mais lento, mais amplo o arco do feixe.

Se a teoria de Newman estivesse correta, e psicopatas realmente sofressem da espécie de deficiência (ou talento) de processamento de informações de que ele falara, não é preciso ser um gênio para compreender o que deveria acontecer. Eles deveriam ser mais rápidos em nomear as imagens que os não psicopatas. Deveriam se concentrar exclusivamente nessa tarefa particular.

Os resultados do estudo não poderiam ser melhores. Repetidas vezes, Newman comprovou que, enquanto voluntários não psicopatas ficavam perdidos com a discrepância entre símbolo e palavra, levando mais tempo para nomear as imagens, os psicopatas, ao contrário, executavam a tarefa com facilidade, praticamente inconscientes das inconsistências gritantes.

Mais ainda — e é aqui que as coisas começam a ficar complicadas para Scott Lilienfeld e seu espectro psicopático —, Newman detectou uma anomalia nos dados: uma mudança de nível nos padrões de resposta quando um limiar crítico é atingido. Todo mundo se sai mais ou menos da mesma maneira, encontrando o mesmo grau de dificuldade, nos declives mais amenos da PCL-R. Mas, assim que se chega ao acampamento base clínico da psicopatia, uma pontuação entre 28 e 30, a dinâmica muda drasticamente. A população nativa nessas raras e elevadas altitudes acha a tarefa fácil. Eles simplesmente parecem não processar as flagrantes pistas periféricas que são óbvias para todos os outros.

E não é que eles sejam imunes a elas. Longe disso. Em um estudo separado, Newman e seus colegas apresentaram a psicopatas e não psicopatas uma série de cadeias de letras em um monitor de computador.[33] Algumas eram vermelhas, outras verdes. E algumas eram dolorosas: voluntários eram informados de que, em seguida à visualização aleatória de um número arbitrário de letras vermelhas, eles receberiam um choque elétrico. Como esperado, quando sua atenção era atraída para longe da perspectiva de choque (por exemplo, quando se pedia que dissessem quais letras apareciam em caixa-alta ou caixa-baixa), os psicopatas demonstraram consideravelmente menos ansiedade que os não psicopatas. Incrivelmente, no entanto, quando a possibilidade de choque se tornou acentuada (por exemplo, quando se pedia explicitamente aos voluntários que dissessem a cor das letras que apareciam, vermelhas ou verdes), a tendência, como previsto por Newman e seus coautores, foi revertida. Dessa vez, foram os psicopatas que ficaram mais nervosos.

— As pessoas acham que [psicopatas] são insensíveis e não sentem medo — diz ele. — Mas, definitivamente, há algo mais que isso. Vimos que, quando as emoções são seu foco primário, indivíduos psicopatas demonstram uma resposta [emocional] normal. Mas, quando estão concentrados em alguma outra coisa, eles se tornam inteiramente insensíveis à emoção.

Com essa desconexão nos padrões de resposta surgindo precisamente no ponto da PCL-R em que as coisas se tornam clínicas, o mistério de sobre o que, precisamente, é a psicopatia — um contínuo ou um transtorno completamente separado — subitamente se torna mais profundo.

Será a psicopatia meramente uma questão de grau? Ou os chefões estão em uma categoria distinta?

Um pequeno passo, um grande salto

É razoável supor que, por sua própria natureza, a resposta para tal questão deveria ser preto no branco. Ou seja, se a psicopatia é um contínuo, então a trajetória de baixo para cima, desde Madre Teresa até John Wayne Gacy, deve ser linear, e a estrada para a gravidade zero moral deve ser plana. E, se não é, não é: tem-se o tipo de movimentos abismais nos dados observados por Joe Newman.

Mas, na verdade, como qualquer um que já jogou na loteria pode dizer, as coisas não são assim tão simples. Os seis números vencedores certamente formam um contínuo: um contínuo de um a seis. Mas o quanto você ganha, de uma quadra até a sena, é uma história completamente diferente. A função é exponencial e a relação entre o contínuo de números, por um lado, e a maneira como eles se convertem (quase que literalmente, nesse caso) em dinheiro "real", em outro, é uma questão de probabilidade. As chances de acertar os seis números (1 em 13.983.816) não divergem das chances de acertar cinco (1 em 55.492) no mesmo nível em que acertar cinco diverge de acertar quatro (1 em 1.033). Não mesmo. E então, ao passo que, em um nível, as coisas progridem de maneira previsível, aquilo a que elas se "resumem", em um universo matemático paralelo, é totalmente diferente. Aquilo que elas representam assume vida própria.

De volta ao restaurante, expus minha teoria a Scott Lilienfeld: a de que tanto ele *quanto* Joe Newman poderiam estar certos. A psicopatia pode muito bem ser um espectro. Mas, no incisivo, psicopático fim das contas, algo inefável parece acontecer. Um interruptor parece ser ligado.

— Essa com certeza é uma maneira de reconciliar as duas perspectivas — reflete ele. — E, indubitavelmente, aqueles que se situam no extremo das distribuições parecem viver em um universo diferente. Mas isso também depende de seu ponto de partida: você vê a psicopatia predominantemente como predisposição da personalidade ou como transtorno no processamento de informações? Você quer lidar com déficits cognitivos ou com variações de temperamento? Pode-se ver isso na linguagem, na terminologia utilizada: transtorno, déficit, predisposição, variação. Seria interessante saber o que Joe tem a dizer a respeito. Você perguntou a ele?

Ainda não tinha. Mas, logo depois, perguntei.

— É possível — perguntei a Newman — que, quanto mais se caminhe no espectro psicopático, assumindo que ele exista, mais se comece, neurologicamente falando, a ver mudanças graduais? Que os mecanismos cerebrais de atenção ou os sistemas de gratificação, digamos, tornem-se incrementalmente mais estreitos ou mais centrados em gratificação imediata? E que, embora o desempenho no PPI ou na PCL-R possa ser linear, a maneira como esse desempenho se manifesta nas atividades cerebrais de baixo nível, especialmente nas pontuações muito altas, possa ser diferente? Possa ser, de fato, espetacularmente exponencial?

Seus olhos se estreitaram. O velho pistoleiro não estava no clima para joguinhos.

— Claro — ele disse. — É possível. Mas a fronteira [na PCL-R] é 30. E, em laboratório, coincidentemente ou não, esse também é o ponto em que a merda empírica é jogada no ventilador cognitivo de baixo nível.

Ele sorri e bebe um gole de café.

— De qualquer modo, não importa realmente de que lado você está. Um psicopata clínico é uma espécie bastante distinta. De qualquer modo que se veja, eles são diferentes. Certo?

3
Carpe noctem

Eu já amamentei, e sei como é terno o amor pela criança que bebe meu leite. Mas, mesmo vendo-a sorrir para mim, eu teria tirado o seio de sua gengiva macia e arrebentado seu crânio se, como tu, houvesse jurado que o faria.

— Lady Macbeth (ao ouvir que seu marido pretendia desistir do plano de assassinar o rei Duncan)

Entre a cruz e a caldeirinha

Em 13 de março de 1841, o *William Brown* zarpou de Liverpool com destino à Filadélfia. Na noite de 19 de abril, após cinco semanas de viagem, o navio se chocou com um iceberg a cerca de 400 quilômetros da costa de Terra Nova e começou a afundar rapidamente. Mais de trinta passageiros e tripulantes, ainda em trajes formais, embarcaram em um bote construído para transportar apenas sete. Com uma tempestade iminente e sob a gelada chuva do Atlântico, o imediato Francis Rhodes rapidamente percebeu que, se alguém quisesse sobreviver, o bote teria de carregar menos peso. O mesmo pensamento ocorrera ao capitão George L. Harris, que estava em um bote à vela com várias outras pessoas. Mas ele rezara para que houvesse outra solução, mais palatável.

— Eu sei o que você terá de fazer — disse ele a Rhodes. — Não fale nisso por enquanto. Deixe que seja o último recurso.

Na manhã seguinte, ele velejou em direção à Nova Escócia, deixando o bote quase a pique por conta do destino.

No dia 20 de abril, as condições pioraram e as ondas se tornavam cada vez maiores. O bote apresentou um vazamento e, a despeito das frenéticas tentativas de esvaziá-lo, começou a se encher de água. Não havia esperança. Às dez da noite, uma importante decisão foi tomada: alguns indivíduos teriam de ser sacrificados. Para Rhodes, tal ação não seria injusta com os que saíssem do barco, pois eles morreriam de qualquer maneira. E, se não fizesse nada, ele seria responsável pela morte dos que poderiam ter sido salvos.

Claro que nem todos concordaram com as conclusões de Rhodes. Os dissidentes argumentaram que, se nenhuma ação fosse tomada e todos se afogassem, ninguém seria responsável pelas mortes. Ao contrário, se ele tentasse salvar parte do grupo à custa de alguém, ele teria de ativamente tirar uma vida e, assim como provavelmente todos os outros, terminaria seus dias como assassino. De longe, esse era o pior dos males.

Inabalável diante do argumento, Rhodes se aferrou à sua decisão. Segundo ele, dado que sua única chance de sobrevivência dependia de permanecerem à tona, sem mencionar um hercúleo esforço nos remos, a situação era insustentável. Algo, ou *alguém*, teria de ceder.

— Que Deus me ajude! Homens, ao trabalho! — gritou Rhodes para os marinheiros, enquanto ele e seu companheiro de tripulação Alexander Holmes se entregaram à medonha tarefa de empurrar pessoas para o escuro e agitado mar do Atlântico Norte. Vendo que os marinheiros não reagiam, Rhodes os exortou novamente: — Homens! Vocês precisam se mexer ou vamos todos morrer!

A contagem fatídica começou a aumentar. Todos os quatorze passageiros do sexo masculino foram sacrificados, inclusive dois que tentaram se esconder. Permaneceram dois homens recém-casados e um menino, e todas as mulheres, à exceção de duas: irmãs de um dos homens atirados ao mar e que voluntariamente decidiram se juntar a ele.

Por fim a salvação chegou. Todos os sobreviventes foram resgatados por um barco pesqueiro que se dirigia a Le Havre. Quando finalmente chegaram à Filadélfia, iniciaram uma ação judicial junto ao promotor distrital. Em 13 de abril de 1842, quase um ano depois de ter enganado o gelado Atlântico, o marujo Alexander Holmes foi acusado de tentativa de assassinato. Ele foi o único membro da tripulação encontrado na Filadélfia e o único a ser indiciado por suas ações.

Pergunta: se *você* estivesse no júri, como teria julgado o caso?

Antes de responder, deixe-me explicar por que estou perguntando. Há alguns anos, apresentei esse dilema a um grupo de universitários do sexo masculino, metade com alta pontuação no PPI e metade com baixa pontuação. Cada um deles teve três minutos para deliberar e entregar seu veredito, anonimamente, em um envelope fechado. Eu queria saber se a diferença na pontuação do PPI teria relevância em sua decisão.

Não demorei muito a descobrir.

Dos vinte voluntários com baixa pontuação no PPI, somente um chegou ao veredito no tempo determinado. Os outros ainda estavam deliberando. Mas a coisa foi totalmente diferente com os vinte voluntários do outro lado da escala. Todos, sem exceção, decidiram dentro do prazo. E o resultado foi unânime: Holmes estava livre.

Pensando fora do grupo

Se você está tentando se orientar nesse jogo de espelhos ético, não entre em pânico. A boa notícia é que obviamente você não é psicopata. Na verdade, em 23 de abril de 1842, dez dias depois do início do julgamento, o júri demorou 16 horas para chegar a um veredito — quase o tempo que Holmes passara na água. Culpado ele era, mas de homicídio culposo, não doloso. Mas sob tal pressão psicológica que os conceitos de certo e errado implodiram, tornando-se moralmente indistinguíveis um do outro. O juiz sentenciou Holmes a uma pena simbólica de seis meses e multa de 20 dólares.*

Como contraste, considere o seguinte caso, relatado no *Daily Telegraph* em 2007:

---

* A sentença de Alexander Homes afirmou que marinheiros têm deveres para com seus passageiros que são superiores a suas vidas. Além disso, estipulou que a defesa tradicional de autopreservação não é suficiente em julgamentos de homicídio se o acusado tinha obrigações especiais para com as vítimas.

> Dois agentes da polícia comunitária não agiram para evitar o afogamento de um garoto de 10 anos porque "não foram treinados" para lidar com o incidente, declarou hoje um oficial sênior. Os agentes permaneceram à margem de uma lagoa em Wigan enquanto Jordon Lyon tentava resgatar sua meia-irmã de 8 anos. Dois pescadores na faixa dos 60 anos pularam na água e conseguiram salvar a garota, mas os agentes, que chegaram ao local logo depois, não tentaram o resgate, decidindo esperar por oficiais treinados. No inquérito realizado hoje, os consternados pais do garoto perguntaram por que não foi feito um esforço maior para salvar seu filho. O padrasto declarou: "Você não precisa ser treinado para pular atrás de uma criança que está se afogando."[1]

À primeira vista, esse caso e o do marujo Alexander Holmes têm pouco em comum. Na verdade, eles parecem estar em polos opostos. O último gira em torno da extraordinária relutância em preservar a vida; o primeiro, em torno da curiosa ambivalência em salvá-la. Mas olhe um pouquinho mais de perto e similaridades contundentes começam a emergir. Em ambos os cenários, por exemplo, o problema é quebrar as regras. No caso de Jordon Lyon, os agentes da polícia comunitária ficaram paralisados por um código de conduta, um dever absoluto de se ater ao procedimento. Assim como focas amestradas, seu treinamento ultrapassou seus instintos. Pode-se dizer que eles foram treinados para evitar qualquer ação para a qual não foram treinados. Na tragédia do *William Brown*, as "regras" estavam mais profundamente codificadas, elas eram mais funcionais, mais "eticamente higiênicas". E, no entanto, como se poderia argumentar — e como alguns argumentaram, com bastante veemência —, elas não eram menos prejudiciais às exigências do momento. O marujo, por assim dizer, estava no mesmo barco que os agentes da polícia comunitária. Pegos em uma encruzilhada moral, em um sombrio e humanitário fio da navalha, tiveram de agir rápida e decisivamente, com manifesta desconsideração pelas consequências de seus atos. Alguns se saíram melhor que outros.

Contudo, além do desafio a nossas zonas de conforto existenciais, esses dois relatos escondem, na tessitura profunda de suas tragédias, um paradoxo bastante estranho. O fato de a conformidade estar arraigada em nossos cérebros é uma das maiores certezas evolutivas que se pode ter. Quando um animal é ameaçado por um predador, o que ele faz? Ele se aproxima mais do rebanho. Suas chances de sobrevivência aumentam conforme decresce sua proeminência. Isso é tão verdade para humanos quanto o é para outras espécies. Por trás de nossos turbinados cérebros de injeção eletrônica, circula o antigo trem a vapor darwiniano, estendendo-se por todo o caminho até os brutais e ensanguentados campos de caça da pré-história. Em um experimento relacionando as modernas redes sociais a suas primevas origens biológicas, o psicólogo social Vladas Griskevicius, então na Universidade Estadual do Arizona, e seus colegas descobriram que, quando usuários de salas de bate-papo na internet se sentem ameaçados, eles mostram sinais de "união".[2] Seus pontos de vista convergem e eles se tornam mais propensos a se acomodar às atitudes e opiniões dos outros membros do fórum.

Mas, claramente, há ocasiões em que o oposto é verdadeiro: quando a capacidade de se libertar das convenções sociais e "pensar fora do grupo" também pode salvar vidas. Literal e metaforicamente. Em 1952, o sociólogo William H. Whyte criou o termo *groupthink* [pensamento de grupo] para conceituar o mecanismo pelo qual grupos muito unidos, isolados de influência externa, rapidamente convergem para posições normativamente "corretas", ao passo que se tornam institucionalmente impermeáveis à crítica: indiferentes às oposições externas ao grupo, avessos às dissensões internas e ainda mais convictos de sua própria e irrepreensível retidão. O psicólogo Irving Janis, que conduziu grande parte do trabalho empírico sobre o fenômeno, descreve o processo como "um modo de pensar no qual as pessoas se engajam quando estão profundamente envolvidas em um grupo coeso, quando o esforço dos membros pela unanimidade supera sua motivação para considerar realisticamente cursos alternativos de ação".[3]

O que não exatamente facilita o processo ótimo de tomada de decisão.

Como exemplo, tome-se o fiasco do ônibus espacial *Challenger*. Sob considerável pressão política para manter o projeto em funcionamento (na época, o Congresso pleiteava ampla porcentagem da receita orçamentária como incentivo ao programa espacial e uma série de problemas já atrasara o lançamento), cientistas e engenheiros da Nasa pareciam sistematicamente imunes às preocupações de um colega com os anéis de vedação dos foguetes auxiliares, apenas 24 horas antes da decolagem. Embora tenha havido uma série de teleconferências para discutir detalhadamente o problema, a decisão, incompreensível em retrospectiva, foi de seguir adiante. Afinal, o objetivo era colocar o pé na estrada.

Isso se provou desastroso. Os inquéritos revelaram que os anéis de vedação não foram os únicos vilões da história: havia outro culpado, mais viral e insidiosamente cancerígeno: uma embolorada e asfixiante psicologia. A Comissão Rogers, força-tarefa estabelecida pelo presidente Ronald Reagan para investigar o acidente, confirmou os incômodos e não verbalizados medos de psicólogos sociais em todo o mundo: a cultura organizacional e o processo de tomada de decisão da Nasa desempenharam papel significativo na sucessão de eventos que levou à tragédia. Pressão para se ajustar, indiferença aos avisos, senso de invulnerabilidade. Estava tudo lá, claro como o dia.*

Será também inata a capacidade de ser independente e jogar segundo as próprias regras, fora do seguro paraíso normativo da sociedade? Evidências sugerem que sim. E que uma minoria despreocupada e sem medo evoluiu em nosso meio.

A matemática da loucura

Uma questão interessante é a do surgimento da psicopatia no acervo genético. Se o "transtorno" é tão mal-adaptativo, por que sua incidência permanece estável ao longo do tempo, com estimados 1 a 2% da população podendo ser classificados como psicopatas? Andrew Colman, professor de psicologia na Universidade de Leicester, tem uma resposta igualmente intrigante, e uma pela qual suspeito que sempre sentirei carinho, após uma recente confusão no trevo rodoviário do Aeroporto de Newark.[4]

---

* Eis o inventário completo dos sintomas de pensamento de grupo: sentimentos de invulnerabilidade, criando otimismo excessivo e encorajando comportamento de risco; indiferença a advertências que possam questionar premissas; crença inquestionável na moralidade do grupo, levando os membros a ignorar as consequências de suas ações; visões estereotipadas dos inimigos do líder; pressão para se adequar exercida contra os membros discordantes do grupo; negação das ideias que se desviam do aparente consenso do grupo; ilusão de unanimidade; "guardas mentais" — membros autodesignados que protegem o grupo das opiniões dissidentes (Janis, 1972).

Em 1955, estreou o filme *Juventude transviada*. Nunca antes o cinema retratara jovens rebeldes e incompreendidos com tanta empatia. Mas chega de crítica cinematográfica de araque. Para os teóricos dos jogos, uma cena se destaca: aquela na qual Jim Stark (interpretado por James Dean) e Buzz Gunderson (interpretado por Corey Allen), ambos em carros roubados, correm inexoravelmente na direção de um penhasco, em um mortal jogo do covarde.

Colman pede que pensemos nessa cena por um momento, do ponto de vista dos motoristas. Ou uma versão mais familiar, na qual os dois protagonistas aceleram diretamente na direção um do outro em uma iminente colisão frontal. Ambos têm escolha. Eles podem adotar a sensível e "não psicopática" estratégia de desviar para evitar a batida. Ou podem adotar a arriscada e "psicopática" opção de manter o pé no acelerador. Essas escolhas, com seus diferentes *payoffs* (ganhos), constituem um clássico cenário do você-coça-minhas-costas-e-eu-coço-as-suas... ou-não, que podemos reconstituir usando a teoria dos jogos — um ramo da matemática aplicada que busca quantificar processos ótimos de tomada de decisão em situações nas quais o resultado não depende da ação individual das partes envolvidas, mas sim de sua interação:

	(Buzz) não psicopática	(Buzz) psicopática
(Jim) não psicopática	Jim ganha 3 pontos Buzz ganha 3 pontos	Jim ganha 2 pontos Buzz ganha 4 pontos
(Jim) psicopática	Jim ganha 4 pontos Buzz ganha 2 pontos	Jim ganha 1 ponto Buzz ganha 1 ponto

Tabela 3.1. Modelo de evolução da psicopatia segundo a teoria dos jogos.

Se Jim e Buzz escolherem a opção sensível e desviarem, o resultado será um empate com o segundo melhor ganho para cada um (3). No entanto, se ambos forem psicopatas e decidirem ir até o fim, os dois correm risco de vida — ou, no melhor dos casos, de ferimentos graves. Assim, cada um recebe o pior ganho (1).

Mas, como explica Colman, se um dos motoristas, Jim, digamos, optar pela precaução e Buzz se revelar um maluco, subitamente surge um diferencial. Jim perde pontos e recebe o *payoff* do covarde (2), enquanto Buzz se dá bem, com a pontuação máxima (4).

É um microcosmo matemático do real significado de conviver com psicopatas (e com o trevo rodoviário do Aeroporto de Newark). Biologicamente, funciona: quando se joga repetidamente em laboratório, utilizando computadores programados para responder com estratégias predeterminadas, algo muito interessante acontece. Quando os *payoffs* são convertidos em unidades de aptidão darwiniana e presume-se que os jogadores com os maiores *payoffs* darão origem a um número maior de descendentes, que em seguida adotarão a mesma estratégia de seus progenitores, a população evolui para um equilíbrio no qual a proporção de indivíduos que se comportam consistentemente de maneira psicopática espelha a incidência observada do transtorno na vida real (cerca de 1 a 2%).

Quem quer que mantenha o pé no acelerador — e a cabeça no lugar — vencerá sempre, desde que seu antagonista seja sensato. Algumas vezes, comportar-se de maneira "irracional" pode, na realidade, ser racional.

Em 2010, Hideki Ohira, psicólogo na Universidade de Nagoya, e seu orientando de doutorado, Takahiro Osumi, validaram a teoria de Colman.[5] Eles descobriram que, em certas circunstâncias extraordinárias, psicopatas tomam decisões financeiras melhores que as nossas, precisamente pela razão tão elegantemente exposta por Colman. Eles se comportam de uma maneira que, de outro modo, poderia parecer irracional.

Para demonstrar, Ohira e Osumi desenvolveram o jogo do ultimato, um paradigma amplamente utilizado no campo da neuroeconomia que, falando de maneira geral, explora o modo como avaliamos ganhos — especialmente, mas não somente, os monetários. O jogo envolve dois jogadores interagindo para decidir como certa soma de dinheiro será dividida. O primeiro jogador propõe uma solução. O segundo jogador decide se aceita ou não. Se o segundo jogador rejeitá-la, nenhum deles recebe nada. Se o segundo jogador aceitá-la, a soma é dividida de acordo com a solução proposta.

Dê uma olhada na Figura 3 a seguir e você notará algo interessante a respeito do jogo. A oferta feita pelo Jogador 1 pode ser justa ou injusta. Pode-se propor uma divisão de 50:50. Ou, alternativamente, 80:20. Em geral, quando a proposta começa a se aproximar da marca dos 70:30 (em favor do

Jogador 1), o Jogador 2 entra em modo de rejeição.* Afinal de contas, não se trata apenas do dinheiro. É uma questão de princípios!

Mas Ohira e Osumi descobriram que psicopatas jogam de maneira bem diferente. Não apenas eles demonstram maior disposição para aceitar ofertas injustas, favorecendo a simples utilidade econômica em detrimento das exigências de punição e preservação do ego, como também se preocupam muito menos com a injustiça. A diferença nas medidas de atividade eletrodérmica (um confiável índice de estresse baseado na resposta autônoma de nossas glândulas sudoríparas) é significativa, para dizer o mínimo. Psicopatas ficam muito menos perturbados que os grupos de controle quando são enganados por seus adversários. E, ao fim do estudo, têm mais dinheiro no banco. A pele mais grossa lhes rende carteiras mais cheias.

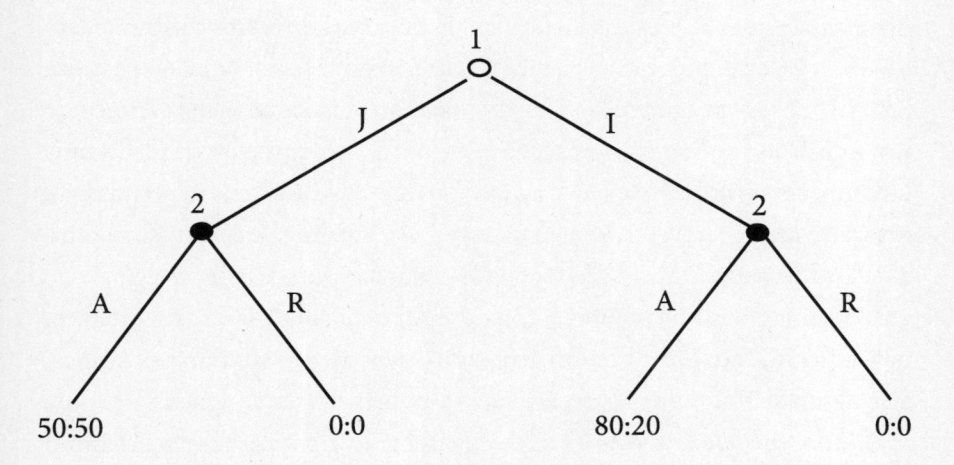

Figura 3. O jogo do ultimato (1 = Jogador 1; 2 = Jogador 2; J= oferta justa; I = oferta injusta; A = aceitar oferta; R = recusar oferta).

---

* Pesquisas anteriores demonstraram que ofertas menores que 20 a 30% têm aproximadamente 50% de chances de serem rejeitadas (veja W. Guth, R. Schmittberger e B. Schwarze, "An experimental analysis of ultimatum bargaining", *Journal of Economic Behavior and Organization*, 3 (4) (1982): 367-88).

Às vezes, concluíram Ohira e Osumi, vale a pena ser psicopata. Mas de um modo diferente daquele demonstrado por Andrew Colman. Enquanto Colman provou que vale a pena jamais ceder (ou, naquele caso, jamais desacelerar), Ohira e Osumi descobriram o exato oposto.

Se você precisa ser convencido do valor dessas estratégias, basta perguntar a alguém que já esteve preso.

Para chegar ao topo, faça com que sua reputação o preceda

"Um raio violento e intenso rasgando o céu da prisão" foi como um detetive particular os descreveu. E não há muitos, em ambos os lados das grades, que discordariam dele. A Irmandade Ariana, também conhecida como "A Rocha", é uma das mais temidas gangues já surgidas no sistema penitenciário federal dos Estados Unidos. Responsável, de acordo com os números do FBI, por 21% dos assassinatos nas prisões americanas (embora seus membros correspondam a apenas 1% da população encarcerada), ela não pode ser facilmente ignorada. Seus membros usam imensos bigodes, mais apropriados ao Velho Oeste que a um fora da lei moderno, e tatuagens que exibem um trevo entrelaçado a uma suástica, com o número 666 escrito em suas folhas. Use uma sem permissão e invariavelmente se oferecerão para removê-la. Normalmente com uma navalha.

Parte de uma elite brutal, A Rocha equivale às Forças Especiais do mundo prisional. Fundada na penitenciária de segurança máxima de San Quentin, na Califórnia, em 1964, por um grupo de defensores da supremacia branca, a Irmandade era numericamente menor que as outras gangues da prisão, mas, em alguns poucos e sangrentos meses, decolou para a liderança. Como? Bem, ser esperto ajuda. A despeito de muitos membros da gangue estarem em outras penitenciárias, frequentemente trancados em suas celas durante 23 horas por dia, eles conseguiram coordenar suas atividades através de métodos engenhosos: tinta invisível feita de urina e um sistema de código binário de quatrocentos anos, desenvolvido pelo filósofo renascentista Sir Francis Bacon, são apenas dois de vários exemplos notáveis.

Mas eles também eram implacáveis e obedeciam (como fazem até hoje) a um código simples e sinistro: "sangue para entrar, sangue para sair." Sangue para entrar: os candidatos só são admitidos após terem assassinado um membro de uma gangue rival, sendo entendido que receberão ordens para outras execuções. Sangue para sair: a única maneira de sair é a própria, e frequentemente prematura, morte. Seja, o que é muito improvável, por causas naturais ou, o que é infinitamente mais frequente (e, em muitos casos, preferível), por meios igualmente violentos.

Como admitem seus membros, é uma filosofia impiedosamente minimalista. Não há meias-medidas ou questionamentos. "Não tema nada nem ninguém" é o mantra. E o que A Rocha não tem em números, ela compensa com fria ferocidade. Para não mencionar, como é comum em psicopatas altamente motivados, uma implacável dedicação à tarefa da vez.

Com acesso à biblioteca das prisões (e material de leitura suplementar vindo de fontes menos oficiais), seus membros tratam o assassinato como um módulo universitário de ciências, estudando textos de anatomia humana (além de Nietzsche, Maquiavel, Tolkien e Hitler) para encontrar as partes do corpo mais vulneráveis ao trauma. No distorcido *continuum* espaço-tempo de uma prisão de segurança máxima, uma janela de 10 segundos é como um buraco de minhoca para a eternidade, e uma briga dessa magnitude na prisão é igual a uma luta de doze rounds na ampliada e relativista órbita da vida cotidiana. Velocidade é essencial. Em um piscar de olhos, muito pode ser feito: traqueias cortadas, jugulares rasgadas, medulas perfuradas, baços e fígados transfixados. Se aparecer uma oportunidade, é importante saber o que se está fazendo.

E, no entanto, como mostra Barry, ex-membro da Rocha, nas impenetráveis fendas morais que se entocam, invisíveis e ingovernáveis, nos cantos escurecidos pelo medo de uma penitenciária federal, tal estratégia pode ser interpretada como adaptativa, como sendo capaz de conter o fogo, em vez de incitá-lo. E pode, no longo prazo, diminuir, em vez de aumentar, os problemas.

"A prisão", elucida Barry, "é um ambiente hostil. Ela tem regras diferentes do resto do mundo. É uma comunidade dentro de uma comunidade. Ou você se impõe ou alguém pode atacá-lo a qualquer momento. Você precisa fazer alguma coisa. Você não precisa matar o tempo todo. Não é assim que funciona. Normalmente bastam uma ou duas vezes. Você faz isso uma vez ou duas e o aviso começa a circular: não mexa com esse cara. É disso que estou falando, prevenir é melhor que remediar. *Carpe noctem*."

O ponto de vista de Barry sobre resolução de conflitos é interessante, e é ecoado, em menos palavras, pelo produtor musical Phil Spector, agora preso. "É melhor ter uma arma e não precisar dela", disse uma vez esse excêntrico dono de uma Magnum, "que precisar de uma arma e não tê-la" (embora não se saiba se ele ainda pensa assim). Uma posição mais sutil é assumida pelo estrategista militar chinês do século VI Sun Tzu. "Vencer o inimigo sem lutar", escreveu Sun, "é a suprema habilidade"[6] — uma habilidade, como vimos com Jim e Buzz, ao mesmo tempo difícil de fingir e inequivocamente enraizada na autoconfiança. Não a falsa autoconfiança baseada em bravatas, mas a real autoconfiança baseada na crença.

Conheça Dean Petersen, um ex-soldado das Forças Especiais que se tornou instrutor de artes marciais: "Às vezes, quando você está em uma situação hostil, sua melhor opção é corresponder às intenções agressivas de um indivíduo potencialmente violento e então ir um passo além. Aumentar a aposta, para usar uma analogia com o pôquer. Somente então, quando você ganhou ascendência psicológica, mostrou a eles [...], deu uma dica [...] de quem é o chefe, você pode começar a dissuadi-los."

Que melhor maneira de estabelecer sua autoridade do que convencer prováveis competidores de que eles estão vencidos antes mesmo de começar?

O argumento de Barry também tem implicações mais amplas — para a seleção, não somente da inclemência, mas de outras características psicopáticas, como a ausência de medo e o charme superficial. Como se tornou claro, o conflito não é o único modo de estabelecer dominância no mundo natural. No tempo de nossos ancestrais, assim como na prisão, a sobrevivência custava caro. E, embora pertencer ao grupo constituísse parte significativa do preço, as comunidades também demonstravam surpreendente apreço pelos membros dispostos a assumir riscos.

Uma dinâmica similar pode ser observada atualmente nos macacos.[7] Chimpanzés machos (nossos parentes vivos mais próximos, com quem compartilhamos 96% de nosso DNA) competem através da "magnanimidade" — através do espontâneo altruísmo em relação aos submissos. Normalmente, essa magnanimidade é de natureza gastronômica: enfrentar o perigo para prover comida ao grupo, dividindo os frutos da própria caçada caritativamente e confiscando a caçada dos outros para redistribuí-la.

Como mostra o primatologista Frans de Waal, "em vez de os dominantes se destacarem por causa do que tomam, eles reafirmam sua posição em virtude do que dão".[8]

No mesmo nível estão os primatas que concorrem por status através de "serviços públicos" ou da "liderança", facilitando a cooperação no grupo. Ou, se você preferir, por meio de carisma, persuasão e charme. Chimpanzés dominantes, macacos-urso e gorilas competem interferindo nas disputas entre submissos. Contudo, contrariando as expectativas, essa intervenção não favorece automaticamente a família e os amigos. Como observa Waal, ela é realizada "com base no que é melhor para restaurar a paz".[9]

Consequentemente, continua de Waal, em vez de descentralizar a resolução de conflitos, "o grupo busca pelo árbitro mais eficaz em seu meio, e então coloca todo seu peso por trás desse indivíduo, para dar a ele uma ampla base que possa garantir a paz e a ordem".[10]

Inclemência. Ausência de medo. Persuasão. Charme. Uma combinação mortal, mas que pode salvar vidas. Terão os assassinos de hoje sorrateiramente pegado uma carona evolutiva na habilidade dos pacificadores de ontem? Não é impossível — embora a violência, claro, não seja novidade.

Os primeiros psicopatas

Em 1979, em um sítio remoto próximo ao vilarejo de St. Césaire, no sudoeste da França, Christoph Zollikofer, da Universidade de Zurique, e um consórcio de pesquisadores italianos e franceses fizeram uma descoberta intrigante.[11] Datados do "período transicional", quando os europeus prognáticos com arcos supraorbitais salientes começaram a ser desalojados por um influxo anatomicamente moderno da África, os restos mortais de um esqueleto com aproximadamente 36 mil anos estavam inertes desde a Idade do Gelo. Confirmou-se que os restos mortais eram de um Neandertal. Mas havia algo estranho no crânio. Ele apresentava tecido cicatricial. A cicatriz em questão estava em uma secção de osso, tinha cerca de 4 centímetros de comprimento e se situava na área superior direita. Não é incomum que escavações de campo desenterrem espécimes danificados. Na verdade, é o que se espera. Mas havia algo sutilmente diferente a respeito desse espécime. Ele tinha um ar de premeditação que sugeria crime; que aludia menos às vicissitudes do definhamento geofísico e mais às exigências de um momento pré-histórico, perdido na tessitura de nosso sombrio passado ancestral. Aquele não era um caso de infortúnio, mas uma lesão causada por violência. Ou, mais especificamente, por um movimento de estocada ou corte que indicava um instrumento de lâmina afiada.

Somando dois mais dois — a posição da cicatriz, o formato da lesão, o fato de que o restante do crânio não parecia fraturado ou danificado —, Zollikofer chegou a uma conclusão bastante impalatável. A agressão interpessoal entre seres humanos tem uma linhagem mais antiga do que previamente se suspeitara. Aparentemente, infligir dano a outrem é bastante natural.

É intrigante pensar que psicopatas Neandertais itinerantes estavam à solta na Europa pré-histórica de 40 mil anos atrás. Mas nem um pouco surpreendente. Com efeito, em oposição ao argumento da "carona" apresentado há pouco, a abordagem usual da evolução da psicopatia foca, como vimos no capítulo 1, predominantemente nos aspectos predatórios e agressivos do transtorno. Eis um item típico de um dos questionários-padrão de avaliação de psicopatia, a Escala de Autoavaliação de Levenson:

> "O sucesso se baseia na sobrevivência do mais apto. Não me preocupo com os perdedores." Em uma escala de 1 a 4 na qual 1 representa "discordo fortemente" e 4 representa "concordo fortemente", diga como você se sente a respeito dessa afirmação.

A maioria dos psicopatas está inclinada a registrar forte concordância com tal afirmação — o que, incidentalmente, não é sempre uma coisa ruim.

"Dois ratinhos caem em um pote de creme", diz Leonardo DiCaprio, interpretando o papel de Frank Abagnale, um dos mais celebrados golpistas mundiais, no filme *Prenda-me se for capaz*. "O primeiro rato desiste rapidamente e se afoga. O segundo rato não desiste. Ele se debate tão desesperadamente que, por fim, transforma o creme em manteiga e consegue rastejar para fora do pote. Eu sou o segundo rato."*

Do outro lado do espectro, no entanto, nos deparamos com um tipo completamente diferente de exortação, como as abraçadas pelos textos religiosos, espirituais e filosóficos. Encontramos alusões à temperança, à tolerância e aos mansos herdando a terra.

Então, qual deles é você: psicopata, santo ou algo intermediário? Provavelmente o último caso — para o que, na verdade, existem sólidas razões biológicas.

Confessar ou não

Já vimos a teoria dos jogos em ação mais cedo neste capítulo. Ramo da matemática aplicada devotado ao estudo das situações estratégicas, da seleção de estratégias ótimas de comportamento em circunstâncias nas quais os custos e benefícios de uma escolha ou decisão em particular não são definitivos, mas antes variáveis, a teoria dos jogos apresenta cenários intrinsecamente dinâmicos. E, o que não constitui surpresa, dada sua inerente ênfase no relacionamento entre ações individuais e o grupo social mais amplo, não é incomum encontrar ricas incrustações desse afloramento matemático semiprecioso em ramos da seleção natural — em modelos e teorias sobre como variados comportamentos ou estratégias de vida podem ter evoluído. A psicopatia, como nos mostrou o trabalho de Andrew Colman, não é exceção.

Para continuar de onde Colman parou e avançar na exploração das dinâmicas evolutivas da personalidade psicopática, improvisemos uma situação similar à vivida por Jim e Buzz no penhasco — mas, dessa vez, vamos torná-la um pouquinho mais pessoal. Imagine que você e seu cúmplice são suspeitos de um crime grave. A polícia os detém para interrogatório.

Na delegacia, o detetive encarregado interroga cada um de vocês separadamente, mas, como não tem provas suficientes para abrir o processo,

---

* Eu não avaliei Frank Abagnale, mas em seu auge ele certamente demonstrou muitas das características da psicopatia. De qualquer modo, não importa: ainda que eu o tivesse avaliado, ele provavelmente teria conseguido falsificar seus resultados no teste.

recorre à velha tática de jogar um contra o outro. Ele põe as cartas na mesa e propõe um acordo. Se você confessar, ele usará sua confissão como prova contra seu parceiro, que ficará preso por dez anos. As queixas contra você, no entanto, serão retiradas e você poderá ir embora sem maiores consequências.

Bom demais para ser verdade? E é mesmo. Existe um porém. *O detetive informa que oferecerá o mesmo acordo a seu parceiro.*

Você é deixado sozinho para ponderar sobre esse arranjo. Mas, durante esse tempo, você tem uma ideia. E se vocês dois confessarem? O que acontece? Os dois irão para a prisão por dez anos ou estão ambos livres para ir embora? O detetive sorri. Se ambos confessarem, ambos irão para a prisão, com a sentença reduzida para cinco anos. E se ninguém confessar? Ambos irão para a prisão, mas por apenas um ano.

	Parceiro não confessa	Parceiro confessa
Você não confessa	Parceiro é preso por um ano Você é preso por um ano	Parceiro fica livre Você é preso por dez anos
Você confessa	Parceiro é preso por dez anos Você fica livre	Parceiro é preso por cinco anos Você é preso por cinco anos

Tabela 3.2. O dilema do prisioneiro.

O detetive é esperto. Pense a respeito. Com efeito, ele fez uma oferta que você não pode recusar. A verdade é simples. O que quer que seu parceiro decida fazer, *você* se sairá melhor se confessar. Se seu parceiro decidir manter a boca fechada, você passará um ano no xadrez por ter feito o mesmo. Ou pode caminhar livre sob o sol se denunciá-lo. De modo similar, se seu parceiro decidir denunciá-lo, você cumprirá a sentença inteira por ter ficado quieto. Ou pode cumprir metade da sentença se traí-lo também. A realidade de ambas as situações é assustadoramente paradoxal. Falando logicamente, a autopreservação dita que o único curso de ação razoável é confessar. E, no entanto, é essa mesma, paralisante lógica que rouba de ambos a chance de minimizar a punição conjunta ao permanecer em silêncio.

E note que a questão da probidade — permanecer de lábios selados porque é a coisa "certa" a fazer — não está em jogo. Independentemente do duvidoso mérito moral de se colocar em uma posição que, de toda evidência, tende à exploração, o objetivo do dilema do prisioneiro é determinar estratégias ótimas de comportamento não nos moldes da moralidade, com leões de chácara filosóficos nas portas, mas em um vácuo psicológico de gravidade moral zero, como a que engloba todo o mundo natural.[12]

Será que os psicopatas estão certos? Realmente se trata da sobrevivência do mais apto? Essa estratégia certamente parece lógica. Em um encontro único como o dilema do prisioneiro, pode-se arguir que a traição (ou uma estratégia de *deserção*, para usar a terminologia oficial) é uma mão vencedora. Então por que não seguir adiante e entrar no jogo?

A razão é simples. A vida, em sua infinita complexidade, não é formada por eventos únicos. Se fosse, e a soma total da existência humana fosse uma sucessão interminável de breves encontros, os psicopatas entre nós estariam certos. E rapidamente herdariam a terra.

Mas a vida não é assim. E eles não herdarão a terra.

Em contraposição, a tela da vida é densamente povoada por milhões e milhões de pixels individuais, e é a repetida interação entre eles, o relacionamento entre eles, que permite o surgimento da imagem maior.[13] Nós temos histórias — histórias sociais. E somos capazes, ao contrário dos personagens do dilema do prisioneiro, de nos comunicar.

Que diferença isso teria feito!

Mas tudo bem. Assim como jogamos o dilema do prisioneiro uma única vez, podemos jogar várias e várias vezes. Substituindo o tempo de prisão por um sistema de recompensa e punição no qual pontos são ganhos ou perdidos (ver Tabela 3.3), podemos, com a ajuda de um pouco de matemática básica, simular a complexidade da vida real, exatamente da mesma maneira que fizemos com Jim e Buzz.

	Parceiro coopera	Parceiro compete
Você coopera	Parceiro ganha 5 pontos Você ganha 5 pontos	Parceiro ganha 10 pontos Você ganha 0 ponto
Você compete	Parceiro ganha 0 ponto Você ganha 10 pontos	Parceiro ganha 1 ponto Você ganha 1 ponto

Tabela 3.3. Um exemplo de jogo com o dilema do prisioneiro.

Nesse caso, o que acontece? Os psicopatas se dão bem em um mundo de repetidos encontros? Ou sua estratégia é vencida pela simples "segurança do grupo"?

Santos contra trapaceiros

Para responder a essa pergunta, imaginemos uma sociedade ligeiramente diferente daquela na qual vivemos atualmente: uma sociedade como a dos velhos tempos, na qual a força de trabalho é paga em dinheiro ao fim de cada semana, em pequenos envelopes pardos e personalizados. Agora imagine que dividimos essa força de trabalho em dois tipos de pessoas. O primeiro tipo é honesto e trabalha duro durante a semana inteira. Vamos chamá-los de *santos*. O segundo tipo é desonesto e preguiçoso e rouba seus diligentes correspondentes enquanto estes caminham para casa na sexta--feira, esperando do lado de fora dos portões da fábrica e se apropriando de seus merecidos salários. Vamos chamá-los de *trapaceiros*.*

À primeira vista, pode parecer que os trapaceiros se deram bem: o crime compensa. E, ao menos no curto prazo, compensa mesmo. Os santos batem ponto para manter a comunidade funcionando, enquanto os trapaceiros colhem um duplo benefício: não apenas desfrutam das vantagens de viver em uma sociedade florescente como, ao roubar o salário dos santos, "são pagos" para não fazer nada.

---

* Uma dinâmica similar existe realmente na apicultura. Em tempos de escassez, as chamadas abelhas "ladras" atacam outras colmeias e matam todas as abelhas em seu caminho, em alguns casos até mesmo a rainha, para se apropriar do mel. As colmeias se protegem das ladras colocando abelhas guardiãs na entrada, a fim de vigiar as atacantes e lutar contra elas até a morte, se necessário. Em um estudo recente, no entanto, um time conjunto de pesquisadores da Universidade de Sussex, no Reino Unido, e da Universidade de São Paulo, no Brasil, descobriu a primeira abelha "soldado" da história. Essa subespécie da abelha jataí (*Tetragonisca angustula*), ao contrário das abelhas guardiãs normais das colônias melíferas, é fisicamente especializada para desempenhar a tarefa de proteger a colmeia. Ela é 30% mais pesada que suas companheiras forrageiras, tem pernas maiores e cabeça menor. Talvez eles devessem chamá-la de "abelha berserker" (ver Christoph Grüter, Cristiano Menezes, Vera L. Imperatriz-Fonseca e Francis L. W. Ratnieks, "A morphologically specialized soldier caste improves colony defense in a neotropical eusocial bee", *PNAS*, 109(4) (2012): 1.182–6).

Grande negócio, se você puder consegui-lo.

Mas veja o que acontece se esse padrão de comportamento se prolonga. Os santos se cansam e ficam doentes. Tendo menos recursos com que se manter, começam a morrer. Gradualmente, a taxa da população "trabalhadora" começa a diminuir em favor da população de trapaceiros.

Mas isso, é claro, é exatamente o que os trapaceiros *não* querem! Com o número de santos diminuindo semanalmente, aumenta a probabilidade de os trapaceiros roubarem entre si. Além disso, ainda que ataquem um santo, há grande possibilidade de saírem sem nada. Outro trapaceiro já pode tê-lo roubado.

Se o ciclo seguir seu progresso natural, no fim a balança de poder voltará ao início. O pêndulo oscila novamente em favor dos santos e a sociedade volta a trabalhar para viver. Mas note como a história é programada para se repetir. Os santos estão no comando apenas durante a recessão. E os trapaceiros presidem somente enquanto os santos conseguem mantê-los à tona. É um carrossel sombrio e recorrente de prosperidade e falência.

Esse breve esboço de duas éticas de trabalho muito distintas é, para dizer o mínimo, uma representação simplificada de um quadro de dinâmicas infinitamente mais complexas. Todavia, é precisamente essa simplificação, essa polarização do comportamento, que fornece poder ao modelo. Pura agressão incondicional e pura capitulação incondicional estão destinadas a falhar como estratégias de troca social em uma sociedade de múltiplas interações e mútua dependência. No que equivale essencialmente a um efeito gangorra peripatético, cada estratégia é vulnerável à exploração pela outra parte quando a primeira ganha ascendência, quando os proponentes de uma estratégia crescem o bastante para que os defensores da estratégia competidora se tornem parasitas. Emprestando uma frase do léxico sociobiológico, diremos que, como estratégias de sobrevivência, nem a cooperação não qualificada nem a competição não qualificada podem ser vistas como *evolutivamente estáveis*.* Ambas podem ser vencidas por contraestratégias invasoras ou mutantes.

---

* Essa expressão foi introduzida por John Maynard Smith, do Centro para o Estudo da Evolução, na Universidade de Sussex.

Mas podemos legitimamente observar esse processo iterativo em ação, esse repetido desdobramento da dinâmica do dilema do prisioneiro? Afinal, estamos no reino do experimento mental aqui. Essas postulações abstratas se mostrariam verdadeiras na vida real?

A resposta depende do que você entende por "real". Se estivermos preparados para incluir "virtual" nesse "real", então estamos com sorte.

Moralidade virtual

Suponha que estou conduzindo um experimento sobre as respostas humanas ao inesperado e apresento a você a seguinte oportunidade: por 500 libras, você deve tirar toda a roupa e, completamente nu, caminhar até um bar para encontrar um grupo de amigos. Você deve se sentar à mesa e conversar com eles durante 5 minutos (são 100 pratas por minuto!), durante os quais você sentirá com plena força o excruciante embaraço social que indubitavelmente acompanhará a aventura. Passados os 5 minutos, no entanto, você deixará o bar incólume e eu asseguro que nem você, nem nenhum dos presentes terá qualquer recordação do ocorrido.

Você faria? Na verdade, como sabe se já não fez?

Tenho certeza de que algumas pessoas se despiriam alegremente em nome do avanço científico. Quão liberador seria se, de algum modo, em algum lugar nos terraços e edifícios do tempo, pudéssemos entrar e sair de um transitório e encapsulado mundo no qual experiências fossem alugadas por hora. Esse, é claro, é basicamente o tema de *Matrix*: humanos habitando um mundo virtual que parece compulsiva e forçosamente real. Mas e quanto ao outro lado? E quanto a computadores habitando um mundo humano?

No fim dos anos 1970, o cientista político Robert Axelrod fez exatamente essa pergunta em relação ao dilema do prisioneiro e encontrou um método para digitalizar o paradigma, para determinar uma estratégia, ao longo do tempo e em repetidas interações, que satisfizesse todos os requisitos da estabilidade evolutiva e sequenciasse o genoma da troca social cotidiana.[14]

Primeiro, Axelrod abordou alguns dos melhores especialistas mundiais em teoria dos jogos com a proposta de um torneio sobre o dilema do prisioneiro no qual os únicos participantes seriam programas de computador. Em seguida, pediu a cada teórico que desenvolvesse um programa para participar do torneio, com uma definida e pré-especificada estratégia de respostas cooperativas e competitivas. Depois, quando todas as propostas foram apresentadas (quatorze no total), ele fez uma rodada inaugural, antes do início da pancadaria principal, na qual cada um dos programas competiu com os outros por pontos. No fim dessa rodada, ele somou os pontos que cada programa ganhara e deu início ao torneio propriamente dito, com a proporção de programas representados correspondendo ao número de pontos que cada um acumulara na rodada precedente — precisamente alinhado com as restrições da seleção natural. Então ele se recostou na cadeira para ver o que acontecia.

O que aconteceu foi bastante simples. O programa mais bem-sucedido foi também, de longe, o mais simples. TIT FOR TAT, desenvolvido pelo matemático e biólogo Anatol Rapoport, cujo trabalho pioneiro em interação social e teoria geral de sistemas tem sido aplicado na resolução de conflitos e no desarmamento não apenas em laboratório, mas também no teatro político mais amplo, fez o que prometia o rótulo. Ele começou por cooperar e depois reproduziu exatamente a última resposta de seu competidor. Se, na jogada um, o competidor cooperou, TIT FOR TAT fez o mesmo. Se, por outro lado, o programa rival competiu, nas jogadas seguintes ele experimentou uma dose do próprio remédio, até voltar a cooperar.

A graciosa praticidade e a resistente elegância do TIT FOR TAT logo se tornaram aparentes. Não é preciso ser um gênio para perceber o que ele fez. Ele incorporou, assustadoramente, desalmadamente, na ausência de tecidos e sinapses, os atributos fundamentais de gratidão, raiva e perdão que nos tornam — nós humanos — quem somos. Ele premiou cooperação com cooperação e colheu os benefícios coletivos. Ele impôs imediatas sanções contra a competição incipiente, evitando a reputação de ingênuo. E, na sequência de tal rancor, foi capaz de retornar, sem nenhuma recriminação, ao padrão de mútuo benefício, destruindo qualquer potencial inerente de prolongados, destrutivos e retrospectivos ataques. A seleção grupal, esse velho conceito segundo o qual o que é bom para o grupo é preservado no indivíduo, não estava em questão. Se o experimento de Axelrod mostrou algo, foi que o altruísmo, embora seja indubitavelmente um ingrediente da coesão grupal, é perfeitamente capaz de surgir não como algum elevado diferencial, feito o bem da espécie ou mesmo da tribo, mas sim como diferencial de sobrevivência, existindo puramente entre indivíduos.

Harmonia macroscópica e individualismo microscópico, como se viu, são dois lados da mesma moeda. Os místicos estavam errados: dar não é melhor que receber. A verdade, segundo o novo e radical evangelho de informática social de Robert Axelrod, é que dar *é* receber.

E não há antídoto conhecido.

Ao contrário do exemplo anterior sobre santos e trapaceiros, no qual um "ponto de virada" se manifestou quando o lado alto da gangorra populacional assumiu certo nível de ascendência, TIT FOR TAT apenas seguiu em frente. Ao longo do tempo, ele foi capaz de remover todas as estratégias competitivas do jogo, definitivamente.

TIT FOR TAT não foi apenas um vencedor. Vencer era apenas o início. Depois que começou, ele se tornou praticamente invencível.

O melhor de dois mundos

As aventuras de Axelrod no mundo "cibernético" certamente fizeram com que algumas sobrancelhas se arqueassem. Não apenas entre biólogos, mas também nos círculos filosóficos. Demonstrar tão convincentemente que a "bondade" é de certo modo inerente à ordem natural, que é uma propriedade emergente da interação social, fez com que se aumentasse a distância entre aqueles que estão do lado de Deus e aqueles que põem Deus de lado. E se o que há de "melhor" em nossa natureza não for melhor, no fim das contas? For apenas... natural?

Tal abominação já ocorrera, cerca de uma década antes do teste de Axelrod, a um jovem biólogo de Harvard chamado Robert Trivers, que de modo quase presciente especulou que talvez fosse precisamente essa a razão de certos atributos humanos terem evoluído: para estampar nas laterais da consciência a afirmação afetiva de um projeto tão brilhantemente simples, um mantra tão matemático e claro, quanto TIT FOR TAT — um mantra que fez seu estágio entre os animais inferiores antes que puséssemos as mãos nele.[15] Talvez, pensou Trivers, tenha sido por isso que experimentamos pela primeira vez, nas fundações de nossa história evolutiva, esses laivos iniciais de amizade e inimizade, de afeição e aversão, de confiança e traição que agora, milhões de anos depois, nos fazem ser quem somos.

O filósofo inglês do século XVII Thomas Hobbes quase certamente teria aprovado. Há cerca de trezentos anos, em *Leviatã*, Hobbes antecipou precisamente essa noção com seu conceito de "força e fraude": a ideia de que violência e astúcia constituem os primários, senão os únicos, promotores de resultados.[16] E que o único analgésico para "o medo contínuo e o perigo de morte violenta; e para a vida do homem, solitária, pobre, grosseira, brutal e curta" deve ser encontrado no santuário da concordância, na formação de alianças com outros.

As condições do torneio de Axelrod certamente refletem as condições da evolução humana e pré-humana. Dezenas de "indivíduos" interagindo regularmente é um bom número em relação às primeiras comunidades. Similarmente, cada programa estava dotado da capacidade não apenas de se lembrar dos encontros prévios, mas também de ajustar seu comportamento de acordo com eles. Assim, a teoria da evolução moral é uma noção intrigante. Na verdade, mais que isso. Dado o que fora inicialmente colocado na máquina de salsichas matemática de Axelrod e o que saiu na outra ponta, era uma possibilidade iminente. "Sobrevivência do mais apto" surge agora, não como se pensava, para recompensar indiscriminadamente a competição, mas antes para recompensá-la de modo discriminado. Em certas circunstâncias, sim, a agressão pode muito bem abrir portas (pense em Jim e Buzz). Mas, em outras, pode fechá-las facilmente, como vimos no caso dos santos e trapaceiros.

Revela-se então que os psicopatas estão certos somente pela metade. Não se pode negar a dureza da existência, a brutal verdade de que, às vezes, somente os mais aptos sobrevivem lá fora. Mas isso não significa que tem de ser assim. Descobriu-se que os mansos realmente herdarão a terra. Ocorre que, ao longo do caminho, inevitavelmente haverá baixas. "Faça aos outros o que deseja que façam a você" sempre foi um conselho sensato. Mas agora, 2 mil anos depois, graças a Robert Axelrod e Anatol Rapoport, finalmente temos a matemática necessária para provar.

Que há um pouquinho de psicopata em cada um de nós — um biológico e espectral fugitivo da álgebra da paz e do amor — está além da dúvida: como se, ao longo dos anos, os mestres do gabinete de seleção natural tivessem dado aos psicopatas um constante asilo evolutivo. A moral dos santos e trapaceiros pode estar gravada na rocha darwiniana: se todos pisarem fundo, no fim não restará ninguém. Mas, do mesmo modo, no curso de nossa vida cotidiana há momentos em que precisamos pisar no acelerador. Em que, racionalmente, legitimamente e no interesse da autopreservação, precisamos calmamente "meter o pé até o fundo".

Retornemos uma última vez ao evento virtual de Axelrod. A razão pela qual TIT FOR TAT se destacou dessa maneira inelutável foi o fato de haver, por debaixo do exterior sorridente, um núcleo feito de aço. Quando a situação exigiu, ele não hesitou em usar seus pés de silicone. Praticamente o oposto, na verdade. Ele igualou o placar assim que a oportunidade se apresentou. O segredo para o sucesso de TIT FOR TAT reside tanto em seu implacável lado sombrio quanto em seu usual lado ensolarado; no fato de que, quando as coisas ficaram duras, ele foi capaz de se mostrar à altura de seus melhores oponentes.

As conclusões são tão claras quanto inquietantes. O esquema de TIT FOR TAT para o sucesso certamente contém elementos psicopáticos. Há o charme superficial, de um lado, e a impiedosa busca por vingança, do outro. E, é claro, há a calma autoconfiança que permite retornar ao normal como se nada tivesse acontecido.

O programa certamente não é nenhuma Irmandade Ariana. Mas entre os comutadores e os movimentos sinápticos e sem alma escondem-se ecos de seu credo. "Fale manso e carregue um porrete", diz o ditado. É um bom conselho, se você quer ter sucesso — tanto no mundo virtual quanto no real. E é por isso, para voltar à nossa questão anterior, que psicopatas ainda andam sobre a terra, e não afundaram sem deixar traços nas mortais correntes darwinianas que aterrorizam o acervo genético.

A sociedade sempre terá necessidade de pessoas dispostas a assumir riscos, assim como sempre terá necessidade de pessoas dispostas a quebrar regras e corações. Se elas não existissem, garotinhos de 10 anos estariam caindo em lagoas e morrendo afogados por todos os lados.

E quem sabe o que aconteceria no mar?

Se o imediato Francis Rhodes e o marujo Alexander Holmes não tivessem desencavado a coragem necessária para fazer o impensável, não se sabe se teria havido sobreviventes da tragédia do *William Brown* naquela fatídica noite de 1841, a 400 quilômetros da costa ártica de Terra Nova, no furioso Atlântico Norte.

4
A sabedoria dos psicopatas

Só porque eu não me importo não significa que eu não entenda.

Homer Simpson

Resolução de ano-novo

Sabe de uma coisa? Meu amigo mais antigo é psicopata. Nós nos conhecemos desde o jardim de infância. Lembro-me como se fosse ontem de a professora me levar até a caixa de areia e me apresentar a um garoto louro e gorducho que brincava com um desses jogos no qual você tem de encaixar a forma correta no buraco correto. Peguei uma estrela e tentei enfiá-la no buraco que, com o benefício da retrospectiva, vejo que se destinava ao papagaio. Ela não encaixou. Pior ainda, ficou presa. Johnny passou uns 20 segundos (uma eternidade na vida de uma criança de 5 anos) calmamente soltando a estrela. Depois enfiou a maldita coisa em meu olho. Esse ataque juvenil direto, insensível e não provocado foi praticamente o ponto alto de nossa amizade.

Uns dez anos depois, eu e Johnny estamos no colegial. É hora do intervalo e ele se aproxima e pergunta se eu posso emprestar meu trabalho de história. Ele "esqueceu" o dele em casa — e adivinhe qual é a próxima aula?

— Não se preocupe — diz Johnny. — Ninguém vai saber. Vai ficar completamente diferente.

Entrego a ele meu trabalho e o encontro novamente no começo da aula.
— Você está com meu trabalho, Johnny? — sussurro.
Johnny balança a cabeça. — Desculpe. Não vai dar.
Começo a entrar em pânico. Aquele professor em particular não é do tipo com quem se pode brincar. Sem trabalho significa sem nota. E castigo.
— O que quer dizer com não vai dar? Cadê ele?
Muito calmamente, como se estivesse contando uma história para dormir, Johnny explica: — Bom, Kev, eu não tive tempo de reescrever o trabalho como disse que faria. Então eu copiei palavra por palavra.
— Mas isso não explica onde está meu trabalho — eu me esganiço, enquanto o professor, que não é exatamente conhecido por suas habilidades interpessoais, entra rapidamente na sala.
Johnny me olha como se eu fosse profundamente insano. — Não podemos entregar o mesmo trabalho, né?
— Não — exclamo, claramente ainda não entendendo. — Não podemos. Então onde diabos está meu trabalho?
Johnny dá de ombros. E retira "seu" trabalho da mochila.
— Está no lixo — diz ele, casualmente. — Na lixeira atrás do prédio de música.
Instintivamente, levanto da carteira. Talvez haja tempo de recuperá-lo antes que a aula comece.
— Seu babaca — rosno. — Vou matar você por isso.
Johnny me puxa pela manga. — Olhe — diz ele, com um sorriso preocupado e paternal, gesticulando em direção à janela. — Está chovendo pra caramba lá fora e você vai ficar encharcado. Você não quer ficar doente e arruinar suas chances de bater o recorde de corrida da escola na semana que vem, quer?
Não há uma única nota de ironia na voz de Johnny. Eu o conheço há tempo suficiente para saber que ele genuinamente acredita estar cuidando de mim. Ele realmente acha que está levando em conta meus melhores interesses. Mesmo furioso, preciso concordar com ele. O babaca tem razão. O recorde nunca foi quebrado desde o início dos anos 1960 e meu treinamento está indo bem. Seria uma vergonha arruinar todo esse trabalho duro fazendo algo estúpido no último minuto.

Sento novamente em minha carteira, resignado com meu destino.

— É isso aí, garoto — diz Johnny. — É só um trabalho. A vida é curta demais pra isso.

Eu não estou ouvindo. Estou tentando inventar uma explicação plausível para o fato de não ter meu trabalho. E imaginando que, se o estrago causado pela chuva não for muito extenso, eu posso secar as folhas ou, se isso não der certo, copiá-las mais tarde.

Não tenho muito tempo para trabalhar em minha desculpa. Voldemort já está circulando, agora apenas algumas fileiras a nossa frente, segurando em suas garras uma pomposa pilha de lixo sobre a guerra franco-prussiana.

Johnny admira seu trabalho antes de entregá-lo. Depois me dá uns tapinhas nas costas e faz uma careta ao ver a chuva pela janela.

— Além disso — acrescenta —, você teria chegado tarde de qualquer modo, Kev. Acho que preciso refazer minha frase. O que *sobrou* de seu trabalho está na lixeira. Eu botei fogo nele, colega.

Você deve estar pensando por que, em nome de Deus, mantive minha amizade com Johnny durante todos esses anos. Algumas vezes, em meus momentos mais reflexivos, eu me pergunto a mesma coisa. Mas não esqueça que Johnny é um psicopata.* E, como sabemos, eles frequentemente possuem qualidades redentoras. Uma das que Johnny possui é a capacidade de transformar virtualmente qualquer situação em vantagem própria — um dom não incomum entre os membros altamente inteligentes de sua espécie. Ele é, sem dúvida, uma das pessoas mais persuasivas que já conheci (e incluo nessa lista alguns membros da elite mundial dos vigaristas). Mais que isso, acho que se pode dizer que ele é um prodígio de persuasão.

Quando tínhamos 5 ou 6 anos, os pais de Johnny tiveram de ir a um funeral no Canadá. Ele ficou e passou a véspera de ano-novo em minha casa. Lá pelas nove da noite, meus pais começaram a dar pistas de que era

---

* Quando estávamos na faculdade, entreguei a ele o PPI, o questionário, se você se lembra do capítulo anterior, especificamente desenvolvido por Scott Lilienfeld e Brian Andrews para avaliar atributos psicopáticos não em criminosos encarcerados, mas na população em geral. Sua pontuação foi extremamente alta — em particular em egocentrismo maquiavélico, ausência de planejamento, poder social, imunidade ao estresse, falta de medo e frieza emocional (seis das oito subescalas que compõem o questionário, com as duas outras sendo externalização da culpa e inconformismo impulsivo).

hora de ir para a cama. Pistas sutis, como "É hora de ir para a cama". Como qualquer garoto de 6 anos que se preze, eu não ia ceder sem lutar.

— Mas, mãe — choraminguei —, eu e Johnny queremos ficar acordados até a meia-noite. Por favor!

Ela não quis nem saber. Desnecessário dizer que isso não me impediu de citar um catálogo de circunstâncias atenuantes, desde o fato de que todos os nossos amigos podiam ficar acordados até tarde na noite de ano-novo (original, né?) até a profunda observação de que o ano-novo só acontece uma vez por ano. Johnny, no entanto, manteve conspícuo silêncio. Ele ficou ali sentado, assistindo ao desenrolar do drama. Absorvendo tudo como se fosse algum grande defensor público aguardando seu momento de atacar.

Minha mãe finalmente perdeu a paciência. — Vamos logo — ela disse. — Chega disso. Você sabe o que acontece quando você fica acordado até tarde. Você fica mal-humorado, irritado e no dia seguinte não sai da cama antes do meio-dia.

Relutantemente, sem esperanças e com um crescente senso de resignação final, olhei para Johnny. O jogo estava perdido. Era hora de dizer boa noite. Mas ninguém podia prever o que aconteceu em seguida. Com um *timing* oratório perfeito, justo no momento em que eu estava pronto para jogar a toalha e subir as escadas, Johnny quebrou seu silêncio.

— Sra. Dutton — ele disse —, a senhora não quer que a gente acorde bem cedinho amanhã enquanto a senhora ainda está na cama com dor de cabeça, quer?

Fomos dormir às três da manhã.

A tríade sinistra e a psicologia de James Bond

A capacidade de Johnny de se sair bem nas reviravoltas da vida, de tirar o melhor proveito possível de qualquer situação, acabou sendo vantajosa para ele. Johnny entrou para o serviço secreto.

— Não é só o creme que flutua, Kev — ele me disse. — Merda flutua também. E sabe o que mais? Eu sou ambos. Depende do momento. — Difícil discordar de uma intuição tão brilhante.

Não é preciso dizer que o fato de Johnny ter conseguido um emprego no MI5 não foi surpresa para ninguém. E, o que quer que ele faça em Thames House, ele é bom nisso. Ele é tão frio, tem tanto carisma e seu poder de persuasão é tão demoníaco que um de seus colegas uma vez me disse, em uma festa, que, ainda que Johnny estivesse apertando um fio de telefone em torno de seu pescoço, ele ainda pareceria charmoso para você.

— Ele o estrangularia com sua auréola — disse o sujeito. — Depois a reporia no lugar como se nada tivesse acontecido.

Eu não precisava ser convencido.

Se, a essa altura, Johnny começa a se parecer um pouquinho com James Bond para você, isso não é coincidência. É fácil imaginar como o outro funcionário notável do serviço secreto de Sua Majestade também pode ser psicopata; como o sombrio mundo dos agentes da espionagem e da contraespionagem pode estar próximo dos serial killers não detectados — com licença para matar em vez de alguma profunda e insondável compulsão. E como, se o agente secreto que todos conhecemos e amamos trocasse sua Walther PPK por uma cópia do PPI, ele estaria bem lá no alto do espectro.

Mas há base para essas especulações? Aceitar o estereótipo é uma coisa; ver como a fantasia se comporta na realidade é outra. Foi somente por acaso que Johnny, sendo psicopata, terminou por trabalhar no campo da inteligência militar?

Um homem que se fez essas perguntas e começou a procurar respostas foi o psicólogo Peter Jonason. Em 2010, Jonason (então na Universidade Estadual do Novo México) e seus colegas publicaram um artigo intitulado *Who is James Bond? The Dark Triad as an Agentic Social Style* ["Quem é James Bond? A tríade sinistra como estilo social agêntico"],[1] no qual demonstraram que homens com um específico triunvirato de traços de personalidade — a estratosférica autoestima do narcisismo; a falta de medo, a inclemência, a impulsividade e busca por emoções fortes da psicopatia; e a capacidade de enganar e explorar do maquiavelismo — podem se dar muito bem em certos escalões da sociedade. Não somente isso, como também apresentam maior probabilidade de terem um grande número de parceiras sexuais e uma tendência mais acentuada de manterem relacionamentos casuais e de curta duração que homens que não apresentam esses traços. Longe de a tríade sinistra constituir uma desvantagem quando se trata de lidar com o sexo oposto, ela pode fazer com que o pulso das mulheres acelere e, por meio de um maior potencial de propagação dos genes, possa constituir uma estratégia reprodutiva de sucesso.

Uma olhada superficial nas manchetes dos tabloides e nas colunas de fofoca mostrará que a teoria tem fundamento. Um bocado deles, na verdade. Mas um dos melhores exemplos, de acordo com Jonason, é James Bond.

"Ele é abertamente desagradável, muito extrovertido e gosta de experimentar coisas novas", diz ele. "Inclusive matar pessoas. E conhecer novas mulheres."

O estudo de Jonason inclui as respostas de duzentos estudantes universitários a questionários de personalidade especialmente designados para avaliar a presença de atributos da tríade sinistra.[2] Os estudantes também foram questionados sobre seus relacionamentos sexuais, incluindo suas atitudes a respeito de relacionamentos casuais e sexo sem compromisso. Surpreendentemente, as descobertas principais mostram que aqueles com maiores pontuações na tríade tendem a ter mais marcas de sucesso entalhadas nos gastos e cambaleantes pés de suas camas que aqueles com pontuações mais baixas, sugerindo que elementos dos três estilos de personalidade — narcisismo, maquiavelismo e psicopatia — facilitam a dupla estratégia de acasalamento dos machos alfa, que visa a maximizar o potencial reprodutivo:

1. Engravidar tantas fêmeas quanto possível;
2. Dar o fora antes que alguém comece a chamá-los de papai.

E isso parece ter funcionado muito bem ao longo dos anos. Se assim não fosse, pergunta Jonason, por que tais atributos ainda estariam presentes?*

---

* Embora Jonason também tenha descoberto que garotas más é que conseguem garotos, a relação entre atributos da tríade sinistra e o número de relacionamentos de curto prazo foi mais forte entre homens que entre mulheres. A razão pela qual garotos maus conseguem garotas, claro, é outra história. A psicopatia está associada à ausência de neuroticismo e ansiedade, o que pode contrabalançar o medo da rejeição e projetar um ar de dominância; o narcisismo está associado à autopromoção e a ostensivas demonstrações de sucesso; e o maquiavelismo está associado à manipulação social. No curto prazo, esses três traços combinados podem dar a impressão de um indivíduo descolado, autoconfiante e carismático com quem é divertido estar e que certamente "tem futuro". No longo prazo, todavia, as coisas frequentemente se mostram diferentes.

O aspecto financeiro do espectro psicopático

Curiosamente, não é somente em termos de reprodução que os psicopatas acabam ficando por cima. O trabalho de psicólogos evolucionistas* como Peter Jonason dá suporte às alegações dos mandarins da teoria dos jogos — como Andrew Colman, que encontramos no capítulo anterior — de que há outras áreas da vida, outros campos de empreendimento, nos quais vale a pena ser psicopata. Uma estratégia psicopática não apenas garante mais sucesso na cama. Ela também pode ser muito útil na sala de reuniões, por exemplo.

Isso foi demonstrado de maneira brilhante por um estudo de 2005 conduzido por uma equipe de psicólogos e neuroeconomistas das universidades de Stanford, Carnegie Mellon e Iowa.[3] O estudo propunha um jogo de apostas com vinte rodadas. Os participantes foram divididos em três grupos: pessoas normais; pacientes com lesões nas áreas emocionais do cérebro (amídala, córtex órbito-frontal, insular direito e somatossensorial); e pacientes com lesões em áreas do cérebro não relacionadas à emoção. No início do jogo, cada participante recebeu 20 dólares, e a cada jogada tinha de decidir se queria apostar 1 dólar jogando cara ou coroa. Se perdesse, era penalizado em 1 dólar; se ganhasse, embolsava 2,50 dólares.

Não é preciso ser um gênio para descobrir a fórmula vencedora. "Logicamente", observa Baba Shiv, professor de marketing na Faculdade de Administração de Stanford, "a coisa certa a fazer é apostar em todas as rodadas."

Mas a lógica, como disse a ativista política Gloria Steinem uma vez, quase sempre está nos olhos de quem vê. Especialmente quando se trata de dinheiro.

A predição não poderia ser mais simples. Se, como a teoria dos jogos indica, há vezes em que realmente vale a pena manter o pé no acelerador — e psicopatas possuem botas pesadas —, então, de acordo com a dinâmica do jogo, aqueles participantes com presença relevante da patologia (déficit

---

* Psicólogos evolucionistas buscam justificar traços e comportamentos humanos — a exemplo de personalidade e estratégias de acasalamento — como produtos funcionais da seleção natural, adaptações psicológicas que evoluíram para resolver problemas recorrentes nos ambientes ancestrais.

de processamento emocional) deveriam se dar bem. Eles deveriam superar aqueles que não apresentavam déficit (isto é, os outros dois grupos).

Foi exatamente o que aconteceu. Com o desenrolar do jogo, os participantes com funcionamento emocional normal começaram a declinar a oportunidade de apostar, optando pela alternativa conservadora: manter o dinheiro que já tinham. No entanto, aqueles cujos cérebros não estavam equipados com os cintos de segurança emocionais que a maioria de nós mantém bem apertados continuaram a jogar, terminando o jogo com uma margem de lucro significativamente maior que a de seus oponentes.

"Esse pode ser o primeiro estudo", comenta George Loewenstein, professor na Carnegie Mellon, "que documenta uma situação em que pessoas com dano cerebral são melhores em tomar decisões financeiras que pessoas normais."

Antoine Bechara, professor de psicologia e neurociência na Universidade do Sul da Califórnia, vai mais longe. "Pesquisas precisam determinar as circunstâncias em que emoções podem ser úteis ou disruptivas, [no que] podem ser um guia para o comportamento humano", diz ele. "Os mais bem-sucedidos corretores de ações podem, muito plausivelmente, ser chamados de 'psicopatas funcionais', indivíduos que ou são melhores em controlar suas emoções ou não as experimentam no mesmo nível de intensidade que os outros."

Baba Shiv concorda. "Muitos CEOs", acrescenta ele de maneira bastante desconcertante, "e muitos advogados bem-sucedidos também podem partilhar esse traço."

Um estudo conduzido pelo economista Cary Frydman e seus colegas do Instituto de Tecnologia da Califórnia dá credibilidade às observações de Shiv.[4] Frydman entregou 25 dólares a voluntários e os fez encarar uma série de ardilosos dilemas financeiros. Em um período de tempo determinado e breve, os voluntários tinham de decidir se queriam optar pela segurança e pelo ganho seguro — digamos, receber 2 dólares — ou se queriam apostar em uma arriscada, mas potencialmente mais lucrativa, opção: uma chance meio a meio de ganhar 10 dólares ou perder 5, por exemplo. Quem se daria bem e quem iria à falência?

Longe de ser uma questão de sorte, viu-se que uma parcela dos voluntários superou completamente os outros, consistentemente fazendo escolhas ótimas em condições de risco. Esses indivíduos não eram astros das finanças. Nem economistas, matemáticos ou mesmo campeões de pôquer. Em vez disso, eles eram portadores do "gene guerreiro" — um polimorfismo da monoamina oxidase A chamado MAOA-L, anteriormente (embora de maneira controversa) associado ao comportamento perigoso, "psicopático".

"Contrariamente à prévia discussão na literatura, nossos resultados mostram que esses padrões comportamentais não são necessariamente contraprodutivos", escreveu a equipe de Frydman, "já que, no caso de escolhas financeiras, esses sujeitos se envolveram em comportamentos mais arriscados apenas quando isso era vantajoso."[5]

O próprio Frydman explica melhor. "Se dois jogadores estão contando cartas e um deles faz uma porção de apostas, pode parecer que ele é mais agressivo ou impulsivo. Mas você não sabe que cartas ele está contando — ele pode estar apenas respondendo a boas oportunidades."

Apoio adicional é fornecido pelo estudo de Bob Hare e seus colegas em 2010.[6] Hare aplicou a PCL-R a mais de duzentos altos executivos nos Estados Unidos e comparou a prevalência de traços psicopáticos no mundo corporativo com aquele encontrado na população em geral. Os executivos não apenas se destacaram, como a psicopatia foi positivamente associada a níveis internos de carisma e estilo de apresentação: criatividade, boa estratégia mental e excelente capacidade de comunicação.

E, é claro, há a pesquisa conduzida por Belinda Board e Katarina Fritzon que discutimos no capítulo 1. Board e Fritzon compararam CEOs a internos do Hospital Broadmoor, uma instituição penal de alta segurança no Reino Unido (em cujos detalhes entraremos, bastante literalmente, mais tarde), em um teste de perfil psicológico. Novamente, quando se trata de atributos psicopáticos, os CEOs saem vitoriosos — o que, considerando-se que o Broadmoor abriga alguns dos mais perigosos criminosos ingleses, é bastante impressionante.

Eu disse a Hare que, em anos recentes, o ambiente corporativo, com seus *downsizings*, suas reestruturações, fusões e aquisições, na verdade se tornou uma estufa de psicopatas. Assim como as confusões e incertezas da política fornecem uma excelente placa de Petri para cultivar psicopatia, o mesmo se dá com as águas internacionais do comércio e da indústria.

Ele concorda.

— Eu sempre disse que, se não estudasse psicopatas na prisão, eu os estudaria no mercado de ações — disse ele. — Sem dúvida, há uma proporção maior de grandes psicopatas no mundo corporativo que na população em geral. Você os encontra em qualquer organização na qual sua posição e seu status lhes permitam ter poder e controle sobre outras pessoas, além da possibilidade de ganho material.

Seu coautor no artigo sobre psicopatia corporativa, o nova-iorquino Paul Babiak, psicólogo industrial e organizacional, concorda.

"O psicopata não tem dificuldades para lidar com as consequências das mudanças rápidas. Na verdade, ele ou ela prosperam nesse ambiente", explica ele. "O caos organizacional provê tanto o estímulo necessário para a busca psicopática pela emoção quanto suficiente cobertura para seu comportamento abusivo e manipulativo."[7]

Ironicamente, os indivíduos que não respeitam regras, gostam de assumir riscos, vivem em busca de fortes emoções e foram responsáveis por levar a economia mundial à beira do precipício têm precisamente o mesmo tipo de personalidade dos que se dão bem quando o barco afunda. Assim como Frank Abagnale, eles são ratos que caem no creme, lutam e lutam, e transformam o creme em manteiga.

Champanhe no gelo

As afirmações de Babiak e Hare — assim como as de Board e Fritzon, de natureza demográfica e sociológica — dão muito o que pensar. E, quando colocadas lado a lado com observações mais empíricas, como os fandangos fiscais de neuroeconomistas como Baba Shiv e seus coautores, as correlações da tríade sinistra de Peter Jonason e as maquinações matemáticas de teóricos dos jogos como Andrew Colman, por exemplo, elas mostram, sem sombra de dúvida, que definitivamente há lugar para a psicopatia na sociedade.

Isso explica parcialmente por que ainda existem psicopatas — a inexorável perseverança de seus sombrios e imutáveis fluxos genéticos. E por que o preço das ações evolutivas desse nicho de personalidade permaneceu estável e competitivo ao longo do tempo. Há posições na sociedade, empregos e papéis a desempenhar, que, por sua natureza competitiva, agressiva ou friamente coerciva, requerem que se abra espaço no mercado para precisamente o tipo de imóvel psicológico a cuja chave os psicopatas têm acesso, o tipo que eles têm em oferta em seus brilhantes portfólios neurais. Dado que essas funções — predominantemente por causa de seu risco e estresse inerentes — muitas vezes conferem grande prosperidade, status e prestígio aos indivíduos que as assumem, e que, como Peter Jonason mostrou, os *bad boys* parecem levar a melhor com certas garotas, não surpreende que os genes tenham persistido. Pode-se dizer que, biologicamente, eles valem seu peso em ouro.

É claro que carisma e calma sob pressão também podem ser encontrados entre aqueles que tiram vantagem da sociedade — como os trapaceiros de elite. E, quando combinados com uma genial habilidade para a fraude, isso pode ser devastador.

Veja Greg Morant. Morant é um dos mais elusivos e bem-sucedidos vigaristas americanos. E, quando se trata de psicopatas, ele é um dos cinco mais sedutores e implacáveis que já tive o prazer de conhecer. Eu o encontrei no bar de um hotel cinco estrelas em New Orleans.[8] Somente *depois* de ter comprado uma garrafa de champanhe Cristal de 400 dólares, ele devolveu minha carteira.

"Uma das coisas mais importantes que um malandro deve ter é um bom radar de vulnerabilidade", diz Morant, em um comentário que lembra o trabalho da psicóloga Angela Book. (Como você deve se lembrar do capítulo 1, Book descobriu que psicopatas são melhores que não psicopatas em discernir as vítimas de um ataque violento anterior simplesmente pelo jeito de andar.)

"A maioria das pessoas que você conhece não presta atenção no que diz quando conversa com você. Elas falam e pronto. Mas um malandro precisa estar ligado em tudo. Como na terapia, você está tentando ver o interior da pessoa. Descobrir quem ela é por meio de pequenas coisas. E são sempre as pequenas coisas. O diabo está nos detalhes. Você faz com que elas se abram. Normalmente contando alguma coisa sobre você primeiro: um malandro sempre tem uma história. E então você muda de assunto imediatamente. Ao acaso. Abruptamente. Pode ser qualquer coisa, algum pensamento que ocorreu a você do nada, qualquer coisa que interrompa o fluxo da conversa. Nove vezes em dez a pessoa esquecerá completamente o que acabou de dizer.

"É aí que você pode começar a trabalhar. Não imediatamente, você precisa ser paciente. Um ou dois meses depois. Você modifica o que for, o que quer que ela tenha contado (você tende a saber instantaneamente quais são os pontos de pressão) e então você conta a história como se fosse sua. Bum! Desse ponto em diante, você pode pegar o que quiser.

"Vou dar um exemplo. [Esse cara é] rico, bem-sucedido, trabalha feito um cão. Um dia, quando era criança, ele voltou da escola e descobriu que sua coleção de discos tinha sumido. Seu pai era um vagabundo e tinha vendido a coleção para comprar bebida. Ele tinha a coleção há anos.

"Espera lá", eu penso. "Você está me dizendo isso após três, quatro horas em um bar?" Há alguma coisa aqui. Então eu entendo. É por isso que você trabalha tão duro. É por causa do seu velho. Você está com medo. Sua vida esteve em compasso de espera todos esses anos. Você não é um CEO. Você é aquele garotinho amedrontado. Aquele que um dia vai voltar da escola e descobrir que sua coleção de discos foi pro espaço.

"Meu Deus", eu penso. Isso é hilário! Adivinha? Algumas semanas depois, conto a ele o que aconteceu *comigo*. Como eu cheguei do trabalho uma noite e encontrei minha mulher na cama com o chefe. Como *ela* pediu o divórcio. E levou tudo o que *eu* tinha.

Morant faz uma pausa e serve mais champanhe.

"Pura cascata!", ele ri. "Mas, quer saber? Eu fiz um favor àquele cara. Acabei com o sofrimento dele. O que é mesmo que dizem, que o melhor modo de vencer seus medos é enfrentá-los? Bom, alguém tinha de bancar o papai."

As palavras de Morant são assustadoras. Ainda mais quando você as ouve em primeira mão. Cara a cara. Eu me lembro distintamente de nosso encontro em New Orleans. E de como me senti na ocasião. Violado, mas cativo. Fascinado, mas incomodado — muito como os médicos e agentes da lei que Reid Meloy entrevistou no capítulo 1. A despeito do estilo e da aura de iatista milionário, eu tinha poucas ilusões sobre o tipo de homem com quem estava lidando. Ali, em toda sua glória, estava um psicopata. Um predatório camaleão social. Enquanto o champanhe fluía e o lento crepúsculo sulista faiscava em seu Rolex, ele podia colonizar seu cérebro sinapse por sinapse, sem derramar uma gota de suor. E sem você perceber.

No entanto, como psicólogo, eu vi a simples e implacável genialidade do que Morant dizia. Seu *modus operandi* obedece estritamente a princípios científicos. As pesquisas mostram que um dos melhores modos de fazer com que alguém fale sobre si mesmo é contar algo sobre você.[9] Confidência gera reciprocidade. As pesquisas também mostram que, se você quer impedir alguém de se lembrar de algo, a chave é usar distração.[10] E, acima de tudo, usá-la rápido.* E, em psicologia clínica, chega um momento em virtualmente qualquer intervenção terapêutica no qual o terapeuta encontra ouro: descobre uma época, um momento definidor ou incidente que ou precipita o problema subjacente, ou o encapsula, ou ambos. E isso não se aplica apenas à disfunção.[11] Estruturas nucleares da personalidade, estilos interpessoais, valores pessoais — todas essas coisas frequentemente se revelam melhor nas letras miúdas da vida das pessoas.

"Sempre que entrevista alguém, você está buscando pelo aparentemente inconsequente", diz Stephen Joseph, professor de psicologia, saúde e assistência social no Centro para Trauma, Resistência e Crescimento da Universidade de Nottingham. "A briga com o Brian da Contabilidade dez anos atrás. O dia em que o professor disse que você estava atrasado e não podia participar. Ou quando você fez todo o trabalho e aquele fulano levou o crédito. Você está procurando por agulhas, não pela palha. O fragmento de vida preso nas profundezas do cérebro."

Eu, fazer todo o trabalho e outra pessoa levar o crédito? É claro que não.

---

* Em 1950, os estudiosos de memória americanos John Brown e Lloyd e Margaret Peterson conduziram estudos nos quais os participantes recebiam grupos de letras para memorizar e, ao mesmo tempo ou imediatamente após, sofriam uma distração numérica. Por exemplo, indivíduos que deveriam se lembrar de uma sílaba de três letras imediatamente eram apresentados a um número aleatório de três dígitos (digamos, 806) e deveriam contar de trás para a frente e de três em três a partir dele. Então, a intervalos variados, pedia-se que eles se lembrassem das letras que haviam recebido. Um grupo de controle recebeu as letras sem distração. Que grupo se saiu melhor em relembrar? Correto: o grupo que não foi distraído. Na verdade, para o grupo que *foi* distraído, a memória foi completamente apagada após apenas 18 segundos (Brown 1958; Peterson & Peterson, 1959).

A verdade sobre a mentira

Trapaceiros profissionais e agentes secretos são duas faces da mesma moeda, se levarmos em conta a opinião de uma figura graduada da segurança nacional inglesa com quem conversei. Ambos, disse ela, baseiam-se na habilidade de se passar por quem não são, na facilidade de pensar rapidamente e na capacidade de navegar agilmente pelas teias da trapaça.

Eu ficaria surpreso se Eyal Aharoni discordasse. Em 2011, Aharoni, pós-doutorando em psicologia na Universidade do Novo México, fez uma pergunta que, por mais que seja difícil de acreditar, ninguém fizera antes. Se, em certas condições, a psicopatia realmente é benéfica, então ela o torna um criminoso melhor?[12]

Para descobrir, ele enviou um questionário a trezentos prisioneiros de várias penitenciárias de segurança média ao redor do estado. Computando um placar de "competência criminal" para cada prisioneiro ao comparar o número de crimes cometidos com o número total de não condenações (por exemplo: sete não condenações em um total de dez crimes = taxa de sucesso de 70%), Aharoni descobriu algo interessante: a psicopatia realmente é capaz de prever o sucesso criminal.

Há um limite, no entanto. Uma dose muito alta de psicopatia (todos os botões girados até o máximo) é tão ruim quanto uma dose baixa. São os níveis moderados que garantem as melhores "realizações".

Precisamente *como* a psicopatia torna alguém um criminoso melhor é algo aberto ao debate. Por um lado, psicopatas são mestres em se manter calmos sob pressão, o que pode lhes dar uma vantagem em um carro de fuga ou na sala de interrogatório. Por outro, eles também são implacáveis e podem intimidar testemunhas a fim de que não revelem provas. Mas, igualmente plausível, e igualmente adequado a espiões e trapaceiros, é que, assim como são implacáveis e sem medo, psicopatas também possuem outro e mais refinado talento pessoal.

Exatamente como os melhores jogadores de pôquer do mundo, eles também podem ser melhores em controlar suas emoções que os outros, quando as apostas são altas e eles estão contra a parede — o que lhes daria vantagem não apenas fora do tribunal, quando estão planejando e executando seus nefários esquemas e atividades, mas também dentro dele.

Até 2011, as provas dessa afirmação eram amplamente circunstanciais. Helinä Häkkänen-Nyholm, psicóloga da Universidade de Helsinque, observou, com Bob Hare, que criminosos psicopatas frequentemente parecem mais convincentes que criminosos não psicopatas quando se trata de expressar remorso.[13] O que é estranho, para dizer o mínimo, porque é algo que eles são incapazes de sentir. Mas uma rápida olhada no contexto dessas observações — no tribunal, logo antes da sentença; no tribunal, para apelar da sentença; e, diante de psicólogos e administradores de prisão, durante audiências de condicional — levantou as suspeitas do psicólogo Stephen Porter. A questão era a "autenticidade afetada". Deixando o remorso de lado, Porter se perguntou, seriam os psicopatas simplesmente melhores em fingir?[14]

Porter e seus colegas criaram um engenhoso experimento. Voluntários receberam uma série de imagens designadas para evocar emoções diversas e responderam a cada uma delas com uma expressão genuína ou falsa. Mas havia um porém. Conforme os participantes observavam as imagens emocionalmente carregadas, Porter os filmou à velocidade de trinta quadros por segundo e então examinou as gravações quadro a quadro. Isso permitiu que, nos momentos "fingidos", ele captasse a presença de lampejos fisiognômicos chamados "microexpressões": manifestações transitórias de emoções verdadeiras, inalteradas — invisíveis, em tempo real e a olho nu, para a maioria das pessoas —, que passam imperceptivelmente pelas persianas da dissimulação consciente.

Porter queria saber se os participantes que exibiam altos níveis de psicopatia seriam melhores em disfarçar a verdadeira natureza de seus sentimentos que aqueles com baixos níveis.

A resposta, inequivocamente, é sim. A presença (ou ausência) de traços psicopáticos foi significativamente proporcional ao grau de emoção inconsistente observada nas expressões fingidas. Psicopatas foram muito mais convincentes em fingir tristeza olhando para uma imagem feliz ou fingir felicidade olhando para uma imagem triste que os não psicopatas.* Não somente isso, como eles se saíram tão bem quanto os voluntários com alta pontuação em inteligência emocional.

---

* De forma bastante intrigante, Sabrina Demetrioff, uma das alunas de Porter, também descobriu que os psicopatas são melhores em decodificar microexpressões do que as pessoas normais.

Como disse alguém uma vez, se você pode fingir sinceridade, você *realmente* está feito.

O neurocientista cognitivo Ahmed Karim levou as coisas um passo além — e, com a ajuda de alguma mágica eletromagnética, pôde melhorar significativamente as possibilidades de carreira tanto dos trapaceiros *quanto* dos agentes secretos. Karim e seu time de pesquisadores da Universidade de Tübingen, na Alemanha, podem torná-lo um mentiroso melhor.[15] Em um experimento no qual voluntários fingiam roubar dinheiro de um escritório e então eram interrogados por um pesquisador agindo como policial (como incentivo para enganar o detetive, os pretensos "ladrões" podiam ficar com o dinheiro se conseguissem), Karim descobriu que a aplicação da técnica conhecida como estimulação magnética transcraniana (*transcranial magnetic stimulation*, TMS)* à parte do cérebro implicada nas tomadas de decisão morais, o córtex anterior pré-frontal, elevou o quociente de mentira dos participantes. Ela lhes deu QM mais altos.

Por que isso acontece não é imediatamente óbvio, e os pesquisadores estão estudando as opções. Mas uma possibilidade é que a inibição do córtex pré-frontal induzida por TMS crie uma zona neural de interdição sobre a consciência, poupando o mentiroso das distrações do conflito moral.

Essa hipótese, se correta, seria consistente com as pesquisas sobre psicopatas. Sabemos, de estudos anteriores, que psicopatas apresentam redução de massa cinzenta no córtex pré-frontal anterior — e análises recentes usando o imageamento por tensor de difusão (DTI), ** conduzidas por Michael Craig

---

* A TMS é um método não invasivo de estimulação temporária do cérebro, a fim de interromper o processamento cortical e assim investigar os efeitos de excitar ou inibir rotas neurais selecionadas.

** O DTI mapeia o movimento das moléculas de água no cérebro. Na maior parte do tecido cerebral, assim como na maior parte de todos os outros tipos de tecido, a difusão das moléculas de água é multidirecional. Nos trechos de massa branca — os feixes de fibras que conduzem impulsos elétricos entre diferentes áreas do cérebro —, contudo, as moléculas de água tendem a se difundir ao longo do comprimento dos axônios, os longos e delgados filamentos que se projetam da base de cada neurônio, conduzindo impulsos elétricos das células do corpo até as sinapses com células receptoras. Axônios possuem uma camada isolante e "impermeabilizante" de branca e gordurosa mielina — que é o que torna branca a massa branca — que pode variar em espessura. Assim, analisando a taxa e a direção da difusão de água, os pesquisadores conseguem criar imagens "virtuais" dos axônios, inferir a espessura das capas brancas de mielina e avaliar sua integridade estrutural.

e seus colegas no Instituto de Psiquiatria de Londres, também revelaram reduzida integridade do fascículo uncinado, o trato axonal (uma espécie de aqueduto neural) que conecta o córtex pré-frontal à amídala.[16]

Psicopatas, em outras palavras, não possuem apenas um talento natural para a duplicidade. Eles também sentem consideravelmente menos a "fisgadela moral" que o resto de nós. O que nem sempre é uma coisa ruim, quando a situação é desesperadora e você precisa tomar decisões sob fogo cerrado.

No frio do momento

É claro que não são apenas os mentirosos que se beneficiam de uma moralidade escassa. Os desafios éticos podem ser encontrados em todos os caminhos da vida, não somente em cassinos e tribunais. Veja, por exemplo, esse diálogo retirado do filme *O amante da guerra*, de 1962.

> *Tenente Lynch*: E quanto a Rickson? Nunca sabemos o que ele vai aprontar em seguida. Podemos nos permitir esse tipo de piloto? Podemos nos permitir abrir mão dele? Qual sua opinião, doutor?
>
> *Capitão Woodman*: Rickson é um exemplo da linha tênue que separa o herói do psicopata.
>
> *Tenente Lynch*: E em que lado da linha você acha que Rickson está?
>
> *Capitão Woodman*: O tempo vai dizer. Suponho que estamos nos arriscando... mas essa é a natureza da guerra.

O amante da guerra, ambientado na Segunda Guerra Mundial, traz um personagem chamado Buzz Rickson, um arrogante e destemido piloto de B-17, cuja genialidade em combate aéreo fornece a perfeita válvula de escape para seu lado sombrio, implacável e amoral. Quando uma missão de bombardeio é abortada em razão de condições climáticas adversas, Rickson, festejado por sua tripulação por suas diabólicas habilidades de voo, desobedece à ordem de retornar, voando sob a cobertura das nuvens para entregar sua carga mortal. Mas outro bombardeiro não consegue voltar para a base.

Os instintos elementares e predatórios de Rickson exultam no teatro de guerra. Quando seu comandante o designa para um voo de rotina lançando panfletos de propaganda, ele protesta dando um rasante sobre o campo de pouso, gerando o diálogo acima entre seu navegador e o cirurgião da base.

Como disse o capitão Woodman, existe uma linha tênue entre o herói e o psicopata. E frequentemente isso depende de quem a desenha.

Personagens como Rickson não existem apenas nos filmes. Dos vários soldados das Forças Especiais que testei até agora, todos tiveram pontuações altas no PPI. O que não é realmente uma surpresa, dadas algumas das coisas que eles têm de enfrentar. Como disse um deles, com característico eufemismo, "os garotos que derrubaram Bin Laden não estavam jogando paintball".

Essa calma e esse foco sob fogo são ilustrados em um estudo conduzido pelo psicólogo e neurocientista Adrian Raine e seus colegas da Universidade do Sul da Califórnia, em Los Angeles. Raine comparou o desempenho de psicopatas e não psicopatas em uma tarefa simples de aprendizado e descobriu que, quando erros são punidos com um choque elétrico doloroso, psicopatas são mais lentos em compreender a regra que não psicopatas.[17] Mas isso é apenas metade da história. Quando o sucesso é recompensado com ganho financeiro, além da ausência de choques, os papéis se invertem. Agora os psicopatas são mais rápidos em aprender.

A evidência é bastante clara. Se os psicopatas podem "se sair bem" da situação, se há qualquer tipo de recompensa em oferta, eles vão atrás: sem consideração pelo risco ou por possíveis consequências negativas. Eles não apenas mantêm a compostura na presença de ameaça ou adversidade, eles se tornam, à sombra dessa perspectiva, afiadíssimos em sua capacidade de "fazer o que for preciso".

Pesquisadores da Universidade Vanderbilt cavaram um pouco mais fundo e deram uma olhada no modo como o impassível e predatório foco dos psicopatas é espelhado em seus cérebros.[18] O que eles descobriram trouxe uma luz completamente diferente à provável sensação de ser um psicopata e, assim, abriu uma perspectiva completamente nova no que precisamente os faz tiquetaquear. Na primeira parte do estudo, voluntários foram divididos em dois grupos: aqueles que exibem altos níveis de traços psicopáticos e aqueles com baixos níveis. Os pesquisadores então deram aos dois grupos uma dose de anfetamina e, usando tomografia por emissão de pósitrons (PET),* escrutinaram seus cérebros para ver o que se revelaria.

"Nossa hipótese era que [alguns] traços psicopáticos [impulsividade, elevada atração por recompensas e aceitação dos riscos] estavam [...] ligados a uma disfunção no circuito de recompensa da dopamina", elucida Joshua Buckholtz, autor principal do estudo, "e que, por causa dessas exageradas respostas de dopamina, uma vez que estão concentrados na chance de obter uma recompensa, os psicopatas são incapazes de alterar sua atenção até conseguirem o que estão buscando."

Ele não estava longe da verdade. Coerente com tal hipótese, os voluntários com altos níveis de traços psicopáticos liberaram quatro vezes mais dopamina em resposta ao estimulante do que os voluntários com baixos níveis.

Mas isso não foi tudo. Um padrão similar de atividade cerebral foi observado na segunda parte do experimento, no qual, em vez de receberem anfetamina, foi dito aos voluntários que, se completassem uma tarefa simples, receberiam uma recompensa monetária. (Nota aos pesquisadores: se vocês precisarem de mais voluntários, me chamem!) Na mosca. A ressonância magnética funcional revelou que aqueles indivíduos com elevados traços psicopáticos exibiram significativamente mais atividade em seus *nucleus accumbens*, a área de recompensa por dopamina do cérebro, do que os com pontuação baixa em psicopatia.

"Há uma longa tradição na pesquisa sobre psicopatia que se centra na falta de sensibilidade à punição e na ausência de medo", comenta David Zald, professor associado de psicologia e psiquiatria e coautor do estudo. "Mas esses

---

* O PET permite que os pesquisadores obtenham imagens de atividade neuroquímica discreta em áreas selecionadas do cérebro enquanto os pacientes estão envolvidos em diferentes atividades, pensamentos ou emoções. Para fazer isso, eles injetam uma dose inócua e de curta duração de corante radioativo na corrente sanguínea do voluntário e então traçam o destino do corante, mapeando os padrões de radiação emitidos na forma de raios gama.

traços não são previsores particularmente bons de violência ou de comportamento criminoso. [...] Esses indivíduos parecem ser tão fortemente atraídos pela recompensa — pela cenoura — que isso subjuga seu senso de risco ou sua preocupação com o porrete. [...] Não é somente que eles não valorizem a ameaça potencial. É que a antecipação ou motivação pela recompensa subjuga essas preocupações."[19]

Evidências corroborativas vêm da linguística forense. O modo como um assassino descreve seu crime depende de que tipo de assassino ele é. Jeff Hancock, professor de computação e ciência da informação na Universidade de Cornell, e seus colegas da Universidade da Colúmbia Britânica compararam os relatos de assassinos do sexo masculino, sendo 14 psicopatas e 38 não psicopatas, e descobriram diferenças notáveis, não somente em relação à pixelização emocional (os psicopatas usaram duas vezes mais palavras relacionadas a necessidades físicas, como comida, sexo ou dinheiro, do que os não psicopatas, que enfatizaram necessidades sociais como família, religião e espiritualidade), mas também em justificativas pessoais.[20]

Análises computadorizadas de gravações transcritas revelaram que assassinos psicopatas usam mais conjunções como "porque", "desde que" e "portanto" em seus testemunhos, implicando que o crime "tinha de ser cometido" para atingir um objetivo particular. Curiosamente, eles também tendem a incluir detalhes do que comeram no dia do assassinato — maquinações espectrais da predação primordial?

Seja como for, a conclusão não deixa dúvidas. O psicopata busca recompensas a qualquer custo, desprezando consequências e riscos. O que, é claro, pode explicar parcialmente por que Belinda Board e Katarina Fritzon encontraram maior preponderância de traços psicopáticos entre uma amostra de altos executivos do que entre os internos de uma unidade de detenção. Dinheiro, poder, status e controle, cada um deles prerrogativa de um típico diretor de empresa e uma disputada *commodity* em si, juntos constituem uma atração irresistível para o psicopata orientado para os negócios, enquanto ele ou ela se aventuram ainda mais alto nos degraus da escada corporativa. Lembre-se da consumada e profética advertência de Bob Hare: "Você os encontrará [psicopatas] em qualquer organização na qual sua posição e seu status lhes deem poder e controle sobre outros, além da chance de ganho material."

Às vezes, eles fazem um bom trabalho. Mas, às vezes, inevitavelmente não. E, de modo bastante previsível, se a recompensa ética sai do alcance das mãos, a prosperidade pode facilmente se transformar em ruína. Buzz Ricksons arrogantes e destemidos podem ser encontrados em praticamente qualquer área. Inclusive, por estranho que pareça, no setor bancário.

Rickson, por falar nisso, morre no fim: ao se chocar, em uma inglória bola de chamas, contra os brancos rochedos de Dover.

Leitura a quente

Tradicionalmente, o destemor e o foco dos psicopatas têm sido atribuídos a deficiências no processamento emocional, mais especificamente a uma disfunção na amídala. Até recentemente, isso levou os pesquisadores a acreditar que, além de não "toparem" o medo, eles tampouco "topavam" a empatia. Mas um estudo de 2008 conduzido por Shirley Fecteau e seus colegas do Beth Israel Deaconess Medical Center, em Boston, jogou uma luz completamente diferente sobre o assunto, afirmando que psicopatas não somente possuem a capacidade de reconhecer emoções como, na verdade, são melhores nisso do que nós.

Fecteau e seus colegas usaram a TMS para estimular o córtex somatossensorial (a parte do cérebro que processa e regula as sensações físicas) no cérebro de voluntários com altas pontuações no PPI.[21] Pesquisas anteriores mostraram que observar algo doloroso acontecendo com outra pessoa resulta em uma temporária diminuição da excitação neural em resposta à TMS na área do córtex somatossensorial correspondente à região afligida pela dor: o trabalho de estruturas altamente especializadas, e habilmente nomeadas, chamadas neurônios espelhos.[22] Se psicopatas não possuem a capacidade de sentir empatia, raciocinou Fecteau, então tal atenuação na resposta neural deveria ser reduzida nos indivíduos com altas pontuações no PPI, comparada à resposta daqueles com pontuações baixas a normais — exatamente do mesmo modo que psicopatas apresentam menor contágio de bocejos que a maioria dos membros normais da população.*[23]

Mas os pesquisadores estavam prestes a ter uma surpresa. Para seu espanto, Fecteau e sua equipe descobriram o oposto do que esperavam. Indivíduos com altas pontuações no PPI — especificamente, aqueles que tiveram altas pontuações na subescala "frieza emocional" do questionário — mostraram maior atenuação da resposta TMS do que os com baixas pontuações, sugerindo que psicopatas, em vez de serem incapazes de reconhecer emoção, na verdade têm talento para isso, e que o problema reside não no reconhecimento da emoção em si, mas na dissociação entre seus componentes afetivos e sensoriais: na desconexão entre *saber* o que é uma emoção e ser capaz de *senti-la*.

A psicóloga Abigail Baird descobriu algo similar. Em uma tarefa de reconhecimento de emoções, utilizando ressonância magnética funcional, ela descobriu que, enquanto voluntários com altas pontuações no PPI demonstraram reduzida atividade da amídala ao combinar faces e expressões emocionais similares (consoante com uma deficiência no processamento emocional), eles também demonstraram atividade aumentada nos córtices visual e pré-frontal dorsolateral — indicando que "participantes com altas pontuações utilizam regiões associadas à percepção e à cognição para realizar a tarefa de reconhecimento emocional".[24]

Um psicopata com quem falei expôs a coisa desta forma: "Até mesmo os daltônicos sabem quando parar no semáforo. Você ficaria surpreso. Eu tenho superficialidades profundas."

Ou, como Homer Simpson nos lembra, não se importar e não entender são duas coisas completamente diferentes.

É claro que a acentuada capacidade dos psicopatas de reconhecer emoção em outras pessoas pode explicar parcialmente suas habilidades superiores

---

* O contágio de bocejos indica uma profunda conexão física entre humanos ou outros animais e mesmo, em alguns casos, entre humanos *e* outros animais. Cachorros pegam bocejos de seus donos e chimpanzés pegam bocejos de seus tratadores. O consenso geral aventa duas possibilidades. Indivíduos com problemas de empatia demonstram baixo contágio de bocejos, ou porque não prestam atenção nos bocejos dos outros ou porque não são afetados por eles. Eu e meu colega Nick Cooper estamos testando o bocejo reflexo em psicopatas, em um estudo atualmente em curso na Suécia.

de persuasão e manipulação, assim como sua acentuada habilidade de fingir emoção: um fenômeno que abordamos mais cedo neste capítulo. Mas a capacidade de separar a empatia sensorial "fria" da empatia emocional "quente" também tem outras vantagens — notadamente em arenas nas quais se precisa preservar certo grau de distanciamento afetivo entre o praticante e sua prática, como a profissão médica.

Veja o que um dos maiores neurocirurgiões do Reino Unido tem a dizer sobre o que sente antes de entrar na sala de cirurgia:

"Se eu fico nervoso antes de uma operação importante? Não, não diria isso. Mas acho que é como em qualquer desempenho. Você precisa estar estimulado. E precisa se manter concentrado e focado no que está fazendo, não se distrair. Você tem de fazer direito.

"Há pouco você mencionou as Forças Especiais. Na verdade, a mentalidade de um cirurgião e a de um soldado de elite prestes a atacar um edifício ou avião possivelmente são bastante similares. Em ambos os casos, o 'trabalho' é chamado de operação. Em ambos os casos, você se 'equipa' e veste uma máscara. E, em ambos os casos, todos os anos de prática e treinamento jamais conseguem prepará-lo completamente para o elemento de incerteza quando você faz a primeira incisão; aquele emocionante momento de 'entrada explosiva', quando você afasta a pele e subitamente percebe que... está DENTRO.

"Qual a diferença entre uma margem de erro de 1 milímetro quando se trata de acertar um tiro na cabeça de alguém e uma margem de erro de 1 milímetro quando se trata de achar seu caminho entre duas artérias cruciais? Em ambos os casos, você segura vida e morte nas mãos e precisa tomar uma decisão gloriosa ou fatal. Em cirurgia, bastante literalmente, no fio da navalha."

Esse cara teve uma pontuação bastante acima da média no PPI. E, se isso é de surpreender, vindo de um dos melhores neurocirurgiões do mundo, pense novamente. Yawei Cheng, da Universidade Nacional Yang-Ming, em Taiwan, e seus colaboradores escolheram um grupo de médicos com ao menos dois anos de experiência em acupuntura e um grupo de profissionais de áreas não relacionadas à medicina e, usando ressonância magnética funcional, deram uma espiada em seus cérebros para ver o que acontecia quando eles viam agulhas sendo inseridas em bocas, mãos e pés.[25] O que observaram foi bastante interessante. Quando os voluntários do grupo de controle assistiram a vídeos de agulhas sendo inseridas, as áreas de seus córtices somatossensoriais correspondentes às regiões relevantes do corpo se acenderam feito árvores de Natal, assim como outras áreas do cérebro, como a substância cinzenta periaquedutal (coordenadora da resposta de pânico) e o córtex cingulado anterior (que regula erros, anomalias e processamento da dor).

Por outro lado, houve apenas uma centelha de atividade relacionada à dor no cérebro dos especialistas. Em vez disso, eles exibiram acentuada ativação dos córtices pré-frontais médio e superior, assim como da junção temporal parietal: regiões do cérebro envolvidas na regulação das emoções e na teoria da mente.*

Além disso, na avaliação dos especialistas, as exibições de acupuntura foram significativamente menos desagradáveis do que na avaliação do grupo de controle — evocando as numerosas descobertas de laboratório, demonstrando respostas fisiológicas atenuadas (como número de batimentos cardíacos, resposta galvânica da pele e níveis de cortisol) em psicopatas na apresentação de estímulos assustadores, repugnantes ou eróticos e na presença de árduos testes de estresse social, como o Trier.**[26]

Aquilo que os especialistas adquirem por meio da experiência, os psicopatas possuem desde o início.

Psicopata light?

Pouco depois de me deparar com o estudo de Yawei Cheng, entrei em um avião para Washington e fui ao Instituto Nacional de Saúde Mental a fim de me encontrar com James Blair. Blair é um dos maiores especialistas mundiais em psicopatas e, como Joe Newman, já viu praticamente de tudo.

---

* Falando de maneira geral, a teoria da mente se refere à capacidade de ver, tanto no sentido cognitivo quanto no emocional, de onde os outros "estão vindo".
** O Teste Trier de Estresse Social tipicamente envolve voluntários com apenas um breve período de tempo para preparar uma falsa exposição oral, durante a qual acreditam que passarão por vários tipos de escrutínio profissional, como análise de frequência da voz e das habilidades de comunicação não verbal.

— Vale a pena ser psicopata? — perguntei a ele. — Ok, talvez não todo o tempo. Mas às vezes, quando a situação exige?

Blair foi cauteloso. Essa é uma estrada perigosa. — É verdade que, se coisas ruins acontecem, o indivíduo com psicopatia pode se preocupar menos — ele me disse. — Contudo, não está claro se sua tomada de decisão nessas situações seria particularmente boa. Além disso, sem analisar apropriadamente os níveis de ameaça, ele pode caminhar para o perigo, em vez de para longe dele.

Em outras palavras, se pudéssemos aquecer o raciocínio um pouquinho, retirar um pouco da frieza da lógica, então sim, traços psicopáticos poderiam conferir vantagens. Senão, esqueça.

Mas espere um pouco. Não é precisamente isso que encontramos nos heróis deste mundo? Ninguém *os* acusaria de tomar decisões ruins. E quanto ao desempenho dos "psicopatas funcionais" de Bechara, Shiv e Loewenstein? E os apostadores de alto risco de Frydman? (Ok, carregar o polimorfismo MAOA-L associado ao risco e à agressão não automaticamente qualifica alguém como psicopata. Mas a conexão certamente está lá.) Da maneira como as coisas se mostraram, a decisão deles nessas circunstâncias provavelmente teria sido melhor que a sua ou a minha.

Talvez seja isso. Talvez a equação só precisasse de um ajuste para menos:

Psicopata funcional = Psicopata – Decisões ruins

Para ter uma segunda opinião, procurei o caçador de psicopatas Kent Kiehl. Kiehl é professor associado de psicologia e neurociência na Universidade do Novo México e diretor do Núcleo de Ressonância Magnética Móvel e Neurociência Cognitiva Clínica da Rede de Pesquisa da Mente em Albuquerque. Como seus cargos sugerem, ele estava bastante ocupado quando nos encontramos.

Na verdade, Kiehl estava na estrada quando nos encontramos. E ainda está. Não em um tipo habitual de viagem, mas uma envolvendo um caminhão de dezoito rodas: um veículo tão grande que sempre que estaciona eu fico impressionado com o fato de não precisar de um alvará de construção. Ele certamente precisa de um alvará de *ressonância* — dentro do caminhão há um aparelho de ressonância magnética funcional feito por encomenda, no valor de 2 milhões de dólares. E Kiehl o vem arrastando por todo o Novo México, a várias penitenciárias estaduais, em uma tentativa de desvelar a base neural da psicopatia.

Perguntei a ele o mesmo que perguntara a James Blair. Em certas ocasiões, vale a pena ser psicopata? Kiehl, como Blair, manteve-se circunspecto.

— Certamente faz sentido o fato de traços psicopáticos serem normalmente distribuídos entre a população em geral — ele me disse. — Mas a diferença com aqueles no outro lado do espectro é que eles não podem desligar [a ausência de medo] nas situações em que ela pode não ser apropriada. Um executivo pode não ter aversão ao risco em certas áreas de seus negócios, mas, por outro lado, provavelmente não gostaria de andar em uma rua perigosa no meio da noite. Um psicopata não é capaz de fazer essa distinção. Com um psicopata, é tudo ou nada.

O que acrescenta um terceiro fator à equação:

$$\text{Psicopata funcional} = (\text{Psicopata} - \text{Decisões ruins}) / \text{Contexto}$$

O que significa, álgebra à parte, que a psicopatia funcional depende do contexto. Na linguagem da teoria da personalidade, isso é sinônimo de "estado", em oposição a "traço". E, no cenário correto de circunstâncias, pode aumentar, em vez de diminuir, a velocidade e a qualidade das tomadas de decisão.

Nos anos 1980, o sociólogo John Ray chegou a uma conclusão similar. Ray postulou uma função em forma de U invertido como o modelo mais conveniente da relação entre psicopatia e uma vida de sucesso (ver Figura 4).[27] Em suas próprias palavras:

> Níveis extremamente altos ou extremamente baixos de psicopatia podem ser mal-adaptativos, enquanto a maioria dos níveis intermediários é adaptativa. A base para dizer que altos níveis de psicopatia são mal-adaptativos são os problemas nos quais psicopatas clínicos se envolvem frequentemente. A base para dizer que baixos níveis de psicopatia também podem ser mal-adaptativos vem da observação do papel da ansiedade na psicopatia: psicopatas não parecem demonstrar nenhuma ansiedade. A função debili-

tante dos altos níveis de ansiedade dificilmente precisa ser enfatizada. Em uma população normal e não institucionalizada, portanto, essa relativa imunidade à ansiedade pode fornecer uma vantagem aos psicopatas.[28]

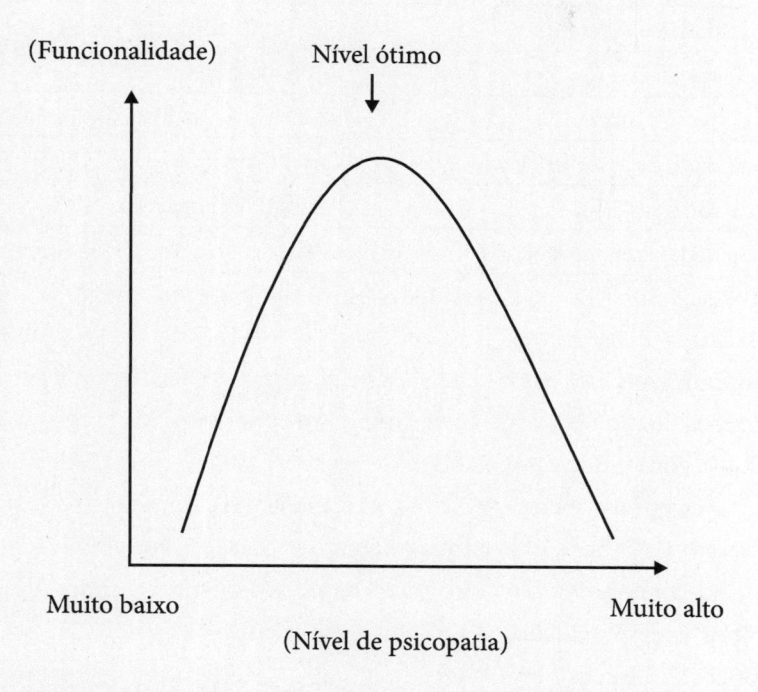

Figura 4. A relação entre psicopatia e funcionalidade (Ray & Ray, 1982).

Ironicamente, foi precisamente isso que Eyal Aharoni descobriu entre as fraternidades criminosas. Altos ou baixos níveis de psicopatia não determinavam sucesso criminoso — mas sim os níveis moderados: algo que não escapou à atenção de Bob Hare e Paul Babiak em sua pesquisa na área da psicopatia corporativa.

Hare e Babiak desenvolveram um instrumento chamado Business Scan (abreviado como B-Scan): um questionário com quatro subescalas (estilo pessoal, estilo emocional, eficácia organizacional e responsabilidade social) especialmente calibrado para avaliar a presença de traços psicopáticos não na população encarcerada (como a PCL-R) ou na população em geral (como o PPI), mas exclusivamente no ambiente corporativo (ver Tabela 4.1 a seguir).[29]

Traço de liderança	Traço psicopático
Carisma	Charme superficial
Autoconfiança	Grandiosidade
Capacidade de influenciar	Manipulação
Persuasão	Arte da trapaça
Pensamento visionário	Fabricação de histórias intricadas
Capacidade de assumir riscos	Impulsividade
Orientado para a ação	Busca de excitação
Capacidade de tomar decisões difíceis	Pobreza emocional

Tabela 4. *O B-Scan: traços de liderança e seus equivalentes psicopáticos.*

Nesse ambiente, traços psicopáticos podem por vezes se transformar nas celebradas qualidades de um líder influente e, para avaliar a presença desses traços — com a devida sensibilidade ao contexto —, torna-se imperativo fazer as perguntas corretas e empregar fraseologia e linguagem adequadas. O objetivo do B-Scan é fazer justamente isso, descrevendo itens dentro da estrutura corporativa e os redigindo na terminologia cotidiana de negócios (por exemplo: "Não há problema em mentir para fechar o negócio" — concordo/discordo em uma escala de 1 a 4). No momento, estamos no processo de traduzi-lo para uma amostra independente de advogados, corretores de valores e soldados das Forças Especiais no Reino Unido, para ver precisamente do que são feitos: uma espécie de biópsia psicológica de várias profissões de alta octanagem.

Em um café no norte do estado de Nova York, no fim da rua onde está situada a empresa de consultoria em liderança e gestão de Babiak, relato uma conversa que tive certa vez com um membro do conselho jurídico da rainha da Inglaterra em seu gabinete no centro de Londres.

— No tribunal, eu literalmente acabei com algumas pessoas — disse-me ele —, crucifiquei essas pessoas no banco de testemunhas. Não tenho nenhum problema em levar uma pretensa vítima de estupro às lágrimas. Sabe por quê? Porque esse é meu trabalho. É isso que meus clientes me pagam para fazer. E, no fim do dia, posso pendurar minha beca e minha peruca, ir ao restaurante com minha esposa e não dar a mínima, mesmo sabendo que o que aconteceu antes possivelmente arruinou a vida daquela moça.

— Mas, se minha esposa compra um vestido na loja, perde o recibo e me pede que devolva, é uma história completamente diferente. Odeio fazer esse tipo de coisa. Não levo o menor jeito. Sou um verdadeiro molenga.

Babiak aquiesce. Ele sabe exatamente aonde quero chegar. É exatamente onde o B-Scan foi designado a chegar. Tomamos nossos cafés e contemplamos o rio Hudson. Acima da água cinzenta, vastos continentes de nuvens se amontoam lenta e implacavelmente contra um céu baixo e tectônico.

— O que você acha? — pergunto a ele. — Vamos encontrar uma pontuação ótima no B-Scan? Um número dourado relacionado a desempenhos de ponta?

Ele dá de ombros. — Podemos. Mas acho que provavelmente será mais como uma faixa de variação. E ela pode mudar ligeiramente, dependendo da profissão.

Concordo. Penso em Johnny e em onde *ele* estaria na escala. James Bond tinha licença para matar. Mas não matava indiscriminadamente. Ele matava quando precisava. Sem pestanejar.

Louco, mau... ou superlúcido?

Para concluir, expus minha teoria sobre a psicopatia funcional a um amigo meu. Tom é membro das Forças Especiais Inglesas e trabalhou disfarçado em alguns dos mais remotos e perigosos lugares do planeta.

Ele adorou cada minuto.

Falo a ele sobre os jogos de apostas, as tarefas de reconhecimento de emoções, o incrementador de mentiras magnético transcraniano de Ahmed Karim e os acupunturistas. E conto o que James Blair, Kent Kiehl, Bob Hare, Paul Babiak e Peter Jonason disseram.

— O que exatamente você quer dizer? — ele me pergunta quando finalmente digo que usar óculos de visão noturna e lutar à faca contra o Talibã em profundos e sombrios complexos de cavernas nas montanhas do norte do Afeganistão pode não ser a ideia de diversão de todo soldado. — Que eu sou maluco? Que sou algum tipo de avoado que ousa correr por onde os anjos temem andar? E adoro isso? Sou pago pra isso?

Quando consigo escapar da chave de braço, Tom me conta uma história. Uma noite, há alguns anos, ele estava voltando ao seu apartamento depois de ter visto o filme *Jogos mortais*. Subitamente, surge um cara com uma faca. A namorada de Tom ficou aterrorizada e começou a hiperventilar. Mas Tom calmamente desarmou o cara e o mandou dar o fora.

— O engraçado — disse Tom — é que eu achei o filme bem assustador. Mas, quando subitamente me vi em uma situação da vida real, sei lá, foi como se alguém apertasse um botão. Não havia mais nada. Nada de nervosismo. Nada de drama. Nada.

O neurocirurgião que conhecemos mais cedo concorda. A *Paixão segundo São Mateus*, de Bach, sempre o faz chorar. E, quando se trata de futebol e do time para o qual torce desde criança, às vezes ele nem consegue olhar.

— Psicopata? Não tenho certeza. Não sei o que meus pacientes pensariam disso! Mas é uma boa palavra. Mas, sim, quando você está se escovando antes de uma operação difícil, é verdade: uma espécie de gelo começa a correr por suas veias. A única maneira que encontro para descrever é comparar com uma bebedeira. Mas uma bebedeira que aguça, em vez de entorpecer os sentidos; um estado alterado de consciência que se alimenta de precisão e claridade, em vez de confusão e incoerência. Talvez "superlúcido" fosse um jeito melhor de descrever. Menos sinistro. Mais, sei lá... espiritual.

Ele ri.

— Mas isso soa ainda mais maluco.

5
Faça de mim um psicopata

> *As grandes épocas de nossa vida são aquelas em que temos a coragem de rebatizar nosso lado mau de nosso melhor lado.*
>
> Friedrich Nietzsche

Os tempos estão mudando

Quando você está no topo há tanto tempo quanto Bob Hare, você tem o direito de ser criterioso em relação às pessoas com quem conversa durante conferências. Assim, por ocasião do encontro bienal da Sociedade para o Estudo Científico da Psicopatia de 2011, em Montreal, quando enviei um e-mail ao distinto professor para marcar um encontro, achei melhor manter as coisas formais. Havendo um intervalo durante os procedimentos, o que ele acharia de tomarmos um café?

A resposta foi instantânea. — Prefiro um bom uísque a café — disse ele. — Você pode me encontrar no bar do hotel. Eu pago.

Ele se mostrou correto. Nas três afirmações.

Decidi começar cautelosamente. — Qual é *sua* pontuação na PCL-R, Bob? — perguntei por sobre meu scotch vinte anos.

Ele riu.

— Muito baixa. Cerca de 1 ou 2. Meus alunos dizem que eu realmente deveria me esforçar mais. Mas fiz algo muito "psicopático" há pouco tempo. Torrei tudo em um carro esporte novinho. Uma BMW.

— Excelente! — respondi. — Talvez seus alunos tenham mais influência sobre você do que imagina.

Minha segunda pergunta é mais séria:

— Quando você olha em volta, para a sociedade moderna, você acha que, de maneira geral, estamos nos tornando mais psicopáticos?

Dessa vez, o grande homem demora um pouco mais para responder. — Em geral, sim, a sociedade está se tornando mais psicopática. Há coisas acontecendo hoje que não veríamos vinte, ou mesmo dez anos atrás. As crianças estão ficando anestesiadas em relação ao comportamento sexual normal em virtude da exposição precoce à pornografia na internet. Sites para alugar um amigo estão se tornando mais populares na web, porque as pessoas estão muito ocupadas ou tensas demais para fazer amigos reais. Li um relatório outro dia que associava o significativo crescimento de gangues exclusivamente femininas à natureza cada vez mais violenta da cultura moderna de videogame.[1] Na verdade, acho que, se você está procurando evidências de que a sociedade está se tornando mais psicopática, o recente aumento da criminalidade feminina é particularmente revelador. E nem me deixe começar a falar de Wall Street!

A posição de Hare faz muito sentido para qualquer um que se interesse mesmo que apenas ligeiramente pelo que lê nos jornais, vê na TV ou encontra online. No Japão, em 2011, um garoto de 17 anos vendeu um dos rins para comprar um iPad. Na China, após um incidente no qual uma criança de 2 anos foi deixada em um mercado e atropelada não uma, mas duas vezes, enquanto os pedestres continuavam casualmente a cuidar de suas vidas, um horrorizado eleitorado fez uma petição para que o governo aprovasse a lei do "bom samaritano", a fim de impedir que algo assim ocorra novamente.

Todavia, coisas ruins sempre aconteceram na sociedade. E sem dúvida sempre acontecerão. O psicólogo de Harvard Steven Pinker sinalizou isso recentemente em seu livro *The Better Angels of Our Nature* [Os melhores anjos de nossa natureza].[2] Na verdade, ele vai um passo além. Longe de estar aumentando, argumenta Pinker, a violência está em declínio. Matanças cruéis e outros crimes horríveis não estão nas primeiras páginas dos jornais por serem comuns, mas o oposto.

Homicídio, por exemplo. Analisando os registros de tribunais de certos países europeus, pesquisadores perceberam que os índices caíram drasticamente ao longo dos anos.³ Na Oxford do século XIV, por exemplo, parecia que todo mundo estava nessa: a taxa então sendo de 110 assassinatos por 100 mil pessoas por ano, comparada com apenas um assassinato por 100 mil pessoas na Londres de meados do século XX. Padrões similares também foram documentados em outros lugares — Itália, Alemanha, Suíça, Holanda e Escandinávia.⁴

O mesmo ocorre com a guerra.⁵ Pinker calcula que, mesmo no conflituoso século XX, cerca de 40 milhões de pessoas morreram nos campos de batalha, enquanto 6 bilhões sobreviveram — o que equivale a apenas 0, 7%. Incorpore a isso a tragédia relacionada à guerra daqueles que morreram de doenças, fome ou genocídio, e a conta da morte sobe para 180 milhões. Parece muito, mas, falando estatisticamente, ainda é bastante insignificante, com um peso de modestos 3%. Compare com o número correspondente nas sociedades pré-históricas — imensos 15% — e as coisas começam a ficar mais claras. Aquele crânio Neandertal fraturado que Christoph Zollikofer e seus colegas desenterraram no sudoeste da França é apenas a ponta do iceberg.

Duas questões imediatamente vêm à mente ao nos confrontarmos com esses números. Primeira, eles se encaixam na ideia, intuitiva embora empiricamente especulativa, de que a sociedade está se tornando mais, e não menos, psicopática? Segunda, se menos, o que aconteceu nos anos intermediários para acalmar tão drasticamente nossos violentos impulsos assassinos?

Examinando a segunda questão em primeiro lugar, a resposta óbvia, ou ao menos a mais prontamente disponível no arsenal explicativo das pessoas, é a lei. Em 1651, em *Leviatã*, Thomas Hobbes foi o primeiro a alegar que, sem controle de cima para baixo do Estado, facilmente nos tornaríamos um bando de selvagens. Há mais que apenas alguns grãos de verdade nessa noção. Mas Pinker argumenta de uma perspectiva de baixo para cima e, embora não negue a importância das restrições legais, também insinua um processo gradual de amadurecimento cultural e psicológico.

"Começando no [século] XI ou XII, e amadurecendo nos séculos XVII e XVIII, os europeus crescentemente inibiram seus impulsos, anteciparam as consequências de longo prazo de suas ações e levaram os pensamentos e sentimentos das outras pessoas em consideração", diz ele.

Uma cultura da honra — da predisposição para se vingar — deu lugar a uma cultura da dignidade — da predisposição para controlar as emoções. Esses ideais se originaram nas explícitas instruções dos árbitros culturais aos aristocratas e nobres, permitindo-lhes se diferenciar de servos e camponeses. Mas eles foram então absorvidos na socialização de crianças cada vez mais jovens, até se tornarem uma segunda natureza. Os padrões também se infiltraram na burguesia, que procurou emulá-los, e dela para as classes mais baixas, e por fim se tornando parte da cultura como um todo.[6]

Isso faz perfeito sentido, tanto da perspectiva histórica quanto da sociológica. Contudo, dissimulados nas observações de Pinker estão dois preceitos críticos com implicações mais imediatas: pistas sutis, sociobiológicas, que, examinadas mais de perto, podem ajudar a encontrar a quadratura do círculo de um interessante paradoxo cultural. E que, sendo válidas, podem responder parcialmente à primeira de nossas duas questões: a percepção de que a sociedade está se tornando cada vez menos violenta, por um lado, e aparentemente mais psicopática, por outro.

Considere, por exemplo, na elegante exposição de Pinker, a importância do "árbitro cultural" como condutor da mudança ideológica. No passado, esses árbitros seriam tipicamente clérigos. Ou filósofos. Ou poetas. Ou ainda, em alguns casos, monarcas. Hoje, no entanto, com a sociedade se tornando cada vez mais secular e com a exponencial expansão de um universo infinitamente virtual, eles são de uma linhagem completamente diferente: estrelas pop, atores, magnatas da mídia e dos videogames que, em vez de disseminarem os ditames da dignidade, agora os oferecem no altar da psicopatia criativa.

Basta ligar a televisão. Em *Fear Factor*, da NBC, vemos enojados competidores devorando vermes e insetos. Em *O Aprendiz*, ouvimos a frase casual: "Você está demitido." Simon Cowell não é exatamente conhecido por sua capacidade de pisar em ovos, é? E eu sinto calafrios ao pensar no que se passa na cabeça de Anne Robinson quando ela fixa em um jogador seu lascivo e cirurgicamente melhorado olhar e anuncia, feito uma dominatrix ensandecida: "Você é o elo mais fraco. Adeus."

Mas a transmissão cultural de modelos normativos de comportamento constitui apenas um lado da equação sociobiológica de Pinker. Sua absorção na sociedade como códigos convencionais de conduta, até que se "tornem uma segunda natureza", é uma questão inteiramente diferente.

Tomemos como exemplo o setor financeiro. Ganância e corrupção sempre se infiltraram nas franjas dos grandes negócios — desde os exploradores da Guerra Civil até os escândalos de abuso de informação privilegiada que fervilharam sob a superfície da capitalista Inglaterra de Thatcher na década de 1980. Mas o novo milênio foi aparentemente engolfado por uma onda de criminalidade corporativa como nenhuma outra. Investimentos ilícitos, conflitos de interesse, lapsos de julgamento e os perenes truques dos empresários — desvio de recursos e a boa e velha fraude — são absolutamente sem precedentes, tanto em escopo quanto em magnitude fiscal.

Analistas de governança corporativa citam uma confluência de razões para esse terrível clima no mundo dos negócios. Avareza, claro — a espinha dorsal do gekkoísmo — é uma delas. Mas também a chamada "contabilidade de guerrilha". Ao passo que Wall Street e a Bolsa de Valores de Londres esperam ganhos contínuos e a velocidade e a complexidade dos negócios aumentam exponencialmente, contornar as regras e obscurecer os fatos subitamente se tornam *de rigueur*.

"Com títulos, práticas contábeis e transações comerciais infinitamente mais complexos", observa Seth Taube, advogado comercial sênior, "é muito mais fácil cometer fraudes."[7]

Em uma edição recente do *Journal of Business Ethics*, Clive R. Boddy, ex-professor da Faculdade de Administração da Universidade de Nottingham, diz com todas as letras: os psicopatas estão, pura e simplesmente, na raiz de todos esses problemas.[8] Psicopatas, Boddy explica, em uma linguagem que de certo modo lembra a utilizada por Bob Hare e Paul Babiak no capítulo anterior, tiram proveito da "relativamente caótica natureza da corporação moderna", incluindo "mudanças rápidas, renovação constante" e alta rotatividade do "pessoal-chave" — circunstâncias que não somente permitem que sigam seu caminho, por meio de uma combinação de "carisma pessoal e charme", até os escritórios principais das grandes instituições financeiras, como também tornam "seu comportamento invisível" e, ainda pior, "fazem com que pareçam líderes normais, ou mesmo ideais".

É claro que, uma vez *in situ*, esses Átilas corporativos são capazes, segundo a análise de Boddy, de "influenciar o clima moral da organização inteira" e detêm "considerável poder".

Ele encerra com uma forte condenação. Os psicopatas são culpados pela crise financeira global porque sua "insaciável busca pelo próprio enriquecimento e promoção, ignorando todas as outras considerações, levou ao abandono dos antiquados conceitos de *noblesse oblige*, igualdade, justiça e qualquer noção de responsabilidade social corporativa".

Não há como negar que ele pode ter feito uma descoberta.

Por outro lado, há a sociedade em geral, declara Charles Elson, diretor do Centro Weinberg de Governança Corporativa da Universidade de Delaware, que propõe que, antes de culpar apenas os gordos gatos corporativos, deve-se culpar também uma cultura de infração moral, na qual a verdade é esticada na mesa de tortura do sentencioso proveito próprio e os limites éticos se tornaram tão distorcidos que já não têm qualquer interesse cartográfico para a consciência.[9]

O divisor de águas, de acordo com Elson — nos Estados Unidos, ao menos —, foi o caso entre Monica Lewinsky e o presidente Clinton. E o fato de que sua administração, sua família e (a maioria de) seu legado permaneceram relativamente intactos. Mesmo assim, honra e confiança continuam a fraquejar por toda parte. A polícia está na mira por racismo institucional. Os esportes estão na mira pelo uso indiscriminado de drogas de desempenho. E a Igreja está na mira pelo abuso sexual de menores.

A própria lei está em questão. No julgamento pelo rapto de Elizabeth Smart em Salt Lake City, o advogado que representou Brian David Mitchell — o pregador sem teto e autoproclamado profeta que sequestrou, estuprou e manteve a jovem Elizabeth, de 14 anos, em cativeiro durante nove meses (aliás, de acordo com o testemunho de Smart, ele a estuprou praticamente todos os dias durante esse período) — pediu ao juiz que pegasse leve com seu cliente, uma vez que "a srta. Smart superou isso. Ela sobreviveu. Ela triunfou".[10]

Quando os tribunais começam a tocar esse tipo de música, nunca se sabe onde a dança vai parar.

Geração Eu

Expliquei a Pinker, enquanto nos servíamos de cerveja e pipocas no Harvard Faculty Club, que temos um pequeno enigma em nossas mãos. Por um lado, temos evidências de que a sociedade está se tornando menos violenta, enquanto por outro há evidências de que ela está se tornando mais psicopática.

Ele faz uma observação interessante. — Ok. Digamos que a sociedade está se tornando mais psicopática — ele argumenta. — Isso não necessariamente implica que haverá aumento da violência. Em meu entender, a maioria dos psicopatas não é violenta. Eles infligem predominantemente dor emocional, e não física.

"É claro, se a psicopatia continuar a progredir, pode haver um incremento mínimo da violência, comparada com a que vimos quarenta ou cinquenta anos atrás. Mas o mais provável é que comecemos a detectar um padrão nessa violência. Ela pode, por exemplo, se tornar mais aleatória. Ou mais instrumental.

"Eu acho que a sociedade terá de se tornar realmente muito psicopática para que voltemos a viver como vivíamos na Idade Média. E, de um ponto de vista puramente prático, esse nível de manifestação é simplesmente inalcançável.

"Não me surpreenderia em nada descobrir que sutis flutuações de personalidade ou estilo interpessoal ocorreram nas últimas décadas. Mas os hábitos e a etiqueta da civilização moderna têm raízes profundas demais, estão arraigados demais em nossa natureza para serem subvertidos por uma guinada — ou, o que é mais provável, um empurrão — na direção do lado das trevas."

Pinker está correto quanto à psicopatia não ser sustentável no longo prazo. Como vimos com a ajuda da teoria dos jogos no capítulo anterior, é um impedimento biológico. Ele também está certo sobre as mudanças subterrâneas na motivação para a ação violenta. Em um estudo recente realizado pelo Centro de Crime e Justiça do King's College, em Londres, fez-se a 120 ladrões condenados uma pergunta simples: por quê?[11] As respostas revelaram muito sobre a vida moderna nas ruas inglesas. Diversão. Súbito impulso. Status. E ganho financeiro. Precisamente nessa ordem de importância. Exatamente o tipo de comportamento casual e insensível que se vê frequentemente nos psicopatas.

Estaremos testemunhando o surgimento de uma minoria subpsicopática, para a qual a sociedade não existe? Uma nova linhagem de indivíduos com pouca ou nenhuma noção de normas sociais, sem respeito pelos sentimentos alheios e escassa consideração pelas consequências de seus atos? Pode Pinker estar certo sobre aquelas sutis flutuações na estrutura da personalidade moderna e o empurrão para o lado tenebroso? Se os resultados de um estudo recente realizado por Sara Konrath e sua equipe no Instituto de Pesquisa Social da Universidade de Michigan forem tomados como indicativo, então a resposta para essas perguntas é sim.[12]

Em uma enquete que já testou 14 mil voluntários, Konrath descobriu que os níveis de empatia (medidos pelo Índice de Reatividade Interpessoal)* reportados por estudantes universitários estiveram em constante declínio nas prévias três décadas — de fato, desde a inauguração da escala, em 1979.[13] E uma queda acentuada foi observada nos últimos dez anos.

"Os universitários hoje têm cerca de 40% menos empatia do que seus colegas de vinte ou trinta anos atrás", reporta Konrath.[14]

Ainda mais preocupante, de acordo com Jean Twenge, professor de psicologia na Universidade de San Diego, é o fato de, no mesmo período, o nível relatado de narcisismo dos estudantes ter caminhado na direção oposta.[15] Eles dispararam até o teto.

"Muitas pessoas veem o corrente grupo de estudantes universitários, às vezes chamados de 'Geração Eu'", comenta Konrath, "como uma das mais autocentradas, narcisistas, competitivas, autoconfiantes e individualistas da história recente."[16]

Não surpreende, portanto, que o ex-líder das Forças Armadas Inglesas, lorde Richard Dannatt, tenha recentemente defendido a ideia de que alguns recrutas passem por uma "educação moral" como parte de seu treinamento básico, já que muitos não possuem sequer um sistema básico de valores.

"As pessoas não são expostas aos valores tradicionais como eram as gerações anteriores", observa Dannatt, "então achamos importante que tenham uma referência moral."[17]

---

* O Índice de Reatividade Interpessoal (IRI) é um questionário padronizado contendo itens como "Eu frequentemente tenho sentimentos solidários e de preocupação por pessoas menos favorecidas do que eu" e "Eu tento ver todos os lados de uma disputa antes de tomar uma decisão".

"Bota no exército", costumava-se dizer a respeito dos delinquentes. Não mais. O exército já está cheio deles.

A razão precisa dessa retração dos valores sociais não está inteiramente clara. Uma concatenação complexa entre ambiente, exemplo e educação é a suspeita de sempre. Mas o início de uma resposta ainda mais fundamental pode estar em outro estudo conduzido por Jeffrey Zacks e sua equipe no Laboratório de Cognição Dinâmica da Universidade de Washington, em St. Louis.[18]

Com a ajuda da ressonância magnética funcional, Zacks e seus coautores examinaram em profundidade o cérebro de voluntários enquanto liam histórias. Suas descobertas fornecem um interessante insight sobre a maneira como nossos cérebros constroem a noção de nós mesmos. Mudanças no cenário dos personagens (por exemplo, "saiu de casa e foi para a rua") estão associadas a um aumento de atividade nas regiões dos lobos temporais envolvidas na orientação espacial e na percepção, enquanto mudanças nos objetos com os quais o personagem interage (por exemplo, "pegou um lápis") produzem um aumento similar na região dos lobos frontais que controlam os movimentos de segurar. Ainda mais importante: mudanças no objetivo do personagem provocam elevada ativação das áreas do córtex pré-frontal. Danos nessas áreas resultam em prejuízo da compreensão da ordem e estrutura das ações planejadas e intencionais.

Parece que imaginar realmente faz acontecer. Sempre que lemos uma história, nosso nível de envolvimento é tal que "mentalmente simulamos cada uma das novas situações encontradas na narrativa", de acordo com o estudo liderado pela pesquisadora Nicole Speer. Nossos cérebros então entrelaçam essas recém-encontradas situações com o conhecimento e a experiência adquiridos em nossas próprias vidas e criam um mosaico orgânico de sínteses mentais dinâmicas.

Ler um livro cria novos caminhos neurais no leito cortical de nossos cérebros. Transforma a maneira como vemos o mundo e nos torna, como disse Nicholas Carr em seu recente ensaio "The Dreams of Readers", "mais alertas para a vida interior das outras pessoas".[19]

Tornamo-nos vampiros sem termos sido mordidos. Em outras palavras, mais empáticos. Os livros nos fazem ver de um modo que a imersão casual na internet, e o mundo virtual de respostas super-rápidas que ela oferece, não faz.*[20]

Culpado, mas não imputável

De volta a Montreal, eu e Bob Hare tomamos outro uísque. Falando sobre empatia e perspectivas, temos conversado sobre a emergência da "neurolei", uma subdisciplina em desenvolvimento nascida do interesse cada vez maior dos tribunais pela neurociência de ponta.[21]

O estudo divisor de águas foi publicado em 2002 e descobriu que um polimorfismo funcional em um gene metabolizador de neurotransmissores predispõe a comportamento psicopático em homens que foram maltratados quando crianças.[22] O gene em questão — nomeado, como mencionado antes, "gene guerreiro" pela mídia — controla a produção de uma enzima chamada monoamina oxidase A (MAOA). Baixos níveis dessa enzima foram previamente associados a comportamento agressivo em ratos.

Avshalom Caspi e Terrie Moffitt, do Instituto de Psiquiatria do King's College em Londres, foram mais longe e, em um estudo pioneiro, que avaliou jovens da adolescência à vida adulta, descobriram um padrão similar em seres humanos. Meninos que são agredidos ou negligenciados e possuem uma variação do gene que causa baixos níveis de MAOA correm grande risco de crescer e se tornar psicopatas violentos. Por outro lado, contudo, aqueles que vêm de um contexto similarmente disfuncional, mas produzem maiores quantidades da enzima, raramente desenvolvem esse problema.

As implicações dessa descoberta se infiltraram nos tribunais e poderiam reescrever completamente as regras fundamentais do crime e da punição.[23] O fato de sermos "bons" ou "maus" depende parcialmente de nossos genes e parcialmente de nosso ambiente.

---

* De acordo com uma enquete realizada em 2011 pela instituição beneficente inglesa National Literacy Trust, uma em cada três crianças entre 11 e 16 anos não possui um livro, comparado com uma em dez em 2005. Isso equivale, na Inglaterra, a um total de cerca de 4 milhões. Quase um quinto das 18 mil crianças entrevistadas disseram nunca ter recebido um livro de presente. E 12% disseram nunca ter ido a uma livraria.

Mas, uma vez que não podemos escolher em nenhum dos casos, seremos livres para escolher, afinal?

Em 2006, Wylie Richardson, advogado de defesa de Bradley Waldroup, chamou o professor William Bernet, psiquiatra forense da Universidade Vanderbilt, em Nashville, Tennessee, para o banco de testemunhas.[24]

Ele tinha uma tarefa e tanto nas mãos.

Waldroup foi acusado de um dos mais brutais e hediondos crimes da história do Tennessee. Durante uma visita de sua ex-mulher, seus quatro filhos e uma amiga a seu trailer, Waldroup, em suas próprias palavras, "desabou". Ele pegou seu rifle de 0.22 mm, deu oito tiros nas costas da amiga e abriu sua cabeça com uma machete. Voltando-se para sua ex-mulher, ele decepou seu dedo, depois a esfaqueou e cortou repetidamente antes de mudar de tática e deixá-la inconsciente usando uma pá.

Miraculosamente, sua ex-mulher sobreviveu. Mas sua amiga, infelizmente, não. O que significa que, se Waldroup fosse julgado culpado, ele enfrentaria a pena de morte.

Richardson tinha outras ideias. — É verdade — perguntou ele ao professor Bernet — que o réu possui uma variação do gene que causa baixos níveis de MAOA?

— Sim — respondeu Bernet.

— Também é verdade — continuou Richardson — que ele foi violenta e repetidamente espancado por seus pais quando era criança?

— Sim — replicou Bernet.

— Então até que ponto o homem diante de você é completamente responsável por suas ações? — persistiu Richardson. — Até que ponto seu livre-arbítrio foi erodido por sua predisposição genética?

Era uma pergunta arrojada — especialmente para Bradley Waldroup, cuja própria existência, dependendo do resultado, pendia precariamente na balança.

Ela recebeu uma resposta igualmente arrojada. Suficiente para a corte absolvê-lo de homicídio doloso e decidir pelo homicídio culposo. Suficiente, como se viu mais tarde, para fazer história e para que a ciência da genômica comportamental comutasse o que certamente seria uma sentença de morte.

O assunto da neurolei veio à tona no contexto de uma discussão mais ampla sobre o campo da neurociência cultural: o estudo sobre como valores sociais, práticas e crenças moldam e são moldados pelos processos genômicos, neurais e psicológicos em múltiplos horizontes temporais e culturas.[25] Se a sociedade *estivesse* se tornando cada vez mais psicopática, pensei, haveria um gene lá fora produzindo mais psicopatas? Ou seria um caso, como elucidou Steven Pinker em seu argumento sobre a "cultura da dignidade", de usos e costumes se tornando cada vez mais socializados, até se tornarem uma segunda natureza?

Hare afirma que provavelmente se trata de um pouco de ambos: psicopatas estão como que na moda agora. E, quanto mais ficarem na moda, mais normativo se tornará seu comportamento. Ele menciona a emergência da epigenética — um recente ramo do campo da genética convencional que, em termos simples, procura por mudanças na atividade dos genes que não envolvem alterações estruturais no código genético em si, mas ainda assim são transmitidas para gerações sucessivas.[26] Esses padrões de expressão genética são governados por pequenos "interruptores" localizados acima do genoma, e é mexendo nesses interruptores, em vez de utilizar intricadas reconexões internas, que fatores ambientais como dieta, estresse e mesmo nutrição pré-natal podem se manifestar — podem, à guisa de travessos *poltergeists* biológicos, ligar e desligar seus genes e fazer com que sua presença seja sentida em quartos ancestrais há muito herdados de seus ocupantes e proprietários originais.

Hare me fala de um estudo realizado na Suécia nos anos 1980.[27] Na primeira metade do século XIX, uma remota área no norte do país, Överkalix, foi atingida por uma sequência de colheitas pobres e imprevisíveis. Anos de fome eram devidamente entremeados por anos de abundância.

Analisando os números de meticulosos arquivos agrícolas e depois os comparando a subsequentes dados nacionais de saúde pública, os cientistas descobriram algo sinistramente arcano e misterioso: um padrão de herança epidemiológica que virou a ciência genética de cabeça para baixo. Os filhos e netos de homens cujos anos pré-púberes* coincidiram com uma época de fome apresentavam menor risco de morrer por doenças cardiovasculares (como infarto, pressão alta ou problemas coronarianos). Por outro lado, os filhos e

---

* Mais especificamente, o período de crescimento lento — a fase imediatamente anterior à eclosão da puberdade, quando fatores ambientais têm maior impacto no corpo. Para meninos, essa crítica janela de tempo geralmente se dá entre os 9 e os 12 anos.

netos de homens cuja pré-puberdade coincidira com uma colheita abundante apresentavam maior risco de sucumbirem a doenças relacionadas ao diabetes.

Era incrível. Sem nenhuma ação direta da parte deles, sucessivas gerações de filhos e netos tiveram seus futuros cardiovasculares e endocrinológicos determinados pelas aleatórias exigências ecológicas de um distante passado ancestral. Antes mesmo que tivessem nascido.

Eu mal podia acreditar no que estava ouvindo.

— Então é possível — perguntei, em uma tentativa de entender o conjunto: Pinker e seus árbitros culturais, Boddy e seus Átilas corporativos e todo o assunto da epigenética — que psicopatas tenham rolado os dados e que, com o tempo, um número cada vez maior de pessoas esteja agora rolando com eles?

Hare pediu outra rodada de drinques.

— Não somente isso — diz ele. — Mas, com o tempo, como você diz, se a mão da epigenética começar a bisbilhotar por trás das cortinas, esses dados começarão a se tornar cada vez mais viciados. Não há dúvida de que há elementos da personalidade psicopática idealmente adequados para chegar ao topo da hierarquia. E uma vez lá, é claro, eles podem começar a ditar o ritmo em que outros como eles começarão a dançar. Veja o que aconteceu com Wall Street, por exemplo. Essa situação veio de cima para baixo. Mas, conforme se instala, ela permite que, nos níveis mais baixos de administração dos negócios, aqueles mais bem equipados para lidar com esse ambiente comecem a traçar seu caminho para cima.

"Nos anos 1960, havia um escritor, Alan Harrington, que achava que a psicopatia era o próximo passo evolutivo: o próximo truque na manga da seleção natural enquanto a sociedade se tornava mais rápida e mais flexível.[28] Talvez ele esteja certo. Não há como dizer agora. Mas certamente há alguns trabalhos muito interessantes sendo realizados nos laboratórios genéticos neste momento.

"Eu contei a você sobre um estudo que mostra que pessoas com altos níveis de testosterona e longos alelos em seus genes de transporte de serotonina exibem uma resposta diminuída da amídala quando defrontadas com ameaças de dominância social?[29]

"Há um gene psicopático potencial bem aí para você. Alto nível de agressão e baixo nível de medo ao mesmo tempo..."

Os olhos de Gary Gilmore

Dei uma olhada no relógio. Passava um pouco das nove e o bar estava enchendo. Como divertido pano de fundo, estava tocando "Gary Gilmore's Eyes", do The Adverts — uma canção pós-punk do ano anterior na qual o cantor divaga sobre como seria ver através deles.[30] É uma questão interessante — para a qual alguém tem a resposta. Gilmore pediu que seus olhos fossem doados para transplante após sua execução. Algumas horas após sua morte, atendendo a seu pedido, duas pessoas receberam suas córneas.

Gilmore, é claro, é um dos superpsicopatas da história criminal — uma das raras sublinhagens da espécie com todos os botões da mesa de som no máximo. No inverno de 1977, o ex-vendedor de sapatos americano enfrentou o pelotão de fuzilamento na pequena, e antes disso comum, cidade de Draper, no Utah. No mês de julho, em um posto de gasolina a alguns quilômetros da estrada, ele atirara em um frentista por razões sobre as quais não estava muito certo — e depois foi ao cinema com a namorada. No dia seguinte, como um bis, ele atirou à queima-roupa na cabeça do recepcionista de um motel.

Seis meses depois, após uma última refeição de hambúrgueres, ovos e batatas, ele enfrentou seu destino na Prisão Estadual de Utah. Havia cinco pessoas no pelotão de fuzilamento. O diretor da prisão apertou as amarras de couro em torno da cabeça e do peito de Gilmore. Ele então saiu da câmara de execução e pressionou o rosto contra o frio vidro da sala de observação.

Não havia mais nada para Gilmore, salvo uma miraculosa suspensão de última hora. E nem milagres nem suspensões eram comuns em Draper naquele tempo. Além disso, alguns meses antes Gilmore desistira de sua apelação. Na verdade, ou ao menos foi isso o que disse a seu advogado, ele queria morrer.

Eram 8 horas da manhã quando o pelotão de fuzilamento preparou seus rifles. Antes (como é tradição) de colocar o capuz de veludo preto em sua cabeça, o diretor (como também é tradição) perguntou a Gilmore quais eram suas últimas palavras.

Gilmore olhou fixamente em frente, seus olhos mais frios que os de um tubarão branco, enquanto o inaudível trovão da morte ecoava em sua alma.

— Vamos logo com isso — disse ele.

Enquanto ouço a música, viro-me, meio pensativo, para Hare. — Eu me pergunto como *seria* ver através dos olhos de Gilmore — digo. — Quero dizer, realmente. Se alguém pudesse transformar você em psicopata durante uma hora, você toparia?

Ele ri. — Talvez agora eu topasse — responde ele lentamente. — Na minha idade. Mas eles teriam de arrancar as chaves da BMW de minhas mãos primeiro!

Terminamos nossos drinques e nos separamos. A música me deixou pensativo e fico andando pela parte velha de Montreal com uma ideia maluca zumbindo na cabeça. Penso no estudo de Ahmed Karim: aquele em que ele transforma os indivíduos em mentirosos mais hábeis ao atingir suas regiões de decisões morais — os córtices anteriores pré-frontais — com estimulação magnética transcraniana.

Se você pode colocar um dos botões no máximo, por que não vários outros?

Personalidade magnética

A estimulação magnética transcraniana, ou TMS, foi desenvolvida pelo dr. Anthony Barker e seus colegas da Universidade de Sheffield em 1985.[31] Mas sua história é mais longa que isso. Na verdade, a ciência por trás da estimulação elétrica dos nervos e dos músculos existe desde 1780, cerca de duzentos anos antes de Barker, quando o anatomista e físico italiano Luigi Galvani e seu compatriota Alessandro Volta descobriram, com a ajuda de um gerador elétrico simples e um par de pernas de rã, que os nervos não eram canos de água, como conjecturara Descartes, mas condutores elétricos que transportam informações pelo sistema nervoso.

Desde então, as coisas mudaram bastante. Enquanto a aplicação inaugural da TMS por Barker e sua equipe compreendeu uma demonstração elementar da condução de impulsos nervosos do córtex motor para a medula espinhal através da estimulação de contrações musculares simples, hoje a história é outra: a TMS tem várias utilizações, tanto diagnósticas quanto terapêuticas, passando por uma variedade de condições neurológicas e psiquiátricas, desde a depressão e a enxaqueca até acidente vascular cerebral e doença de Parkinson.

A premissa básica da TMS é a de que o cérebro opera utilizando sinais elétricos. E que, como em qualquer sistema assim, é possível modificar a maneira como ele trabalha ao alterar seu ambiente elétrico. O equipamento padrão consiste em um poderoso ímã elétrico colocado no couro cabeludo, que gera um campo estável de impulsos eletromagnéticos em frequências específicas e predeterminadas, e uma bobina dentro de uma capa de plástico para canalizar esses pulsos magnéticos, através da superfície do crânio, até áreas do cérebro especialmente selecionadas e discretamente segregadas, assim estimulando o córtex logo abaixo.

Uma das coisas que sabemos sobre psicopatas é que os interruptores de luz em seus cérebros não funcionam da mesma maneira que os nossos — e que uma área particularmente afetada é a amídala, uma estrutura do tamanho de um amendoim localizada bem no centro da placa de circuito. A amídala, como aprendemos mais cedo neste livro, é a torre de controle emocional do cérebro. Ela policia nosso espaço aéreo emocional e é responsável pela maneira como nos sentimos a respeito das coisas. Mas, nos psicopatas, uma seção do espaço aéreo, a parte que corresponde ao medo, é vazia.

Usando a analogia do interruptor de luz, a TMS pode ser pensada como um dimmer. Conforme processamos informações, nossos cérebros geram pequenos sinais elétricos. Esses sinais não apenas passam por nossos nervos para ativar nossos músculos, como também vagueiam pelas profundezas de nossos cérebros, como efêmeros cardumes elétricos de dados, criando pensamentos, lembranças e sentimentos. A TMS pode alterar a força desses sinais. Passando uma corrente eletromagnética por áreas precisamente definidas do cérebro, podemos acelerar ou retardar esses sinais, facilitando o caminho desses cardumes elétricos ou impedindo seu progresso.

Retarde os sinais para a amídala e, como Ahmed Karim e seus colegas da Universidade de Tübingen fizeram, para a vizinhança moral do cérebro, e você estará prestes a causar em alguém uma "transformação psicopática". De fato, Liane Young e sua equipe do MIT tornaram as coisas mais interessantes desde então e demonstraram que aplicar TMS à correta junção temporal parietal — um código de endereçamento específico naquela vizinhança — tem efeitos significativos não apenas na capacidade de mentir, mas também na capacidade de raciocínio moral.[32] Em particular, na capacidade de determinar a intencionalidade das ações alheias.

Telefono para meu velho camarada Andy McNab. Ele está em uma incursão de uma semana no deserto, rugindo por Nevada em uma Harley V-Rod Muscle.

— Sem capacete! — troveja ele.

— Ei, Andy — digo eu —, você está a fim de um pequeno desafio quando voltar?

— Claro — ele grita. — O que é?

— Que tal se eu e você nos enfrentarmos cara a cara no laboratório em um teste de sangue-frio? E que tal se eu ganhar?

Riso maníaco.

— Vou adorar — diz ele. — Estou nessa. Só uma coisinha, Kev. Como é que você pretende fazer isso?

— Fácil — respondo.

Especial do autor

Para aqueles que viveram em uma caverna nos últimos vinte anos (com a possível exceção do Talibã), Andy McNab foi o mais famoso soldado inglês a servir nas forças de Sua Majestade até que o príncipe Harry pendurou seu taco de polo em Eton, em 2005. Durante a primeira guerra do Golfo, Andy comandou a Bravo Two Zero (B20), uma patrulha de oito soldados das Forças Especiais cuja tarefa era obter informações sobre as linhas de comunicação subterrâneas entre Bagdá e o noroeste do Iraque e encontrar e destruir mísseis Scud na rota principal de abastecimento do Iraque na área.

Mas eles rapidamente tiveram problemas. Alguns dias após sua inserção, a missão da patrulha foi comprometida por um criador de bodes cuidando de seu rebanho. E, em uma tradição de longa data, tiveram de andar: quase 300 quilômetros pelo deserto, até a fronteira da Síria.

Somente um deles chegou. Três foram mortos e os outros quatro, incluindo Andy, foram capturados em vários pontos do caminho pelos iraquianos. Basta dizer que nenhum de seus captores jamais teria seu próprio talk-show ou deixaria marcas nos anais da cirurgia cosmética. É geralmente aceito que há maneiras melhores de colocar uma pessoa à vontade do que apagar seu cigarro no pescoço dela. E jeitos melhores de quebrar e remodelar sua mandíbula do que com a coronha de um AK-47. Graças às técnicas mais avançadas do Reino Unido, a boca de Andy agora tem mais porcelana do que todos os banheiros do Palácio de Buckingham juntos.

E ele devia saber. Em 1991, ele foi até lá para receber da rainha sua medalha por serviços notáveis.

A medalha foi apenas o começo. Em 1993, Andy contou a história da patrulha em um livro com o mesmo nome,[33] em todos os seus sangrentos detalhes — e definiu, praticamente da noite para o dia, tanto o gênero quanto a forma das modernas memórias militares. Nas palavras do comandante do Serviço Aéreo Especial (SAS) da época, a história da Bravo Two Zero "permanecerá na história regimental para sempre".

Ele não estava brincando. De fato, ela agora faz parte de uma história cultural mais ampla. E Andy se tornou uma marca.

Em um voo noturno para Sydney muitos anos atrás, sobrevoamos o Afeganistão. Bem abaixo, na profunda e perigosa escuridão entre as montanhas de Hindu Kush, notei, por entre a intermitente cobertura de nuvens, pequenos pontos de luz. O que seriam eles? Bruxuleantes fogueiras de velhos pastores nômades? Ou esconderijos secretos de comandantes talibãs com apenas um olho?

Como se seguisse uma deixa, o piloto ligou o microfone. — Os passageiros sentados no lado direito da aeronave — entoou ele — devem ser capazes de ver os laptops dos soldados do SAS enquanto escrevem seus últimos best-sellers.

O microfone foi desligado com um estalido. E todos riram. Andy teria rido também, se estivesse lá. Mas acho que estávamos voando sobre ele naquele momento.

Uma das primeiras coisas que se aprende sobre Andy, e se aprende depressa, é que ele não dá a mínima para nada. Nada é sagrado. E nada o perturba, nem mesmo remotamente.

— Eu tinha uns dois dias de idade quando me acharam — ele explica quando nos encontramos pela primeira vez, na estação de London Bridge. — Logo ali na esquina, pra falar a verdade, na escadaria do Hospital Guy. Parece que eu estava embrulhado em uma sacola da Harrods.

— Está brincando — digo eu. — Sério?

— É sim — diz ele. — Sério.

— Cacete — digo eu. — Incrível. Eu, pessoalmente, achava que você era mais o tipo TK Maxx.

— Que atrevimento! — ruge ele. — Essa foi boa. Gostei.

Nós nos reunimos em razão de um programa de rádio que estou desenvolvendo para a BBC. Chama-se *Extreme Persuasion* e eu estou interessado em aprender se certas características psicopáticas podem ser úteis ao SAS.[34] Como, por exemplo, não dar a mínima para coisa alguma. Não fico desapontado. Se você pensa em se alistar, posso lhe dizer uma coisa, de graça. Se você tem problemas com seus pais, é melhor ficar em casa.

— Uma das primeiras coisas que você nota no campo é a provocação — me diz Andy. — Ela é praticamente constante. Todo mundo está sempre sacaneando todo mundo, o tempo todo. Zombando. E, como a maior parte das coisas no regimento, há uma boa razão para isso.[35] Se você for capturado, você é ensinado a ser um "homem cinzento". A agir como se estivesse cansado e por fora de tudo. A dar a seus interrogadores a impressão de que você não sabe porra nenhuma. De que você tem pouca utilidade para eles.

"Agora, se seus captores forem bons, eles começarão a procurar por um ponto fraco. Eles buscarão pela menor reação — microexpressões sutis, movimentos infinitesimais dos olhos — que possa entregar seu verdadeiro estado mental. E, se eles acharem alguma coisa, acredite em mim, acabou. É fim de jogo. Deixe-me expor de outra forma. Se você tem um problema com o tamanho do seu pau, uma sala de interrogatório no Iraque provavelmente não é o melhor lugar para estar.

"Então, no regimento, vale tudo. A provocação é puramente funcional. É um modo eficiente de construir imunidade psicológica. Inocula contra o tipo de merda que podem jogar em você se for capturado. É o tipo certo de coisa errada, se você entende o que quero dizer. Além disso, nada melhor do que uma boa provocação, não é?"

Acho que sim. Mas resistência mental não é a única característica que os soldados das Forças Especiais têm em comum com os psicopatas.

Também há a ausência de medo.

Alguns anos atrás, em uma bonita manhã de primavera a 3.600 metros acima da praia de Bondi, em Sydney, fiz meu primeiro salto em queda livre.

Na noite anterior, meio bêbado em um dos bares à beira-mar, eu enviara uma mensagem a Andy pedindo um conselho de última hora.

— Mantenha os olhos abertos. E o rabo fechado — veio a resposta.

Consegui. Por pouco. Mas fazer o mesmo à noite, no teatro de guerra, sobre um oceano revolto a duas vezes essa altitude e carregando 90 quilos de equipamento é uma história completamente diferente.

E, se isso não bastasse, também é preciso lidar com a sacanagem. Mesmo a 9 mil metros, a provocação é intensa.

— Nós costumávamos nos divertir — lembra Andy. — Zoar um pouco. Jogávamos nosso equipamento na frente e tentávamos alcançá-lo. Na descida, agarrávamos uns aos outros por trás em um abraço de urso pra ver quem saía fora primeiro e puxava a corda. Era bem engraçado.

Ah, ok. Se você diz, Andy.

O que não era muito engraçado era a matança. Pergunto a Andy se ele sente remorso por alguma coisa que fez. Pelas vidas que tirou em suas numerosas missões secretas ao redor do mundo.

— Não — responde ele casualmente, seus frios olhos azuis (apenas para constar, há olhos por trás da tarja que se vê nas fotos) não demonstrando o menor traço de emoção. — Você não pensa duas vezes. Quando está em uma situação hostil, o primeiro objetivo é apertar o gatilho antes que o outro cara aperte. E, depois de apertar, você segue em frente. Simples assim. Pra que ficar se preocupando com o que já está feito? Vá por esse caminho e as chances são de que a última coisa que passará por sua cabeça será uma bala de M16.

"O mote do Regimento é 'Quem ousa vence'. Mas às vezes ele é abreviado para 'Foda-se'."

Laços de desapego

Exposto desse modo, não é difícil perceber como essa atitude psicopática, esse autocontrole sem remorsos, pode ser útil em certas situações — como pode, às vezes, ser construída como adaptativa. Um dos compatriotas de Andy, Colin Rogers, ex-membro da famosa tropa de assalto do SAS que, na Operação Nimrod em 1980, bateu gentilmente na janela da embaixada iraniana em Londres, ecoa os sentimentos de seu velho colega. Matar um terrorista em meio ao pó, fogo e detritos, que são o habitual resultado arquitetônico de uma invasão explosiva, não é algo sobre o que os soldados das Forças Especiais tendam a deliberar demais, especialmente quando têm sobre o ombro uma Heckler & Koch MP5, o estado da arte das metralhadoras, capaz de disparar oitocentos tiros por minuto, e quando a margem de erro é frequentemente da ordem de milímetros. Ache uma boa linha de tiro e vá em frente. Mantenha o foco. Permaneça calmo. E lentamente aperte o gatilho. Hesitar não é uma opção.

O truque é ser à prova de balas. É ser capaz de agir não apenas no calor do momento. Mas, simplesmente, *no momento*. É sobre não sentir o calor, para começo de conversa.

— Você fica ligado. É claro que fica — conta Colin em sua casa no East End que claramente já viu dias melhores. — Mas isso é algo para o que você vem treinando há anos. Seis, sete horas por dia. É como dirigir. Nenhuma jornada é exatamente a mesma. Mas você consegue lidar bem com a maioria das eventualidades. Suas reações se tornam automáticas. Você usa seu julgamento, sim, mas mesmo isso é resultado do treinamento. É difícil descrever se você não esteve lá. É como se você tivesse uma consciência ampliada do que acontece a sua volta. É como o oposto de estar bêbado. Mas ao mesmo tempo você está como que fora da situação. Como se estivesse vendo um filme.

Ele está certo. E não somente quando se trata de invadir embaixadas. Lembra-se das palavras do neurocirurgião do capítulo anterior? "Uma bebedeira que aguça em vez de entorpecer os sentidos" foi como ele descreveu seu estado mental antes de começar uma operação difícil. De fato, em qualquer tipo de crise, os indivíduos mais eficazes frequentemente são aqueles que permanecem calmos, que são capazes de responder às exigências do momento e ao mesmo tempo manter o necessário grau de distanciamento.

Considere o seguinte: um trecho da entrevista que fiz com o instrutor das Forças Especiais do Exército dos Estados Unidos sobre o calibre do soldado que, depois de um dos mais duros procedimentos físicos e psicológicos de seleção do mundo, entra para os SEALs da Marinha. Os caras que mataram Bin Laden.

— Fizemos tudo que podíamos para quebrar esse cara. Na verdade, para ser franco, trabalhamos um pouco mais duro nele do que nos outros. Foi meio que um desafio para nós. Além disso, meio que sabíamos, lá no fundo, que ele aguentaria. Ele ficou órfão aos 11, mas escapou pelas brechas do sistema, cuidando dos irmãos mais novos e sobrevivendo graças à própria esperteza. Roubando. Traficando. Esse tipo de coisa. Então, quando tinha 16 anos, bateu tanto em alguém que o cara entrou em coma. E ele foi preso.

Ruído branco. Privação de sono. Privação sensorial. Água. Posições estressantes. Tudo. Usamos de tudo com ele. Finalmente, depois de 48 horas, eu tirei a venda, coloquei meu rosto a alguns centímetros do dele e gritei: "Tem alguma coisa que você queira me dizer?"

Para minha surpresa e, devo dizer, desapontamento — já que o cara era duro feito aço e naquela altura queríamos que ele passasse —, ele disse que sim. *Havia* algo que ele queria me dizer.

"O que é?", perguntei.

"Você precisa maneirar no alho, cara", disse ele.

Foi a única vez, em quinze anos como instrutor, que eu baixei a guarda. Somente por um segundo, um brevíssimo segundo, eu sorri. Não pude evitar. Eu realmente admirava aquele cara. E sabe o que mais? Mesmo naquele nojento e ferrado estado em que estava, o filho da puta viu. Ele viu!

Ele me chamou pra perto de novo e havia em seus olhos um olhar de profundo desafio, sei lá o que era aquilo.

"Acabou", ele sussurrou em meu ouvido. "Você falhou."

O quê? Eu deveria estar dizendo isso pra ele! Foi então que me dei conta de que ele era um dos que chamamos "inquebráveis". O mais duro dos duros...

Mas ele era um filho da mãe cruel. E, se ele tinha alguma consciência, eu nunca vi. Ele era frio feito gelo. Em qualquer dos lados de uma arma. O que, nessa linha de trabalho, não é sempre uma coisa ruim...

McNab no laboratório

Mantendo sua palavra, Andy aparece no Centro para a Ciência do Cérebro da Universidade de Essex em uma gelada manhã de novembro, e nos encontramos na porta com o homem que, pelas próximas duas horas, seria nosso algoz. O dr. Nick Cooper é um dos expoentes mundiais em TMS. E, por sua aparência nessa manhã, ninguém o culparia por concluir que ele está fazendo a maior parte do trabalho em si mesmo.

Nick nos conduz ao laboratório. A primeira coisa que notamos são duas cadeiras de couro de encosto alto, lado a lado. E, próximo a elas, o maior rolo de papel-toalha do mundo. Eu sei para que serve o papel-toalha: para limpar o excesso de gel condutor que ajuda os eletrodos de eletroencefalograma, que Nick prenderá em um minuto, a captar os sinais do interior de nossos cérebros. Andy, por sua vez, só tem sua imaginação.

— Meu Deus — diz ele, apontando para o rolo. — Se esse é o tamanho do papel higiênico, eu vou me mandar daqui!

Nick nos indica as cadeiras e nos prende a elas. Ele nos liga aos monitores cardíacos, ao equipamento de eletroencefalograma e aos sensores de resposta galvânica da pele, que avaliam os níveis de estresse em função da atividade eletrodérmica. Quando ele termina, parecemos estar presos dentro de uma caixa de junção gigante. O gel condutor para os eletrodos está frio em meu couro cabeludo, mas Andy não reclama. Ele finalmente entendeu para que serve o rolo de papel higiênico gigante.

Diretamente a nossa frente, a uns 3 metros da parede, está um imenso monitor de vídeo. Nick aperta um interruptor e o monitor se acende com um estalo. Ele veste um jaleco. Música ambiente se espalha pela sala. Um lago plácido e crepuscular ondula em frente a nossos olhos.

— Que merda — diz Andy. — Parece um anúncio de fraldas para incontinência!

— Ok — diz Nick. — Escutem. Nesse momento, no monitor a sua frente, vocês podem ver uma cena tranquila, acompanhada de música calma e repousante. Isso serve para estabelecer as leituras fisiológicas de base a partir das quais poderemos medir os níveis de excitação subsequentes. Mas, em um momento qualquer dos próximos sessenta segundos, a imagem que vocês veem mudará e imagens de uma natureza diferente aparecerão na tela. Essas imagens serão violentas. E nauseantes. E de natureza gráfica e perturbadora. Enquanto vocês veem essas imagens, as mudanças no seu ritmo cardíaco, na condutividade da pele e em seu eletroencefalograma serão monitoradas e comparadas com os níveis de referência que estão sendo medidos agora. Alguma pergunta?

Eu e Andy balançamos a cabeça.

— Felizes?

Concordamos.

— Ok — diz Nick. — Vamos colocar o show na estrada.

Ele desaparece por trás de nós, deixando-nos alegremente absorvendo o anúncio de incontinência. Mais tarde, os resultados revelaram que, nesse momento, enquanto esperávamos que alguma coisa acontecesse, nossas leituras fisiológicas eram bastante similares. Tanto meu pulso quanto o de Andy estavam significativamente mais altos que nossos níveis normais de repouso, em função da antecipação pelo que estava por vir.

Mas quando Nick puxou a alavanca, ou o que quer que tenha iniciado a mudança de cena, um interruptor também se ligou em algum lugar do cérebro de Andy.

E o gélido guerreiro do SAS subitamente entrou em ação.

Enquanto vívidas e rubras imagens de desmembramento, mutilação, tortura e execução faíscam na tela (tão vívidas, na verdade, que mais tarde Andy confessou conseguir "sentir o cheiro" do sangue: uma "espécie de cheiro doce e doentio que você nunca, nunca esquece"), acompanhadas não pela música de spa de antes, mas por sirenes estridentes e ruído branco chiado, suas leituras fisiológicas começam a dar marcha a ré. Seu pulso começa a desacelerar. Sua resposta galvânica começa a cair. E seu eletroencefalograma se atenua rápida e drasticamente.

Na verdade, quando o show termina, todas as três medidas de resposta fisiológica de Andy estão abaixo de seus níveis de referência.

Nick nunca viu nada parecido. — É quase como se ele estivesse se preparando para o desafio — diz ele. — E então, quando o desafio se apresentou, seu cérebro subitamente respondeu injetando nitrogênio líquido em suas veias; subitamente colocou em ação uma capa de esmorecimento neural de todas as emoções excessivas e ferais; subitamente se fixou em um hipnoticamente profundo Código Vermelho de extremo e inclemente foco.

Ele balança a cabeça, confuso. — Se eu mesmo não tivesse gravado essas leituras, não tenho certeza de que acreditaria nelas — continua ele. — Ok, eu nunca testei ninguém das Forças Especiais antes. E talvez se pudesse esperar uma ligeira atenuação na resposta. Mas esse cara estava em total e completo controle da situação. Tão sintonizado que parecia fora de sintonia.

Exatamente o que Bob Hare descobriu: os dados são tão estranhos que você realmente começa a pensar de quem vieram.

Voltando ao assunto, é desnecessário dizer que meus números não eram assim tão legais. Minhas leituras fisiológicas tinham ido parar no teto. Assim como as leituras de Andy, elas subiram bastante acima da linha de base enquanto eu aguardava a carnificina começar. Mas foi aí que as similaridades acabaram. Em vez de descer no calor da batalha, em meio ao sangue e às entranhas minhas leituras subiram exponencialmente.

— Ao menos isso mostra que o equipamento está funcionando corretamente — comenta Nick. — E que você é um ser humano normal.

Olhamos para Andy do outro lado, conversando com um grupo de doutorandos de Nick por sobre uma bancada de monitores. Só Deus sabe o que eles estão pensando sobre ele. Eles acabaram de analisar seus dados — e o gel para os eletrodos fez tanta bagunça em seu cabelo que ele parece Don King em um túnel de vento.

Eu, por outro lado, ainda estou me recuperando do choque de certas imagens. Eu me sinto enjoado. E tenso. E com as pernas um pouco bambas. Eu posso, como disse Nick, ter me mostrado normal na tela do radar. As agulhas e mostradores podem muito bem ter testemunhado sobre minha sanidade. Mas eu certamente não me sinto normal, acuado no canto de um cubículo cheio de bipes e luzes, analisando os dados no computador.

A diferença nos perfis é embaraçosa. Enquanto minha leitura de eletroencefalograma é uma boa imitação da linha do horizonte de Nova York — a fotografia historiográfica de abruptos, pontiagudos e matemáticos apartamentos —, a de Andy é como um caro resort de golfe de apenas um andar em uma daquelas ilhas belamente cuidadas no meio do oceano Índico. Uniforme. E compacta. E insanamente, estranhamente simétrica.

— Faz você ficar pensando, não faz? — pergunto a Nick. — Sobre o que é realmente normal.

Ele dá de ombros e reinicializa o computador.

— Talvez você esteja a ponto de descobrir — diz ele.

Faça de mim um psicopata

Tendo terminado sua parte, Andy está pronto para ir a um luxuoso hotel no campo, onde o encontraremos mais tarde para um questionário. Mas, apenas depois de eu ter enfrentado o desafio novamente, na fase 2 do experimento. Na qual, com a ajuda de uma "transformação psicopática", terei outra oportunidade. Outra olhadela na mutilação, na carnificina e no sangue. Mas, dessa vez, bastante literalmente, com uma cabeça completamente diferente — graças ao mesmo tipo de tratamento que Ahmed Karim e Liane Young aplicaram em seus diabólicos experimentos de processamento moral: uma dose de TMS.

— Essa transformação vai passar, né? — ri Andy, ajeitando o cabelo. — Porque o hotel não vai querer dois malucos passando o dia no bar.

— Os efeitos do tratamento devem passar em meia hora — elucida Nick, indicando uma cadeira de dentista especialmente calibrada, completa, com apoio para a cabeça, apoio para o queixo e tiras para prender o rosto. — Pense na TMS como um pente eletromagnético e nas células do cérebro, os neurônios, como fios de cabelo. Tudo que a TMS faz é pentear esses fios em uma direção particular, criando um temporário penteado neural. O qual, como qualquer penteado, se não for mantido, rapidamente volta ao normal por si mesmo.

Andy faz uma cara engraçada. O que diabos é isso? Um laboratório ou um salão?

Nick me faz sentar na cadeira de ar sinistro e me dá uns tapinhas no ombro, de maneira um pouco reconfortante demais pro meu gosto. Quando ele termina de me prender e aferrolhar, eu pareço Hannibal Lecter na Specsavers. Ele posiciona as bobinas de TMS, que parecem o cabo de uma tesoura gigante, sobre a seção média de meu crânio, e liga a máquina.

Instantaneamente, parece que há um homúnculo *geek* minerando profundamente em minha cabeça, dando pancadas ao acaso com seu martelo para rochas. Eu não diria que é doloroso, mas você não gostaria de que ele estivesse apenas esquentando — que ele estivesse apenas no começo de sua jornada neuromineralógica.

— Essa é a indução eletromagnética passando por seu nervo trigêmeo — explica Nick. — É um dos nervos responsáveis pela sensação na face e por certas funções motoras como morder, mastigar e engolir. Você provavelmente pode senti-la em seus dentes de trás, certo?

— Certo — concordo.

— O que eu estou tentando achar — ele continua — é a parte específica de seu córtex motor responsável pelo movimento do dedinho de sua mão direita. Uma vez que tivermos essa localização com precisão, posso usá-la como uma espécie de campo base, digamos, a partir do qual posso plotar as coordenadas das regiões do cérebro nas quais estamos realmente interessados: sua amídala e sua área de raciocínio moral.

— Então é melhor você andar logo com essa porra — murmuro. — Se eu tiver de aguentar isso por muito mais tempo, vou estrangular você.

Nick sorri.

— Caramba — diz ele. — Já deve estar funcionando.

Dito e feito. Depois de cerca de vinte segundos, sinto uma contração involuntária exatamente onde Nick previra. Fraca, a princípio. E gradualmente se tornando mais forte. Rapidamente meu mindinho direito está detonando. Não é a sensação mais confortável do mundo — estar preso a uma cadeira em uma sala mal iluminada, sabendo que você não tem nenhum controle sobre as ações de seu corpo. É assustador. Humilhante. Desorientador... e meio que enfraquece um pouco toda a noção de livre-arbítrio. Minha única esperança é que Nick não esteja no clima de fazer brincadeirinhas idiotas. Com o tipo de equipamento que tem em mãos, ele poderia me obrigar a dar piruetas pelo laboratório.

— Ok — diz ele. — Agora sabemos a localização das áreas que precisamos mirar. Vamos começar.

Meu dedo mínimo para de se mover quando ele reposiciona sua assustadora varinha neurológica no campo de força sobre minha cabeça. Então é só uma questão de me sentar ali por um momento enquanto meu córtex pré-frontal dorsolateral e minha junção temporal parietal direita recebem um penteado eletromagnético. A TMS não consegue penetrar no cérebro profundamente o bastante para atingir diretamente os distritos da emoção e do raciocínio moral. Mas, ao amortecer ou estimular as regiões do córtex cerebral que têm ligação com essas áreas, pode simular os efeitos de uma influência mais profunda e invasiva.

Não demora muito até que eu comece a notar certa diferença: uma diferença indistinta, disseminada, existencial. Antes do experimento, eu estava curioso sobre a cronologia: sobre quanto tempo demoraria até que eu começasse a sentir o barato. Agora tenha a resposta: de 10 a 15 minutos. A mesma quantidade de tempo, presumo, para que a maioria das pessoas comece a sentir os efeitos de uma cerveja ou de uma taça de vinho.

Os efeitos não são completamente diferentes. Uma confiança calma, aérea. Uma perda transcendental da inibição. O estímulo incipiente de uma subjetiva arrogância moral: a invasiva, e de certo modo estranhamente espiritual, realização de que, afinal, quem é que dá a mínima?

Há, no entanto, uma exceção notável. Uma flagrante, inequívoca diferença entre isso e os efeitos do álcool. A falta da concomitante lassidão. A persistência — eu diria até mesmo melhoria — da acuidade e da agudeza da atenção. Uma insuperável sensação de aumentada, aprimorada consciência. Claro, minha consciência parece que foi batizada com Rohypnol: minhas ansiedades foram afogadas em meia dúzia de doses de Jack Daniel's magnético transcraniano. Mas, ao mesmo tempo, minha inteira maneira de ser parece ter sido suntuosamente limpa com luz. Minha alma, ou do que quer que você a chame, foi imersa em uma lavadora espiritual.

Então, penso comigo, essa é a sensação de ser psicopata. De ver através dos olhos de Gary Gilmore. De atravessar a vida sabendo que não importa o que você diga ou faça, culpa, remorso, vergonha, piedade, medo — todos aqueles familiares e cotidianos sinais que podem normalmente aparecer em seu painel psicológico —, já não incomodam você.

Subitamente, tenho um insight. Falamos sobre gênero. Falamos sobre classes. Falamos sobre cor. E inteligência. E credo. Mas a diferença mais fundamental entre um indivíduo e outro com certeza deve ser a presença, ou ausência, de consciência. Consciência é o que dói quando todo o resto parece gostoso. Mas, e se ela for dura como aço? E se a consciência tiver um infinito, ilimitado limiar de dor — e não piscar os olhos enquanto outras gritam em agonia?

Hum, e ainda mais importante: poderá meu implante protético psicopata me tornar mais frio que Andy McNab?

De volta à cadeira, ligado a mostradores e alarmes sonoros, passo pelo show de horror novamente: as imagens foram modificadas para evitar que eu me habitue. Dessa vez, no entanto, a história é completamente outra.

— Eu sei que o cara antes de mim achou essas imagens nauseantes — ouço-me dizer. — Mas, para ser honesto, dessa vez estou achando difícil conter o sorriso.

As linhas e os riscos corroboram minha confissão. Enquanto previamente meu nível de excitação era tal que foi um pequeno milagre o fato de a impressora EEG de último tipo não ter explodido em chamas, minha atividade cerebral *depois* da transformação psicopática foi significativamente reduzida. Talvez ainda não esteja ondulando suavemente como a de Andy, mas com certeza está chegando lá. Não parece mais a linha do horizonte de Nova York.

Dá-se o mesmo com o ritmo cardíaco e a condutividade da pele. De fato, nesse último caso, eu na verdade eclipso a leitura de Andy.

— Isso significa que é oficial? — pergunto a Nick enquanto ele escrutina os números. — Posso legitimamente alegar que sou mais frio que Andy McNab?

Ele dá de ombros. — Acho que sim — diz ele. — Por enquanto, de qualquer modo. Mas tire vantagem enquanto pode. Você tem 15 minutos. No máximo.

Eu balanço a cabeça. Já posso sentir a mágica desaparecendo. A feitiçaria eletromagnética diminuindo. Eu me sinto, por exemplo, consideravelmente mais casado do que me sentia um pouquinho antes. E consideravelmente menos inclinado a convidar a assistente de pesquisa de Nick para um drinque. Em vez disso, vou com Nick ao bar dos estudantes e bato espetacularmente meu recorde anterior no videogame *Gran Turismo*.* Acelero ao máximo durante o circuito inteiro. Mas e daí — é só um jogo, não é?

— Eu não gostaria de estar com você em um carro de verdade nesse momento — diz Nick. — Você definitivamente ainda está um pouco exibido.

Eu me sinto sensacional. Não tão bem quanto antes, talvez, quando estávamos no laboratório. Não tão... não sei como dizer... "inexpugnável". Mas lá em cima, com certeza. A vida parece cheia de possibilidades: meus horizontes psicológicos, muito mais amplos. Por que eu não deveria me mandar para Glasgow nesse fim de semana, para a despedida de solteiro de meu amigo, em vez de me arrastar para Dublin para ajudar minha mulher a colocar sua mãe em uma casa de repouso? Por que não fazer exatamente o oposto do que eu normalmente faria — e para o diabo com o que as pessoas

---

* *Gran Turismo* é um popular jogo de simulação de corridas.

vão pensar? Afinal, qual é o pior que pode acontecer? Nessa época no ano que vem, ou mesmo na próxima semana, tudo já estará esquecido.

Quem ousa vence, certo?

Pego algumas libras da mesa ao lado da nossa — deixadas como gorjeta, mas quem liga? — e tento minha sorte em outras máquinas. Consigo 64 mil libras em *Quem quer ser milionário?*, mas perco porque me recuso a apostar meio a meio.

Você não poderia produzir uma encenação melhor, nem que tentasse. Tenho certeza de que *Psicopata americano* se passa em Los Angeles, e calmamente aperto o botão, a despeito das reservas de Nick.

É em Nova York.

— Achei que você saberia ao menos essa — ele ri.

Então as coisas começam a mudar. E bem rapidamente. Jogar *Gran Turismo* pela segunda vez é uma decepção. Subitamente estou mais cauteloso, e minha pontuação é ruim. Não apenas isso, como noto o circuito interno de TV no canto da sala e penso na gorjeta que acabei de embolsar. Por questões de segurança, decido devolver o dinheiro.

Nick olha para o relógio. Eu sei o que está acontecendo — ele não precisa me dizer.

— Ainda mais frio que McNab?

Eu sorrio e bebo um gole de minha cerveja. Mas esse é o jeito dos psicopatas. Eles nunca ficam por muito tempo no mesmo lugar. Assim que a festa termina, eles se deslocam para a próxima — com pouca preocupação com o futuro, e menos ainda com o passado.

E este, este que fui *eu* por vinte minutos, não é exceção. Ele teve sua farra. E um drinque grátis. Mas agora que o experimento é coisa do passado, ele continuou alegremente seu caminho: pegando a estrada e saindo da cidade.

Espero que para bem longe.

Eu certamente não quero que ele apareça no hotel mais tarde, quando me encontrarei com Andy. Eles se dariam extremamente bem. Ou se detestariam.

Para ser absolutamente franco, não sei qual das opções é mais assustadora.

6
Os sete sucessos capitais

Sentimento é uma aberração química encontrada no lado perdedor.

Sherlock Holmes

Cruzando a fronteira

Diz a piada que é mais difícil entrar no Broadmoor do que sair. Mas não é. É só uma piada.

— Possui alguma coisa afiada? — rosna a mulher na recepção, enquanto deposito todo o conteúdo de minha pasta — laptop, telefone, canetas e, sim, até mesmo minha confiável pistola Glock 17 — no armário de porta de plástico no hall de entrada.

— Somente minha inteligência — respondo, parodiando o antigo comentário de Oscar Wilde a um fiscal da alfândega americana.

A recepcionista não é uma fã. Nem minha, nem, aparentemente, de Oscar.

— Não é assim *tão* afiada, querido — ela atira de volta. — Agora coloque o indicador da mão direita aqui e olhe para a câmera.

Uma vez que passa o controle de fronteira do Broadmoor, você é imediatamente conduzido a uma pequena câmara de segurança, uma temporária cela de contenção de paredes de vidro entre a recepção e o edifício do hospital propriamente dito, enquanto a pessoa que você quer visitar é chamada pela recepção e vem ao seu encontro.

É uma espera nervosa, claustrofóbica. Enquanto folheio as revistas, lembro a mim mesmo por que estou ali — um e-mail que recebi após lançar a Great British Psychopath Survey.[1] Esta pesquisa é única: a primeira de seu gênero a avaliar a prevalência de traços psicopáticos em toda a força de trabalho nacional. Os participantes eram encaminhados ao meu website, no qual completavam a Escala de Autoavaliação de Psicopatia de Levenson e recebiam sua pontuação.[2]

Mas isso não era tudo. Eles também informavam seus dados empregatícios. Qual é a profissão mais psicopática da Grã-Bretanha? Eu queria saber. E, falando nisso, qual a menos psicopática? Os resultados, revelados em seguida, certamente compõem uma leitura interessante. Especialmente se você gosta de um sermão ou dois no domingo.

+ Psicopática	− Psicopática
1. CEO	1. Cuidador
2. Advogado	2. Enfermeiro
3. Profissional de mídia (TV/rádio)	3. Terapeuta
4. Vendedor	4. Artesão
5. Cirurgião	5. Esteticista
6. Jornalista	6. Voluntário
7. Policial	7. Professor
8. Clérigo	8. Artista
9. Chef	9. Médico
10. Funcionário público	10. Contador

Algumas semanas depois, o seguinte e-mail apareceu em minha caixa de entrada, vindo de um dos participantes. Ele é advogado — na verdade, um dos melhores da Grã-Bretanha — e apresentou uma pontuação que certamente chamou minha atenção. Mesmo assim, para ele não havia nada de incomum. Nada de mais:

"Percebi bem cedo na infância que via as coisas de maneira diferente das outras pessoas", escreveu ele. "Porém, na maioria das vezes isso me ajudou em minha vida. A psicopatia (se é assim que você quer chamar) é como um remédio para os tempos modernos. Se você usar com moderação, pode se provar extremamente benéfico. Pode aliviar um monte de aflições das quais, de outro modo, seríamos vítimas porque nosso frágil sistema imunológico psicológico não é suficiente para nos proteger. Mas, se você exagerar, se você tomar uma overdose, então pode haver, como é o caso com todos os medicamentos, alguns efeitos colaterais bem desagradáveis."

O e-mail me fez pensar. Será que esse eminente advogado de defesa criminal tinha razão? A psicopatia seria um "remédio para os tempos modernos"? Será que usá-la com moderação, será que mover aqueles mostradores um pouquinho para cima em nossas respectivas mesas de som psicopáticas — em certas ocasiões, em certos contextos específicos — pode, na verdade, ser bom para nós?

Era uma possibilidade interessante. E, mais que isso, fazia um bocado de sentido, intuitivamente falando. Vamos dar uma olhada nesses mostradores por um momento: inclemência, charme, foco, resiliência mental, ausência de medo, atenção plena (viver no momento) e ação. Quem, em certo ponto de sua vida, não se beneficiaria de aumentar um pouco um ou dois deles? A parte importante é ser capaz de baixá-los novamente.

Decidi testar essa teoria. Não, talvez, ao ponto da destruição. Mas com certeza chegaria perto. Eu agendara visitas a vários hospitais, para entrevistar alguns colegas. Mas e se eu fosse até as enfermarias? E se, além de encontrar os médicos, eu falasse com alguns dos pacientes? Apresentasse a eles problemas da vida normal, cotidiana, as coisas usuais sobre as quais nos queixamos no bar, para conhecer sua visão a respeito? Ver quais sugestões apresentariam? Até agora, parecera uma boa ideia.

— Professor Dutton? — Minha linha de pensamento é interrompida e vejo um cara louro com seus 30 e poucos anos me olhando da porta. — Olá, eu sou Richard Blake, um dos líderes do Centro Paddock. Bem-vindo ao Broadmoor! Posso acompanhá-lo?

Enquanto levantamos âncora e começamos a percorrer nosso caminho, penetrando cada vez mais profundamente nos labirínticos intestinos médicos do hospital, através de uma série de corredores interconectados e antecâmaras que são terras de ninguém, exatamente como a que acabamos de deixar — "bolhas de ar de segurança", como Richard as chama: a regra dourada no Broadmoor é nunca abrir a porta a sua frente sem antes ter certeza de que aquela atrás de você está trancada —, ele me explica um pouco mais detalhadamente aonde estamos indo.

O Centro Paddock é um anexo, uma divisão altamente especializada em transtornos de personalidade que compreende seis alas com doze leitos cada.[3] Cerca de 20% dos pacientes internados lá a qualquer tempo são o que se poderia chamar de psicopatas "puros", e ficam confinados a duas alas especificamente destinadas a seu tratamento e contínua avaliação: as alas de Transtornos de Personalidade Severos e Perigosos (DSPD). O restante apresenta os chamados transtornos em *cluster*: traços psicopáticos clinicamente significativos (evidenciados por pontuações moderadamente altas na escala PCL-R), acompanhados de traços suplementares associados a outros transtornos de personalidade certificáveis — borderline, paranoide ou narcisista, por exemplo. Ou, alternativamente, traços mais indicativos de sintomatologia psicopática primária, com delírios e alucinações sendo os casos mais óbvios.

Subitamente, a realidade se impõe. O lugar onde estou prestes a entrar não é nenhuma clínica para bebedores de mocha carentes de atenção e preocupados em saber se estão bem. Esse é o covil, o santuário interno e sem consciência dos bebedores de Chianti que *não* estão preocupados e *não* estão bem, a reserva de algumas das mais sinistras neuroquímicas do mercado, onde estados mentais podem, bastante literalmente, se equilibrar no fio da navalha. O Estripador de Yorkshire está aqui. O Estrangulador de Stockwell também. É um dos edifícios mais perigosos do planeta.

— Hum, eu vou ficar bem, não vou, Richard? — digo com receio, quando subitamente emergimos à direita de uma grande área cercada ao ar livre, cujos muros são encimados por um arame farpado distintamente desencorajador.

Ele sorri de orelha a orelha.

— Você vai ficar bem — diz. — Na verdade, problemas nas alas DSPD são relativamente raros. A violência psicopática é predominantemente instrumental, um meio direto de obter um fim específico e quantificável.

O que significa, em um ambiente como este, que ela pode ser amplamente prevenida. E, se alguma coisa acontecer, facilmente contida. É nas alas psicóticas que as coisas se tornam menos previsíveis.

"Mesmo quando comparados a pacientes de outros transtornos de personalidade, os psicopatas são mais fáceis de lidar. Por alguma razão, eles tendem a responder melhor às atividades diárias do que, digamos, os borderliners ou os paranoides. Talvez seja por causa de seu baixo limiar de tédio: eles gostam de se divertir."

Em seguida, ele acrescenta, com apenas uma leve insinuação de reprovação:

— Além do mais, agora está um pouquinho tarde para voltar atrás, não é?

Conhecendo os nativos

— Nós somos a elite do mal — diz Danny ao fazer seu segundo gol pelo Chelsea, uma beleza de cabeceada no limite da grande área. — Não nos glamourize. Mas, ao mesmo tempo, não vá pelo caminho oposto e comece a nos desumanizar.

Ele me dá uma olhada por detrás de seu Nintendo Wii. As coisas vão bem. Dentro e fora de campo. O Chelsea está ganhando de dois a zero do Manchester United — e eu estou assistindo, na companhia de um bando de psicopatas, com os pés sobre a mesa, no canto de uma das alas DSPD superisoladas do Broadmoor.

A atmosfera na ala não é o que eu esperava. Minha primeira impressão é a de um dormitório estudantil extremamente bem equipado. Todo em madeira clara entalhada. Luz copiosa e clara. E espaço matematicamente desfibrilado. Noto que há até mesmo uma mesa de bilhar. Que, hoje, infelizmente — teria sido agradável recuperar o que gastei na passagem de trem —, está coberta com uma capa.

Larry, um cara de bigode baixo e roliço, sem nada de notável, que, no seu suéter Fair Isle e calça bege de elástico, parece o tio favorito de todo mundo — com a exceção de que, se você estiver planejando sair à noite, seria melhor contratar Herodes como baby-sitter —, vai com a minha cara. Ele já teve o bastante de futebol.

— Sabe — diz ele enquanto aperta minha mão e silenciosamente me empala em seu sonolento e monolítico olhar —, dizem que sou um dos homens mais perigosos do Broadmoor. Dá pra acreditar nisso? Mas prometo que não vou matar você. Venha, vou mostrar o lugar.

Larry me acompanha até o final da ala, onde paramos para dar uma olhada em seu quarto. É praticamente igual a qualquer outro quarto individual que se pode encontrar em um hospital, embora com alguns confortos a mais. Como um computador, por exemplo. E uma escrivaninha. E um monte de livros e papéis sobre a cama.

Talvez sentindo minha incipiente curiosidade, ele chega um pouco mais perto. — Estou aqui há vinte anos — sibila ele em meu ouvido. — É uma porrada de tempo para... — ele limpa a garganta e sorri conspiratoriamente — ... se ter nas mãos. Entende?

A próxima parada é o jardim: um pátio rebaixado de tijolos cinzentos, mais ou menos do tamanho de uma quadra de tênis, com alguns bancos e pinheiros. Veredito: "Fica um pouco monótono depois de duas décadas."

Verdade. Vamos então ao lado oposto da ala — o layout é simétrico: seis quartos de um lado, seis do outro, separados por um meridiano cinzento muito asseado — e damos uma passada para ver Jamie.

— Esse cara é da Universidade de Cambridge — anuncia Larry — e está escrevendo um livro sobre a gente.

Jamie se levanta e nos intercepta na porta. É um claro convite para recuarmos. O que fazemos — bem rapidamente — de volta ao santuário da ala. Jamie, como descubro, é um cara bem diferente de Larry. Um monstro de 1,88m, com uma barba por fazer escura e brutal e um penetrante olhar de cobalto, ele tem a inquietante, ameaçadora e quase satânica presença do assassino solitário e ultraviolento. A camisa de lenhador e a cabeça raspada não ajudam muito.

— E sobre o que é esse livro? — rosna ele, com o sotaque típico das gangues do leste londrino, emoldurado pela porta de seu quarto, com os braços cruzados sobre o peito e o punho esquerdo, parecido com um martelo, apoiando o queixo. — A mesma merda de sempre, imagino. Tranque todos eles e jogue a chave fora? Você não sabe como isso soa vingativo às vezes. E, deixe-me dizer, magoa muito. Não é mesmo, Larry?

Larry dá uma gargalhada teatral e coloca as duas mãos sobre o peito, à altura do coração, em uma exibição shakespeariana de angústia. Jamie, enquanto isso, enxuga algumas lágrimas imaginárias.

Isso é ótimo. É exatamente por isso que vim até aqui. Talvez todos nós pudéssemos nos beneficiar de tal estoica irreverência em face da adversidade constante.

— Jamie — digo eu —, estou tentando fazer exatamente o oposto. Acho que temos algo a aprender com vocês. Certo estilo de personalidade que pode nos ensinar algo. Em níveis moderados, é claro. Isso é importante. Como, por exemplo, sua maneira de não se importar com o que os outros pensam de vocês. Em certo patamar da vida cotidiana, essa atitude é realmente muito saudável.

Jamie parece se divertir com a ideia de que eu possa estar pedindo seu conselho. De que a polarizada posição de observação de um psicopata possa, na verdade, oferecer certa perspectiva valiosa nos dilemas do dia a dia. Mas permanece ligeiramente circunspecto.

— Você está dizendo que eu e o Capitão Iglo aqui temos algo bom em excesso? — ri ele. — Que o carro é muito legal, mas o motorista vai rápido demais pra essa estrada?

É uma analogia intrigante.

— Mais ou menos — respondo. — Você estaria interessado em tirar o pé do acelerador e parar por um minuto?

Os olhos de Jamie se estreitam. — Não vou parar pra ninguém — responde ele. — Mas, se estiver interessado em uma carona, é só entrar.

De volta a nosso ponto de partida, no outro lado da ala, o Chelsea agora tem quatro gols de vantagem sobre o United. E Danny — quem mais? — foi eleito o melhor jogador da partida.

— Ele não matou você, então — diz ele casualmente, dando uma rápida olhada na direção do Capitão Iglo. — Está ficando mole depois de velho, Larry?

Eu rio. E há mais do que apenas um toque de nervosismo em minha risada. Há um laivo maníaco nela. Mas Larry está mortalmente sério.

— Ei — insiste ele. — Você não entende, não é, menino? Eu disse que não mataria você. E eu não matei, matei?

Subitamente, percebo que Larry talvez não estivesse blefando; que ele poderia estar exercendo um pouco mais de autocontrole do que o sugerido pelas aparências. Meu nervoso constrangimento e minha tentativa de rir dele, longe de incentivar esse nobre e louvável objetivo, o deixaram irritado.

— Não, eu entendo, Larry — tento dizer —, realmente entendo. Obrigado, cara. Fico muitíssimo grato.

Jamie sorri. Ele obviamente acha isso engraçado. Mas, no gelo precariamente fino onde me equilibro agora, não existe razão para rir. É fácil esquecer que qualquer coisa é possível com esses caras. Que realmente não há limites. E que, sem freios morais e uma amídala de doze cilindros, não precisa muito para que o carro saia da estrada.

A partida de futebol acaba. Danny desliga o Nintendo e se reclina em sua cadeira.

— Um livro, é? — diz ele.

— Sim — respondo. — Estou interessado na maneira como vocês resolvem problemas.

Danny me olha com um ar zombeteiro. — Que tipo de problemas?

— Problemas cotidianos — digo eu. — Você sabe, o tipo com que a maioria das pessoas tem de lidar em suas vidas.

Olho de relance para Larry e Jamie. — Posso dar um exemplo?

Danny olha para o relógio. — Por que não? — suspira ele. — Desde que não demore mais que cinco anos.

— Vou tentar ser rápido — respondo. E conto a ele sobre alguns amigos meus que estão tentando vender sua casa.

Inclemência

Como se livrar de um inquilino indesejado? Essa era a questão a que Don e sua esposa Fran tentavam responder. A mãe de Fran, Flo, acabara de se mudar para a casa deles. Flo vivera em sua própria casa durante 47 anos e, agora que não precisava mais dela, Don e Fran a colocaram à venda. Estando localizada em uma área em expansão de Londres, havia muito interesse pela casa. Mas também um pequeno problema: o inquilino de um dos quartos, que não parecia exatamente em êxtase com a perspectiva de se mudar.

Don e Fran estavam praticamente no limite da paciência. Eles já haviam perdido uma venda potencial porque o inquilino não podia, ou não queria, fazer as malas. Perder outra venda seria desastroso. Mas como tirá-lo de lá?

— Presumo que não estamos falando de violência, certo? — pergunta Danny.

— Certo — respondo. — Nenhum de nós quer acabar preso, não é?

Danny me mostra o dedo médio. Mas o próprio fato de fazer a pergunta destrói o mito de que, para os psicopatas, a violência é a única resposta.

— Que tal isso, então? — troveja Jamie. — Com a senhora morando com a filha, as chances são de que o sujeito estará sozinho em casa, certo? Então você finge que é um cara da prefeitura, bate na porta e pede pra falar com o proprietário. Ele atende e diz que ela não está. Ok, você diz, sem problemas, mas será que ele tem um número de contato, porque você precisa falar com ela com a máxima urgência? Nesse ponto, ele está ficando curioso. Ele vai perguntar o que está acontecendo, meio nervoso. Você diz que na verdade é muito sério. Você estava fazendo uma leitura rotineira de amianto e o nível da casa é tão alto que faz Chernobyl parecer um spa. O proprietário precisa ser notificado imediatamente. Uma pesquisa estrutural precisa ser feita. E qualquer um vivendo na casa precisa sair até que a prefeitura libere. Isso deve bastar. Com um pouco de sorte, antes que você possa dizer "lenta e tortuosa morte por câncer de pulmão", o babaca estará saindo pela porta. É claro, você poderia simplesmente trocar as fechaduras quando ele desse uma saidinha. Isso seria divertido. O problema é que você ainda teria as tralhas do cara. Mas isso também pode ser resolvido, você pode colocar toda a tralha no porta-malas do carro e depois vender. Você ganharia uns trocados e cobriria o custo das fechaduras... Mas eu, pessoalmente, iria pelo caminho saudável e seguro. Hehehe, mais pra *dissimulado* e seguro! Acho que você se livraria completamente do cara desse jeito. E ele ainda acharia que você está lhe fazendo um favor.

A elegante, embora heterodoxa, solução de Jamie para o dilema de Don e Fran com seu inquilino me derrubou. Mas havia em minha defesa uma excelente razão para isso, é claro. Eu não sou um psicopata inclemente! A ideia de tirar o cara da casa tão rapidamente que ele não teria onde morar simplesmente nunca me ocorrera. Nunca aparecera em meu radar. Nem, falando nisso, a ideia de vender todas as suas posses pelo prazer de trancá-lo para fora de casa. E, no entanto, como Jamie indicara, com toda a razão, há ocasiões na vida em que se trata da opção "menos ruim". Em que, para atingir o objetivo desejado, ou menos desfavorável, é preciso fazer coisas desagradáveis.

Mas há mais. Interessantemente, ele defende que essa é a coisa certa a fazer: de um ponto de vista objetivo, é o curso de ação mais ético.

— Por que não botar o cara pra fora? — pergunta ele. — Pense nisso. Você fala sobre "fazer a coisa certa". Mas o que é pior, de uma perspectiva moral? Dar umas porradas em alguém que merece? Ou se martirizar, você que não merece? Se você é boxeador, você faz tudo que puder para derrubar o outro cara o mais rápido possível, não é? Então por que as pessoas estão preparadas para tolerar essa inclemência no esporte, mas não na vida? Qual é a diferença?

— O problema de muitas pessoas é que o que elas pensam que é uma virtude na verdade é um vício disfarçado. É muito mais fácil se convencer de que você é sensato e civilizado do que molenga e fraco, não é?

"Os homens bons dormem pacificamente em suas camas à noite", disse George Orwell uma vez, "porque os brutos estão prontos para usar da violência em seu nome."

Mas talvez, a se acreditar em um dos psicopatas mais perigosos do mundo, todos nós pudéssemos nos beneficiar de certo despertar para a realidade.

Charme e foco

A solução de Jamie para o problema de Don e Fran com seu inquilino inquestionavelmente apresenta subtons de inclemência. E, no entanto, como a qualificação inicial de Danny claramente demonstra — "Presumo que não estamos falando de violência, certo?" —, tal inclemência não precisa ser conspícua. Quanto mais engenhosa sua organização, quanto mais criativa a narrativa da inclemência, maiores suas chances de sair impune. A adaga do pragmático egoísmo pode ser escondida, bastante habilmente, sob uma benevolente capa de opaco e ofuscante charme.

A capacidade de sedução dos psicopatas é bem documentada. Assim como sua capacidade de manter o foco e "fazer o que é preciso". Desnecessário dizer que essa é uma poderosa, e inteligente, combinação — da qual todos nós poderíamos nos beneficiar.

Leslie se juntou a nós e tem uma visão bastante simpática sobre o charme: "A capacidade de estender o tapete vermelho para aqueles que você não suporta e apressá-los, tão suave e eficientemente quanto possível, na direção em que você quer que eles sigam."

Com seus cachos louros perfeitamente penteados e seu impecável sotaque aristocrático, ele parece, e soa como, um profissional. — As pessoas são agradáveis quando você as faz ser — enuncia ele. — Isso dá a você um enorme poder sobre elas, é claro.

Leslie tem uma visão igualmente simpática sobre o foco, especialmente quando se trata de conseguir o que se quer. O mestre percebeu, ainda bem jovem, que o que se passava em sua cabeça obedecia a princípios operacionais bem diferentes, quando comparados com a maioria — e ele usou esse conhecimento para sua inexorável vantagem.

— Na escola, quando era criança, eu tendia a evitar as brigas — ele me diz. — Do mesmo modo que agora, depois de adulto. Assim como Jamie, suponho eu.

Jamie sorri, com mais que um laivo de sarcástica autoaprovação.

— Bem cedo, eu percebi que, na verdade, a razão pela qual as pessoas não fazem as coisas do seu jeito é porque frequentemente não sabem onde esse jeito vai dar. Elas ficam muito envolvidas no calor do momento e saem temporariamente do rumo. Nesse ponto, a dinâmica muda. É quando se trata não apenas de conseguir o que se quer. Mas de ser *visto* conseguindo o que se quer. Trata-se de vencer.

— Jamie estava falando de boxe. Uma vez, ouvi uma excelente citação de um dos melhores treinadores. Ele disse que, se você sobe no ringue determinado a nocautear o outro cara, as chances são de que você fracasse. Mas, se você se concentrar em vencer a luta, em simplesmente fazer o seu trabalho, você pode acabar nocauteando o cara de qualquer modo.

As palavras de Leslie fazem perfeito sentido para mim, e me fazem lembrar um encontro ocorrido há muitos anos — um encontro no qual vingança e violência poderiam facilmente ter entrado na equação, mas no qual, em vez disso, charme e foco ganharam o dia.

Com 1,98m e quase 109 quilos, Dai Griffiths mais parecia um restaurante grego do que um deus grego. Com 23 anos de serviço contínuo em certa força policial inglesa e uma pontuação no PPI que provavelmente o coloca mais longe no espectro psicopático do que a maioria dos caras que prendeu, ele já viu de tudo.

— Uns 20% das pessoas que entram por aquela porta — diz ele, gesticulando em direção à entrada da sala de segurança — tomam 80% do nosso tempo. — Com isso, é claro, ele quer dizer, a despeito das sofisticadas porcentagens, que reincidentes são um pé no saco.

Reincidentes como Iain Cracknell, por exemplo.

Cracknell é o que se poderia chamar de bêbado profissional. Regular como um relógio nas noites de sexta-feira ou sábado, ele era trazido à delegacia arrastando atrás de si sonhos de um futuro brilhante.

Normalmente uma garrafa de Jack Daniel's. E só Deus sabe quantas cervejas.

O que acontecia em seguida era tão bem coreografado que fazia *O lago dos cisnes* parecer uma quadrilha junina. Primeiro, Cracknell começava a agir "feito louco". Em seguida, um psiquiatra era chamado (como exigido pela lei) para avaliar seu estado mental. Mas, quando chegava, Cracknell — surpresa, surpresa — estava novamente normal. Bêbado, sem dúvida. Mas não louco. O psiquiatra ia embora, resmungando algo sobre a incompetência da polícia e horários pouco civilizados, e Cracknell, rindo até saírem lágrimas de seus olhos, era colocado em uma cela para dormir até ficar sóbrio. E a mesma coisa acontecia da próxima vez.

O problema de Cracknell parecia insolúvel. Como acabar com seus intermináveis jogos mentais? O problema (como é o caso com a maioria dos reincidentes) é que ele conhecia o sistema melhor do que ninguém. E, é claro, sabia como jogar com ele. O que significa que você tinha duas escolhas. Ou você não o prendia, ou prendia e enfrentava as consequências. Normalmente uma bronca de um psiquiatra seriamente aborrecido.

Essa era a situação.

Até que, uma noite, Griffiths teve uma ideia. Depois de prender Cracknell em suas acomodações usuais para o fim de semana e chamar o psiquiatra, como de praxe, ele foi até o armário de achados e perdidos. Pouco depois, vestindo uma fantasia completa de palhaço — cabelo, maquiagem, nariz, sinos —, ele foi até a cela de Cracknell novamente.

O que Cracknell gostaria de comer no café da manhã?

Cracknell estava incrédulo, para dizer o mínimo. Às vezes, se tivesse sorte, ele conseguia um copo de água. Nem mesmo um copo: uma xícara de isopor. Agora ele estava recebendo o tratamento VIP. Ele não podia acreditar em sua sorte.

— E como você gostaria de seus ovos? — continuou Griffiths. — Mexidos, pochê, fritos ou cozidos?

Com a atenção aos detalhes de um *maître*, ele anotou tudo o que Cracknell pediu. Inclusive o suco de laranja fresco. E foi embora.

Dez minutos depois, quando retornou com o psiquiatra de plantão, estava novamente usando o uniforme. — Então — resmungou o psiquiatra — qual o problema dessa vez?

Cracknell parecia irritado.

— Não é comigo que você deveria falar — gaguejou ele. — É com ele! Você não vai acreditar nisso. Mas, um pouco antes de você chegar, ele se vestiu de palhaço e perguntou o que eu queria no café da manhã!

O psiquiatra voltou um olhar desconfiado para Griffiths. Griffiths apenas deu de ombros.

— Parece que temos trabalho aqui — disse ele.

Dai Griffiths, acredite em minha palavra a respeito, não é um homem que você gostaria de irritar. Muitas pessoas o irritaram — e a maioria acabou com alguns dentes a menos. Ele não é chamado de O Dentista à toa.

Mas Griffiths, claramente, tem mais de um truque na manga. Ele poderia facilmente ter ensinado uma lição a Cracknell. Bêbados, como todo mundo sabe, sofrem "acidentes". Chocam-se contra as coisas. Ficam com estranhas marcas roxas aqui e ali. E, no entanto, ele não o fez. Em vez disso, ele seguiu por um caminho completamente diferente. Ele evitou a armadilha contra a qual Leslie tão eloquentemente prevenira e se concentrou, ao contrário, em achar uma solução que resolveria o dilema de uma vez por todas. Não apenas para si mesmo, mas para todos os seus colegas. Ele se concentrou no problema em questão. Estendeu o tapete vermelho. E erradicou o problema pela raiz. Os psiquiatras poderiam descansar no fim de semana.

É claro, a observação de que charme, foco e inclemência — três das cartas mais instantaneamente reconhecíveis dos psicopatas — constituem, se você consegue manobrá-las, uma receita para resolver problemas de forma bem-sucedida não é uma grande surpresa. Mas que esse triunvirato também pode predispô-lo — se os deuses realmente estiverem sorrindo para você — a um grande, sempre crescente e duradouro sucesso na vida é uma história completamente diferente.

Veja Steve Jobs.[4]

Jobs, comentou o jornalista John Arlidge logo após sua morte, adquiriu seu status de líder de culto "não apenas por ser obstinado, motivado, focado (ele exalava, de acordo com um de seus ex-colegas, uma 'intensidade de fornalha'), perfeccionista, intransigente e muito exigente. Todos os líderes de sucesso são assim, não importa o quanto seus extremamente bem pagos profissionais de relações públicas tentem nos convencer de que eles são caras descontraídos, exatamente como o resto de nós..."

Não. Havia mais nele do que isso. Havia, segundo Arlidge, carisma. Ele tinha uma visão. Como revelou o jornalista de tecnologia Walt Mossberg, mesmo em exibições privadas ele punha uma capa sobre o produto — qualquer que fosse a novíssima criação sobre o reluzente balcão — e a retirava com um floreio.

A Apple não é a maior inovadora em tecnologia do mundo. Nem chega perto, aliás. Ela é antes excelente em remanufaturar as ideias de outras pessoas. Não foi a primeira a introduzir o computador pessoal (IBM). Nem a primeira a introduzir o smartphone (Nokia). Na verdade, quando *realmente* se trata de inovação, ela frequentemente estraga as coisas. Alguém se lembra do Newton ou do Power Mac G4 Cube?

O que Jobs trazia para a mesa era estilo. Sofisticação. E eterno, tecnológico charme. Ele estendia o tapete vermelho para os consumidores. Das salas de estar, escritórios, estúdios de design, sets de filmagem... diretamente até a porta das lojas da Apple ao redor do mundo.

Resiliência mental

Os reveses da Apple ao longo da jornada para a dominação do mundo (de fato, eles já estiveram à beira de ir para o ralo, no início) servem como um convincente lembrete das armadilhas e dos tropeços que nos aguardam na vida. Ninguém se dá bem o tempo todo. Todo mundo, uma hora ou outra, "deixa alguém no chão", como diz a música de Leonard Cohen. E há uma grande chance de que esse alguém, hoje, amanhã ou em algum outro auspicioso momento do futuro, seja você.

Psicopatas, se Jamie e os garotos ainda não o convenceram disso, não têm nenhum problema em facilitar a relação dos outros com o chão. Mas eles também são um bocado habilidosos quando se encontram do outro lado — quando o destino dá uma guinada e eles se veem na linha de fogo. E esse aço neural interno, essa inestimável indiferença em face dos infortúnios da vida, é algo de que todos nós precisamos um pouco.

James Rilling, professor associado de antropologia na Universidade de Emory, demonstrou isso em laboratório e descobriu, em aplicações sequenciais do dilema do prisioneiro como o que discutimos no capítulo 3, um estranho, embora inspirador, paradoxo sobre a psicopatia.[5] Talvez não seja surpreendente, afinal, mas psicopatas exibem elevada tendência à "deserção" em condições assim, o que, por sua vez, precipita elevados níveis de beligerância e agressão interpessoal oportunista (encapsulada na dinâmica "cooperar/desertar") por parte de seus oponentes.

E, no entanto, veja como funciona. Quando são vítimas da mesma situação, eles simplesmente não dão bola para essa contrariedade. Observando a ocorrência dessas reviravoltas, dessas situações de "veja como *você* se sente quando é com você", em que aqueles com altas pontuações em psicopatia descobrem que suas próprias tentativas de cooperar não foram recíprocas, Rilling e seus colegas encontraram algo interessante em seus cérebros. Comparados com seus colegas participantes mais "simpáticos" e mais corretos, os psicopatas exibiram atividade significativamente reduzida na amídala: a marca registrada neural do "oferecer a outra face"... que às vezes se manifesta de modo bastante incomum.

— Quando éramos garotos — interrompe Jamie —, tínhamos um concurso. Para ver quem conseguia ser dispensado mais vezes em uma noite pelas garotas, embora, no caso do Iglo aqui, teria sido necessário aumentar um pouco a pontuação.

Larry me olha, confuso.

— Voltando, o cara que conseguisse ser dispensado mais vezes no fim da noite não pagava na próxima.

"É claro que era de nosso interesse ter o máximo de pontos, certo? Uma noite enchendo a cara, com tudo pago pelos amigos? Estou nessa! O engraçado é que, assim que você conseguia algumas vezes, começava a ficar difícil pra caralho. Assim que percebia que isso não significava nada, você começava a ficar metido. Começava a ficar insolente. E algumas garotas começavam a gostar disso!"

Zombe da rejeição e a rejeição dá o troco.

Ausência de medo

Jamie e companhia não são os primeiros a fazer a associação entre ausência de medo e resiliência mental.

Lee Crust e Richard Keegan, da Universidade de Lincoln, por exemplo, mostraram que a maioria das pessoas que se sentem atraídas por riscos tende a ter pontuações mais altas em testes gerais de "resiliência mental" do que as que têm aversão a riscos, com pontuações na subescala de desafio/abertura para a experiência sendo o maior previsor individual de atração por riscos *físicos*, e pontuações na subescala de autoconfiança sendo o maior previsor individual de atração por riscos *psicológicos*.[6] Psicopatas possuem ambas as qualidades em abundância.

Lembra as palavras de Andy McNab no capítulo anterior? Você sabe que há grandes chances de ser morto na missão; você sabe que há boa probabilidade de ser capturado pelas tropas inimigas; você sabe que é alta a possibilidade de seu paraquedas ser engolido por ondas do tamanho de arranha-céus em algum oceano estrangeiro. Mas "foda-se". Você continua em frente. É disso que se trata quando se é um soldado das Forças Especiais.

Que membros das Forças Especiais são tanto destemidos quanto mentalmente resistentes (ao ponto da psicopatia, como testemunham os resultados de muitos dos que testei) está além da dúvida. De fato, os instrutores do brutal, bestial curso de seleção do SAS (que dura nove meses e no qual apenas um punhado de candidatos consegue passar) estão especificamente à procura de tais qualidades. Como atestam alguns dos pesadelos sofridos por lá.

Um exemplo, contado a mim por um cara que se saiu bem, provê um excelente insight sobre o tipo de resistência mental que separa os homens dos meninos; que exemplifica a mentalidade, a composição psicológica de elite, daqueles que prevalecem.

— Não é a violência que quebra você — esclarece ele. — É a ameaça de violência. O cancerígeno processo mental de que algo terrível vai acontecer. E está logo além daquela esquina.

Ele entra nos detalhes de um exemplo em particular — o que me faz desistir para sempre de consertar o escapamento do meu carro.

— Tipicamente, nesse ponto, o candidato está exausto... Então, a última coisa que ele vê antes de colocarmos o capuz preto em sua cabeça é um caminhão de duas toneladas. Nós o deitamos no chão e, enquanto está lá, ele ouve o caminhão se aproximar. Após uns trinta segundos, o caminhão está em cima dele, o motor a apenas alguns centímetros de sua orelha. Damos uma boa acelerada, e então o motorista desce. Ele bate a porta e sai andando. O motor ainda está funcionando. Um pouco depois, de algum ponto a distância, alguém pergunta se o freio de mão está puxado. Nessa hora, um integrante da equipe — que, embora o cara com o capuz não saiba, fica ali o tempo todo — vagarosamente começa a rolar um estepe sobre sua têmpora enquanto ele está ali, deitado no chão. Sabe, usando as mãos. Gradualmente, ele aumenta a pressão. Outro integrante da equipe acelera o caminhão um pouco, para parecer que ele está se movendo. Depois de alguns segundos, levamos o estepe embora e retiramos o capuz. Então caímos em cima dele... Não é incomum que as pessoas vomitem na toalha a essa altura.

Divirto os camaradas — Danny, Larry, Jamie e Leslie — com minha própria pequena experiência com o processo de seleção do SAS, vivida enquanto filmava o piloto de um programa de TV. Preso ao chão de um frio e mal iluminado armazém, eu observo — em abjeto terror — enquanto uma empilhadeira suspende uma plataforma de concreto reforçado vários metros acima de minha cabeça... e então começa a baixá-la, de modo que sua pontiaguda e mal talhada base exerce uma leve e cortante pressão sobre meu peito. Ela paira ali por 10 ou 15 segundos antes que eu ouça o operador gritar por sobre o sinistro, sibilante guincho do motor hidráulico: — Merda, o mecanismo emperrou. Não consigo acionar.

Em perspectiva, depois de um banho quente, rapidamente se torna aparente que eu estivera perfeitamente seguro o tempo todo. Na verdade, o "concreto reforçado" não era concreto, mas isopor pintado. E o mecanismo funcionava perfeitamente. Mas, desnecessário dizer, eu não sabia disso naquela hora. Nem os pretendentes das Forças Especiais que sofrem tais provações durante a seleção. Naquele momento, é horrivelmente real.

Jamie, no entanto, não está nem um pouquinho impressionado. — Mesmo que o mecanismo estivesse emperrado — comenta —, isso não significa que a peça fosse cair em cima de você. Significa apenas que você ficaria preso lá por algum tempo. E daí? Eu já pensei sobre isso. Dizem que coragem é uma virtude, certo?

"Mas, e se você não precisa de coragem? Então o quê? E se você não sente medo, pra começar? Se você não sente medo, você não precisa de coragem para superá-lo. Esse lance de dublê com o concreto e o estepe não teriam me preocupado, colega. São apenas jogos mentais. Mas isso não me torna bravo. Se eu não dou a mínima, pra começar, como poderia?

"Então, não me convence. Parece-me que a razão pela qual você insiste em falar de coragem, a razão pela qual as pessoas sentem que precisam dela, é para se elevar ao nível em que eu funciono naturalmente. Você pode chamar de virtude. Mas, no meu livro, é talento natural. Coragem é só um doping mental."

Atenção plena

Sentar em um sofá de frente para um psicopata *skinhead* de 1,88m enquanto ele posiciona um considerável ímã psicológico ao lado de sua bússola moral não é exatamente confortável. É claro que estou bastante consciente dos poderes de persuasão dos psicopatas, mas, mesmo assim, não posso evitar pensar que Jamie tem razão. O que um "herói" pode fazer contra o abafado grito sináptico do instinto de sobrevivência inato, um psicopata faz em silêncio, sem derramar uma gota de suor. E, para fazer com que a agulha da bússola gire ainda mais rápido, Leslie introduz outro enigma existencial na história.

— Mas não se trata apenas de funcionalidade, não é? — objeta ele. — A coisa sobre o medo, ou como *eu* entendo o medo, porque, para ser franco, não acho que algum dia tenha experimentado isso, é que na maior parte do tempo ele é completamente injustificado. O que é mesmo que dizem? Que 90% das coisas sobre as quais as pessoas se preocupam nunca acontecem. Então, de que adianta?

— Eu acho que o problema é que as pessoas passam tanto tempo se preocupando com o que pode acontecer, com o que pode dar errado, que perdem completamente de vista o presente. Elas desconsideram completamente o fato de que, na verdade, nesse momento, tudo está perfeitamente bem. Você pode ver isso claramente em seu exercício de interrogatório. O que foi que aquele camarada disse? Não é a violência que quebra você. É a ameaça de violência. Então por que não apenas permanecer no momento?

— Pense a respeito. Como disse o Jamie, enquanto você estava lá debaixo daquele pedaço de concreto, ou o que você achou que era concreto, nada ruim estava realmente acontecendo com você, estava? Ok, uma cama com dossel poderia ser mais relaxante. Mas, na verdade, se você estivesse dormindo, você não saberia a diferença, saberia?

— Em vez disso, o que deixou você em pânico foi sua imaginação. Seu cérebro estava acelerado, assobiando e zunindo através de todos os possíveis desastres que poderiam ocorrer. Mas não ocorreram.

— Então o truque, sempre que possível, é impedir que seu cérebro saia correndo na sua frente. Continue fazendo isso e, cedo ou tarde, você também vai adquirir o hábito da coragem.

— Ou você pode usar sua imaginação em sua vantagem — diz Danny. — Da próxima vez em que estiver em uma situação que lhe causa medo, apenas pense: "Imagine que eu *não* me sinto desse modo. O que eu faria então?" E faça.

Excelente conselho — se você tem colhão para segui-lo.

Ouvindo Jamie, Leslie e Danny, ninguém o culparia por pensar que está na presença da grandeza: na presença de três velhos budistas bem avançados no caminho óctuplo para o nirvana. É claro, eles são tudo menos isso. E, contudo, ancorar seus pensamentos constantemente no presente, no aqui e agora, é uma disciplina cognitiva que a psicopatia e a iluminação espiritual têm em comum.

Mark Williams, professor de psicologia clínica do Departamento de Psiquiatria da Universidade de Oxford, incorpora esse princípio de concentração em sua terapia cognitivo-comportamental (CBT) baseada na atenção plena, para vítimas de ansiedade e depressão.[7]

— A atenção plena — digo para provocar Mark, em sua sala no Hospital Warneford — é basicamente budismo com o piso encerado, não é?

Ele me oferece um pãozinho doce.

— Você se esqueceu das luzes e da TV de plasma — responde ele. — Mas, sim, há um sopro do Oriente em grande parte da teoria e da prática.

Mark me dá um exemplo de como a CBT baseada na atenção plena pode ajudar alguém a superar uma fobia. Como o medo de voar, por exemplo. Jamie, Leslie e Danny não poderiam ter explicado melhor.

— Uma abordagem — explica Mark — pode ser colocar a pessoa no avião e sentá-la próximo a um apaixonado, alguém que absolutamente adora estar no ar. Então, no meio do voo, você entrega a eles um par de ressonâncias cerebrais. Uma delas mostra um cérebro feliz. A outra mostra um cérebro ansioso. Um cérebro em estado de terror. "Essas duas imagens", você diz a eles, "representam exatamente o que ocorre na cabeça de cada um de vocês exatamente agora, nesse exato momento do tempo. Então, obviamente, como elas são tão diferentes, nenhuma delas significa nada, não é? Nenhuma delas prevê o estado físico do avião. *Essa* verdade está nos motores. Então, o que elas significam?", você pergunta a eles. "Bem, o que elas representam de fato é precisamente o que vocês têm nas mãos. Um estado cerebral. Nada mais, nada menos. O que vocês estão sentindo é só isso, uma sensação. Uma rede neural, um conjunto elétrico, uma configuração química, causada por pensamentos em sua cabeça que se aproximam e se afastam, que vêm e vão, como nuvens. Vocês podem se forçar a aceitar esse fato; a observar desapaixonadamente sua realidade virtual interior; a deixar as nuvens flutuarem e suas sombras se movimentarem por onde quiserem, e focarem, em vez disso, no que ocorre a sua volta, cada pixelizado segundo de cada som e sensação ambiente, e, depois, com o tempo, sua condição deve começar a melhorar."

Ação

O endosso de Jamie e seus companheiros aos princípios e práticas da atenção plena — embora não necessariamente à exata variedade existencial que um distinto professor de Oxford pode exaltar — é típico da psicopatia. Sua rapace propensão a viver no momento, a "dar um fora no amanhã e convidar o hoje para uma volta" (como Larry, de maneira bastante colorida, descreveu), é bem documentada e, às vezes (implicações terapêuticas à parte), pode ser estupendamente benéfica.

Veja o mundo das finanças, por exemplo. Don Novick foi corretor por 16 anos e nunca perdeu um centavo. E, coincidentemente, ele também é psicopata. Atualmente — aposentado, embora só tenha 46 anos —, ele vive sossegadamente nas Terras Altas da Escócia, adicionando aquisições a sua adega e colecionando relógios antigos.

Chamo Don de psicopata porque é assim que ele chama a si mesmo. Ao menos, ele o fez na primeira vez em que o encontrei. Então, por precaução, decidi realizar alguns testes. Os resultados foram positivos.

Sentado em uma das salas de estar de seu recluso castelo jacobino — o acesso principal é tão longo que poderia conter dois postos de gasolina —, faço a Don, bastante literalmente, a pergunta de 1 milhão de dólares. O que, precisamente, cria um corretor de sucesso?[8] Não estou muito interessado na diferença entre bom e ruim, mas na diferença entre bom e realmente bom.

Embora não dê nome aos bois, ele não hesita em responder bastante objetivamente. De um ponto de vista qualitativo, analítico.

— Eu diria que uma das maiores diferenças quando se trata dos corretores realmente bons é como eles parecem no fim do jogo, quando o *trading* acabou e eles estão terminando o dia — diz ele. — Sabe, operar no mercado de ações é uma profissão que pode destruí-lo completamente se você for mentalmente vulnerável. Já vi corretores chorando e ficando doentes no fim de uma sessão dura. A pressão, o ambiente, as pessoas... é tudo muito brutal. Mas o que você encontra nos caras lá do topo é que, no fim do dia, quando estão saindo pela porta, você não sabe. Você não pode dizer, olhando para eles, se faturaram bilhões ou se todo seu portfólio foi pelo ralo. Resumindo, é isso. Aí reside o princípio fundamental de ser um bom corretor de valores. Quando está negociando, você não pode permitir que nenhum membro do comitê executivo emocional de seu cérebro bata à porta da sala de decisões, muito menos que se sente à mesa. Implacavelmente, sem remorso e sem cessar, você tem de ficar no presente. Você não pode deixar que o que aconteceu ontem afete o que acontece hoje. Se fizer isso, você cai rapidamente. Se você é dado a ressacas emocionais, não vai durar dois segundos nesse ramo.

As observações de Don, vindo, como vêm, de 16 anos no fio da navalha fiscal, lembram fortemente os resultados obtidos em laboratório por Baba Shiv, Antoine Bechara e George Loewenstein em seu estudo sobre o "jogo de apostas". Logicamente, é claro, a coisa certa a fazer é investir em todas as rodadas. Mas, conforme o jogo se desenvolve, alguns dos participantes começam a declinar a oportunidade de apostar, preferindo, em vez disso, conservar seus ganhos. Eles começam, em outras palavras, a "viver no passado" — permitindo, como diz Don, que membros do comitê executivo emocional de seus cérebros batam à porta da sala de decisões.

Péssima ideia.

Mas outros participantes continuaram a viver no presente e, na conclusão do estudo, ostentavam uma margem de lucro bastante saudável. Esses "psicopatas funcionais", como Antoine Bechara se refere a eles — indivíduos que são ou melhores que os outros em regular suas emoções ou não as experimentam no mesmo nível de intensidade —, continuaram a investir e trataram cada nova rodada como se fosse a primeira.

Estranhamente, eles passaram de sucesso a sucesso. E, exatamente como Don teria predito (e de fato previu, quando contei a ele sobre o experimento), limparam o chão com seus rivais mais cautelosos e avessos ao risco.

Mas a história não termina aí. Muitos anos atrás, quando os resultados do estudo chegaram pela primeira vez à imprensa popular, uma das manchetes dizia: "Procura-se psicopatas para matar a pau no mercado." De acordo com Don, a legenda tem significados ocultos.

— Um matador profissional, como um carrasco, por exemplo, provavelmente não sente nada depois de tirar a vida de alguém — explica ele. — Plausivelmente, remorso ou arrependimento não entram na equação. Dá-se o mesmo com corretores. Quando um corretor completa uma negociação, ele a chama de "execução". É uma linguagem comum dessa área. E, uma vez que a negociação foi executada, os corretores realmente bons — o tipo de cara no qual você está interessado — não terão absolutamente nenhum pudor em cair fora. Sem porquê e portanto, sem prós e contras, sem certo ou errado. E isso independe, voltando ao que eu dizia antes, do resultado da negociação, se ganharam bilhões ou se jogaram tudo pelo ralo. Sair de uma negociação será uma decisão fria e clínica que não terá emoção subsequente ou efeitos psicológicos persistentes ligados a ela. Acho que a ideia de matar profissionalmente, seja no mercado, seja em qualquer outro lugar, exige certa capacidade de compartimentalizar. De focar no trabalho atual. E, quando o trabalho termina, de seguir em frente e esquecer o que aconteceu.

É claro que viver no passado é apenas um lado da equação. Viver no futuro, "colocar a carroça na frente dos bois", permitindo que nossa imaginação corra solta — como a minha sob aquela plataforma de concreto, ou o que quer que fosse aquilo —, pode ser igualmente incapacitante. Estudos, por exemplo, de foco emocional e cognitivo no contexto de tomadas de decisão disfuncionais mostraram que, quando avaliamos comportamentos comuns e cotidianos — coisas como mergulhar na piscina ou pegar o telefone para comunicar más notícias —, a "imaginada" e potencial realidade é significativamente mais preocupante do que a "real".[9]

O que explica nossa insaciável urgência em procrastinar.

Mas psicopatas nunca procrastinam.

E essa é uma das razões pelas quais, se você se lembra das palavras de Richard Blake, meu anfitrião no Broadmoor e um dos membros da equipe clínica do Centro Paddock, eles tendem a ser excelentes nas atividades da ala. Os psicopatas precisam *fazer* alguma coisa. Nada não é uma opção.

— Me sentir bem é uma emergência pra mim — comenta Danny, ao fazer seu quarto gol pelo Chelsea. — Eu gosto de andar na montanha-russa da vida, girar a roleta-russa da fortuna, até o fim das possibilidades.

Ele franze a testa e arruma seu boné.

— Ou, ao menos, eu gostava — ele dá de ombros —, até chegar aqui.

Vinda de um psicopata, não é uma declaração atípica — e uma afirmação que poderíamos adotar um pouquinho mais em nossas vidas.

— Quando eu era criança — conta Larry —, todo ano passávamos as férias em Hastings. Um dia, nunca vou me esquecer disso, vi minha irmã brincando no mar e uma grande onda veio e a derrubou. Ela saiu da água chorando e foi isso. Nunca mais entrou de novo. Quando vi o que tinha acontecido com ela, e eu não tinha mais de 7 ou 8 anos nessa época, eu me lembro de pensar: "Se você ficar na arrebentação, você vai se machucar. Então você tem duas opções. Você pode ficar na areia e nunca mais entrar na água. Ou você pode ir mais longe, para que as ondas o levantem e depois quebrem atrás de você."

Jamie se levanta.

— O segredo, é claro, é não ir longe demais — resmunga ele. — Caso contrário, você acaba neste lugar.

Mentalidade SOS

— Bem, você sabe onde eu estou. Não vou a lugar algum.

Eu e Jamie estamos nos despedindo. Acabei de dizer que definitivamente procurarei por ele da próxima vez que vier e ele me informou sobre sua agenda. Larry e Leslie já se despediram. Leslie com uma profunda genuflexão. Larry com uma rígida continência. Talvez o coroa fosse um antigo lobo do mar, no fim das contas. Danny voltara ao futebol.

De volta aos corredores e aos buracos de minhoca de alta segurança que conectam a unidade DSPD ao mundo externo, sinto-me um pouco como um astronauta na reentrada.

— Conseguiu se enturmar? — pergunta Richard, enquanto voltamos aos subúrbios da psicologia clínica.

Sorrio. — Comecei a me sentir em casa.

Enquanto o trem acelera para Londres, estudo a expressão das pessoas sentadas à minha volta: em sua maioria pessoas voltando para casa depois do trabalho. Alguns estão tensos e ansiosos. Outros cansados e abatidos. Você não vê muitas faces assim na Escola de Psicopatia.

Ligo o laptop e começo a escrever algumas ideias. Mais ou menos uma hora depois, quando entramos na estação, tenho o modelo do que chamo de mentalidade SOS: as habilidades psicológicas necessárias para lutar, superar e ter sucesso (*Strive, Overcome, Succeed*, SOS).

Chamei esse conjunto de habilidades de Sete Sucessos Capitais — sete princípios centrais da psicopatia que, em judiciosas porções e aplicados com o devido cuidado e atenção, podem nos ajudar a conseguir exatamente o que queremos; podem nos ajudar a *responder*, em vez de *reagir*, aos desafios da vida moderna; podem nos transfigurar de vítimas em vitoriosos, sem nos transformar em vilões:

1. Inclemência
2. Charme
3. Foco
4. Resiliência mental
5. Ausência de medo
6. Atenção plena
7. Ação

Sem sombra de dúvida, o poder desse conjunto de habilidades reside diretamente em sua aplicação. Certas situações inevitavelmente chamariam por certos traços mais que outros; enquanto estivéssemos sob essas circunstâncias, algumas subsituações, voltando à nossa boa e velha analogia da mesa de som, plausivelmente exigiriam níveis mais altos ou mais baixos de quaisquer que fossem os traços selecionados. Aumentar os níveis de inclemência, resiliência mental e ação, por exemplo, pode torná-lo mais assertivo e fazer com que você conquiste mais respeito entre seus colegas de trabalho. Mas aumente-os demais e você corre o risco de se transformar em um tirano.

E, é claro, há a oposta consideração sobre ser capaz de diminuí-los novamente — ser capaz de fazê-los surgir e desaparecer apropriadamente para criar o contorno da trilha sonora. Se o advogado, por exemplo, que encontramos no capítulo 4 fosse tão inclemente e destemido na vida cotidiana quanto evidentemente o era no tribunal, rapidamente ele acabaria por precisar de um advogado para si mesmo.

O segredo, inquestionavelmente, é o contexto.

Não é sobre ser psicopata. É antes sobre usar um *método* psicopata. Sobre ser capaz de entrar no personagem quando a situação exige. E então, quando a exigência não mais existe, voltar a sua *persona* normal.

Foi aí que as coisas acabaram mal para Jamie e os outros caras. Em vez de ter problemas para girar os botões para o máximo, os deles, ao contrário, estão permanentemente presos no máximo: um erro de fábrica com consequências decididamente infelizes.

Como disse Jamie quando cheguei ao Broadmoor, o problema dos psicopatas não é que eles estejam repletos de mal. Ironicamente, é o oposto. Eles possuem excesso de uma coisa *boa*.

O carro é maravilhoso. Ele simplesmente é rápido demais para a estrada.

7

Supersanidade

A vida não deveria ser uma jornada para o túmulo com a intenção de chegar são e salvo em um corpo bonito e bem preservado, e sim para se chegar derrapando de lado, envolto em uma nuvem de fumaça, totalmente esgotado, e proclamar em voz alta: "Uau! Que viagem!"

Hunter S. Thompson

Geração P

Nos fundos da capela da Faculdade de Magdalen, Oxford, há um quadro de orações. Um dia, entre os numerosos pedidos por intervenção divina, notei este: "Deus, por favor, faça com que eu acerte os números da loteria e o senhor nunca mais ouvirá falar de mim."

Estranhamente, esse foi o único a que Deus respondeu. Eis o que ele escreveu: "Meu filho, gosto do seu estilo. Nesse mundo desprezível e confuso, que me causa tanto pesar, você me faz sorrir. Mas eu QUERO ouvir falar de você novamente. Então, mais sorte da próxima vez, seu descarado! Amor, Deus."

Quem achava que Deus não tinha senso de humor, pense novamente. E quem achava que Deus estava tão afastado do mundo que não teria interesse pessoal nas preocupações levianas de seu lento, perdido e lamentável filho, pense novamente também. Aqui, bastante claramente, o Todo-poderoso parece querer apresentar um lado diferente de Si mesmo: como um operador sagaz, duro e direto, capaz de reagir à altura e com mais que um leve conhecimento da psicologia humana. Se isso soa o tipo de Deus que não tem medo de girar aqueles botões da mesa de som para cima e para baixo conforme exigido pela situação, você está certo.

Em 1972, o escritor Alan Harrington publicou um livro pouco conhecido chamado *Psychopaths*. Nele, ele defende uma nova e radical teoria sobre a evolução humana. Os psicopatas, argumenta Harrington, constituem uma perigosa nova geração de *Homo sapiens*: um plano de contingência darwiniano feito sob medida para as duras e frias exigências da sobrevivência moderna. Uma indomável Geração P.

Essencial para sua tese é o progressivo e insidioso enfraquecimento, como ele o vê, dos laços iônicos primevos — éticos, emocionais, existenciais — que, século após século, mantiveram a humanidade unida. Enquanto, argumenta Harrington, a civilização ocidental subscreveu os costumes burgueses de trabalho duro e busca da virtude, o psicopata ficou confinado às margens da sociedade. Ele era condenado, por seus compatriotas cidadãos de bem, como louco ou marginal. Mas, com a chegada do século XX e a sociedade se tornando cada vez mais rápida e flexível, os psicopatas saíram do frio.

Para um escritor da Guerra Fria sem background científico, Alan Harrington certamente sabia do que estava falando. Sua descrição dos psicopatas rivaliza, e em certas ocasiões ultrapassa, dadas suas diferenciadas e ecléticas pinceladas, com muitos dos perfis que se pode ler hoje. O psicopata, como Harrington o define, é o "novo homem": um super-herói psicológico livre das amarras da angústia e do remorso. Ele é violento, entediado e aventureiro. Mas também, quando a situação exige, beatífico.

Ele cita alguns exemplos: "Bêbados e falsários, viciados, hippies [...] Agiota da máfia agredindo sua vítima, ator charmoso, assassino, guitarrista nômade, político agressivo, o santo que se deita na frente dos tratores, o frio e dominador vencedor do Prêmio Nobel roubando o crédito dos assistentes de laboratório [...] todos eles, todos fazendo aquilo em que são bons."[1]

E todos, todos eles, sem a menor preocupação.

São Paulo — o santo padroeiro dos psicopatas

O fato de Harrington ter incluído santos em sua lista não é um acaso. Tampouco uma exceção. Ao longo de seu livro, a prosa agradável e iridescente é cheia de comparações entre psicopatas e iluminados. Nem todas são de sua autoria.

Ele cita, por exemplo, o médico Hervey Cleckley, que conhecemos no capítulo 2 e que compilou, em seu clássico de 1941, *The Mask of Sanity*, uma das primeiras descrições clínicas da psicopatia:

> O que ele [o psicopata] acredita ter de protestar não é contra nenhum pequeno grupo, nenhuma instituição ou conjunto de ideologias em particular, mas contra a própria vida humana. Ele não parece encontrar nela nada que contenha significado profundo ou seja persistentemente estimulante, mas somente transitórios e relativamente mesquinhos, embora prazerosos, caprichos e *ennui* [...] Assim como muitos adolescentes, *santos* [grifo do autor], estadistas de estado que entraram para a história e outros líderes ou gênios notáveis, ele demonstra inquietação: ele quer fazer algo a respeito dessa situação.[2]

Harrington também cita Norman Mailer: "[O psicopata] é uma elite dentro da potencial brutalidade de uma elite [...] Sua experiência interior em relação às possibilidades da morte é sua lógica. Assim como para o existencialista. E para o *santo* [grifo do autor] e para o toureiro e para o amante."[3]

As implicações são intrigantes. Harrington se pergunta se seria possível que o santo e o psicopata de certa maneira fossem dois lados transcendentais da mesma moeda existencial. Seria possível, "queiramos ou não admitir, para o mais ímpio e absolutamente imperdoável psicopata, abrir seu caminho para um estado de graça através de assassinatos? Ser transformado, por sua provação e pela provação de outros, em uma pessoa diferente, com seu espírito purificado pelo teatro, pela publicidade, pela fama, pelo terror?".[4]

Embora isso talvez contrarie suas delicadas sensibilidades intelectuais, os estudiosos do Novo Testamento teriam dificuldade para discordar. Dois mil anos atrás, certo Saulo de Tarso sancionou a morte de incontáveis cristãos em seguida à execução pública de seu líder e, hoje, sob os ditames da Convenção de Genebra, poderia ter enfrentado acusações de genocídio.

Todos nós sabemos o que aconteceu com *ele*. Uma ofuscante conversão enquanto viajava pela estrada para Damasco* o transformou, quase literalmente da noite para o dia, de um fabricante de tendas criminoso e sem remorsos em uma das mais importantes figuras da história do mundo ocidental. São Paulo, como o conhecemos hoje, é o autor de mais da metade do Novo Testamento (14 dos 27 livros que constituem o *corpus* são atribuídos a ele); herói de outro, o Ato dos Apóstolos; e tema de alguns dos melhores vitrais.[5]

Mas ele era, além disso, muito provavelmente psicopata. Inclemente, destemido, obstinado e carismático na mesma medida.

Vamos dar uma olhada nas evidências. A aparente predileção de Paulo, tanto nas estradas abertas quanto dentro de tumultuadas cidades, por perigosas e inóspitas áreas o colocava em constante risco de assaltos violentos e aleatórios. Adicione a isso o fato de que ele naufragou um grande total de três vezes durante suas viagens em torno da bacia do Mediterrâneo, em uma ocasião passando 24 horas perdido em alto-mar antes de ser resgatado, e começa a emergir a imagem de um homem com pouco ou nenhum zelo por sua própria segurança.

Eis aí um infrator rotineiro da lei que parece incapaz de aprender com seus erros (isso, ou simplesmente não ligava). Paulo foi preso várias vezes durante seu ministério, passando, no total, estimados seis anos atrás das grades; foi brutalmente chicoteado (cinco vezes recebendo a pena máxima de 39 chicotadas; um número excessivo delas pode matar uma pessoa); foi, por três vezes, castigado com bastões. E uma vez, na cidade de Listra, no que hoje é a Turquia, foi tão apedrejado por uma multidão que, quando terminaram, ele foi dado por morto e arrastado para fora da cidade, como era o costume.

As escrituras contam o que aconteceu em seguida: "Os discípulos o rodearam. Ele se levantou e entrou na cidade. No dia seguinte, partiu com Barnabé para Derbe" (Atos 14:20).

Você voltaria calmamente para uma cidade na qual seus habitantes acabaram de dar seu melhor para apedrejá-lo até a morte? Acho que eu não faria isso.

---

* Especialistas contemporâneos em neuroteologia acham que a experiência de Paulo exibe mais sintomas de epilepsia do lobo temporal que de um genuíno encontro com o Divino. A "luz vinda do Paraíso", as alucinações auditivas ("Saulo, Saulo, por que Me persegues?") e sua subsequente cegueira temporária certamente são compatíveis com esse diagnóstico — assim como a própria misteriosa, e relacionada à saúde, alusão de Saulo a um "espinho na carne" e um "anjo de Satanás" para "me livrar do perigo da vaidade" (2 Cor. 12:7–10).

Mas ainda não acabamos. Eis o peripatético vagabundo que estava constantemente em movimento devido às ameaças contra sua vida. Quando o governador de Damasco ordenou um cordão em torno da cidade para prendê-lo, ele escapou em uma cesta através de um buraco nas muralhas.

Eis o frio e calculista agitador político, sem medo de pisar nos sentimentos e nas susceptibilidades dos outros, não importa quão importantes ou pessoalmente leais fossem. A discussão de Paulo com São Pedro em Antioquia, quando ele acusou Pedro de ser um hipócrita por forçar os gentios a adotarem os costumes judeus quando ele mesmo vivia como gentio, é descrita por L. Michael White, professor de estudos clássicos e religiosos na Universidade do Texas, em Austin, em seu livro *From Jesus to Christianity* [De Jesus à cristandade], como um "fracasso total de bravata política, e Paulo rapidamente deixou Antioquia como *persona non grata*, para nunca mais voltar".[6]

Finalmente, eis o manipulador sem hesitação ou remorso, movendo-se nas sombras como um gato. Eis as sutis habilidades de manipulação de um especialista.

Lembremos as palavras do mestre dos golpes, Greg Morant. Uma das mais poderosas armas do profano arsenal de um falsário é um bom "radar de vulnerabilidades".

Isso poderia ter sido dito por Paulo. Ou, em outras palavras:

> Fiz-me judeu para os judeus a fim de ganhar os judeus; para os que estão debaixo da lei, fiz-me como se estivesse eu debaixo da lei (embora não o esteja) a fim de ganhar os que estão debaixo da lei; para os que não têm lei, fiz-me como se eu não tivesse lei (ainda que eu não esteja isento da lei de Deus, porquanto estou sob a lei de Cristo) a fim de ganhar os que não têm lei. Fiz-me fraco com os fracos, a fim de ganhar os fracos. Fiz-me tudo para todos [...] (1 Coríntios 9:20-22)

Se realmente era Jesus naquela estrada para Damasco, e ele queria um emissário para ajudá-lo a divulgar a palavra, ele não poderia ter escolhido alguém melhor. Nem, entre os cristãos, alguém mais temido ou impopular. Na época de sua conversão, Paulo estava no auge de seus poderes persecutórios. Na verdade, a razão pela qual seguia para Damasco, em primeiro lugar, era para instigar mais derramamento de sangue. Foi por coincidência que seu ministério se iniciou nesse momento?

Nem todos os psicopatas são santos. E nem todos os santos são psicopatas. Mas evidências sugerem que, nos corredores do cérebro, psicopatia e santidade dividem um secreto espaço neural de trabalho. E alguns dos atributos psicopáticos — estoicismo, a capacidade de regular emoções, de viver no momento, de entrar em estados alterados de consciência, de ser heroico, destemido e mesmo, aparentemente, de se mostrar empático — são também inerentemente espirituais em sua natureza, e não somente melhoram o bem-estar próprio, mas também o de outras pessoas.

Ponto vermelho vence campeonato

A capacidade de sorrir em face da adversidade sempre foi vista como uma medida da inteligência espiritual. Tome, por exemplo, as palavras do poeta Rudyard Kipling, a última coisa que se vê antes de entrar na quadra central de Wimbledon:

> Se puderes enfrentar o Triunfo e o Desastre
> E tratar esses dois impostores do mesmo modo...[7]

Embora essa atitude mental seja em geral associada a santos, conjectura-se menos sobre o elo com psicopatas.

Em 2006, Derek Mitchell, da University College de Londres, decidiu contrariar a tendência e apresentou a dois grupos de participantes, psicopatas e não psicopatas, um procedimento conhecido como Tarefa de Interrupção Emocional (*Emotional Interrupt Task*, EIT).[8] A EIT é um teste de tempo de reação da capacidade discriminatória. Tipicamente, voluntários se sentam em frente a um monitor de computador e pressionam teclas com o dedo indicador esquerdo ou direito, dependendo da forma, normalmente um círculo ou um quadrado, apresentada a eles.

Bem simples, pode-se pensar. Mas, na verdade, a tarefa pode ser bem complicada.

A razão é o fato de as formas não aparecerem sozinhas. Em vez disso, cada círculo ou quadrado é cercado, por cerca de 200 milissegundos, por um diferente par de imagens, normalmente faces. Podem ser duas imagens positivas (faces sorridentes), duas imagens negativas (faces zangadas) ou duas imagens neutras (faces sem expressão), respectivamente.

A maioria das pessoas acha as imagens emocionais um problema. Simplesmente porque *estão ali*. Elas são emocionais — e causam distração. A hipótese de Mitchell era a de que, se psicopatas realmente são tão imperturbáveis e relaxados quanto sugere sua reputação, se realmente lidam com situações boas e ruins da mesma maneira, isso não seria verdade em seu caso. Eles deveriam, na verdade, responder mais rapidamente e de maneira mais acurada que o grupo de controle — deveriam se distrair menos — nos testes em que o círculo ou o quadrado estão flanqueados por duas imagens positivas ou negativas. Imagens, em outras palavras, que, de um modo ou de outro, ocultam uma valência emocional. Por outro lado, essa diferença entre psicopatas e não psicopatas deveria desaparecer nos testes neutros, em que a distração é um problema menor.

E foi precisamente o que ele descobriu. Sempre que o círculo ou o quadrado eram flanqueados por uma imagem emocionalmente carregada, os psicopatas, exatamente como previsto, eram melhores em diferenciar seus alvos que os não psicopatas. E mais rápidos, também. Eles eram, como Kipling poderia ter dito, melhores em manter a cabeça no lugar enquanto outros a perdiam.

O estoicismo é uma qualidade amplamente apreciada pela sociedade. E por uma boa razão. Ele pode ser útil de várias maneiras: durante o luto, após um rompimento amoroso, na mesa de pôquer. Mesmo, às vezes, quando se está escrevendo um livro. Mas, como sofredor de longa data, torcendo pelo time de futebol da Inglaterra, e veterano de mais pênaltis perdidos do que gosto de lembrar, é o relacionamento entre estoicismo e esporte que se destaca mais para mim.

E não estou falando apenas do ponto de vista do espectador. Como prisma psicológico, o esporte não deixa nada a dever quando se trata de dispersar estoicismo em seus dois comprimentos de onda constituintes, ausência de medo e foco, que em si constituem elementos tanto da psicopatia quanto da iluminação espiritual.

"Nas corridas de um estádio, todos correm, mas bem sabeis que um só recebe o prêmio", escreveu São Paulo. "Correi, pois, de tal maneira que o consigais. [...] Dou golpes, mas não no ar. Ao contrário, castigo o meu corpo e o mantenho em servidão" (1 Coríntios 9:24, 27).

O fato de as palavras de Kipling estarem sobre a quadra central certamente não é coincidência... e elas tampouco são exclusivas do tênis. "Jogue como se não significasse nada, quando significa tudo", respondeu a lenda da sinuca Steve Davis quando lhe perguntaram o segredo da grandeza no esporte. "Esqueça as más jogadas, e as boas também. Foque sua atenção 100% na próxima."

O mesmo se aplica ao golfe.

Em 2010, o sul-africano Louis Oosthuizen era a grande zebra do British Open em St. Andrews. Após uma série de decepções nos eventos prévios ao torneio, esperava-se, mesmo com uma vantagem de quatro tacadas, que ele cedesse à pressão da tensa partida final. Mas ele não cedeu. E a razão para isso foi surpreendente e enganosamente simples: um pequeno ponto vermelho, conspicuamente localizado em sua luva, logo abaixo da base do polegar.

A ideia do ponto veio de Karl Morris, psicólogo do esporte baseado em Manchester e procurado por Oosthuizen para ajudá-lo a se conectar com o que poderia razoavelmente ser chamado de seu psicopata interno oculto: a centrar sua mente na jogada atual, em vez de ficar obcecado, exatamente no momento errado, com as consequências.

Morris elaborou um plano. Sempre que Oosthuizen estivesse a ponto de dar uma tacada, ele deveria focar sua atenção, fria, calma e totalmente, no ponto. O ponto era tudo que importava naquele momento. Ele não daria a tacada. A tacada, em vez disso, passaria por ele.

Ele venceu por sete tacadas.

O ponto vermelho de Oosthuizen é um clássico exemplo do que é conhecido em psicologia do esporte como *process goal*: uma técnica na qual se solicita que o atleta foque a atenção em algo, não importa quão pequeno, para impedir que pense em outras coisas. No caso de Oosthuizen, todas as maneiras pelas quais ele poderia errar a tacada. Isso ancora o atleta firmemente no aqui e agora. Antes de a jogada ser feita. Antes de o movimento ser feito. E, mais importante que tudo, antes de a autoconfiança começar a se dissipar. Na verdade, essa capacidade de se concentrar apenas na tarefa do momento — o que o psicólogo húngaro Mihály Csíkszentmihályi chama de "experiência ótima" ou "fluir" — é uma de diversas técnicas-chave com as quais os psicólogos de desempenho agora trabalham.[9] Não apenas no golfe, mas entre competidores de alto nível de todas as áreas do esporte.

No estado do fluir, o passado e o futuro evaporam como abstrações. Tudo que permanece é um intenso, incomum, exigente presente, uma irresistível sensação de estar "na zona". Essa é a união, a encantada consumação, da mente, do corpo e do jogo: o que é conhecido no ramo como "triângulo dourado" do desempenho; um estado parecido com o transe de ações e reações sem esforço, no qual tempo e ego convergem e no qual se está no controle e não se está no controle, ao mesmo tempo.

Como se poderia esperar, esse estado produz uma reveladora assinatura no cérebro.

Em 2011, Martin Klasen, na Universidade de Aachen, descobriu que momentos de fluidez possuem um perfil fisiológico único.[10] Usando ressonância magnética funcional para observar o cérebro de jogadores de videogame em ação, ele descobriu que períodos de elevado foco e concentração são acompanhados por uma redução da atividade no córtex anterior cingulado — o hardware do cérebro para detecção de erros e monitoração de conflitos —, indicando um aumento da atenção e a supressão da distração e das informações não relevantes para a tarefa.

Mas isso não é tudo. Um padrão similar também foi encontrado no cérebro de psicopatas criminosos.

No mesmo ano em que Klasen jogava videogames, Kent Kiehl tirou o pó de sua jamanta de ressonância magnética funcional de dezoito rodas e foi para o Novo México armado com um novo experimento.[11] Kiehl estava interessado no que, precisamente, move os psicopatas quando se trata de decisões morais. Ele realmente são frios como gelo sob pressão? Eles realmente são melhores em fazer o que é necessário quando a situação se torna crítica e o tempo, essencial? Se sim, por quê? Pode ser algo inato em seus cérebros? O triunfo do frio raciocínio cognitivo sobre o processamento emocional de sangue quente?

Para descobrir, ele apresentou a psicopatas e não psicopatas dois diferentes tipos de dilema moral: o que chamou de dilemas de "alto conflito (pessoal)" e de "baixo conflito (pessoal)", respectivamente. Eis exemplos de ambos.*

---

* Kiehl e seus coautores também incluíram um terceiro tipo de dilema, chamado "impessoal". Ele assumiu a forma da versão original do "dilema do trem" concebido por Philippa Foot (ver capítulo 1), no qual a escolha (iniciada pelo acionamento de uma alavanca) reside em desviar um trem descontrolado de seu presente curso, no qual matará cinco pessoas, para um curso alternativo no qual matará apenas uma.

Alto conflito (pessoal)

Soldados inimigos invadiram sua cidade. Eles têm ordens para matar todos os que encontrarem. Você e alguns outros estão escondidos no porão. Você ouve os soldados entrarem na casa acima de você. Seu bebê começa a chorar alto. Você cobre sua boca para abafar o som. Se você retirar a mão, ele chorará e os soldados ouvirão. Se eles ouvirem o bebê, eles encontrarão e matarão a todos, incluindo você e o bebê. Para salvar a si mesmo e aos outros, você deve sufocar seu bebê até a morte.

É moralmente aceitável sufocar seu filho para salvar a si mesmo e às outras pessoas?

Baixo conflito (pessoal)

Você está visitando sua avó no fim de semana. Em geral ela lhe dá alguns dólares de presente quando você chega, mas, dessa vez, não dá nada. Você pergunta por que e ela diz algo sobre você não escrever tantas cartas quanto costumava escrever antes. Você fica bravo e decide lhe dar uma lição.

Você pega algumas pílulas do armário de remédios e as coloca no bule de chá, sabendo que isso a deixará muito doente.

É moralmente aceitável colocar as pílulas no bule de chá de sua avó para lhe ensinar uma lição?

A predição era simples. Se psicopatas fossem menos atingidos pelas peculiares exigências emocionais do momento e tivessem uma fria e dura vantagem sobre o resto de nós quando se trata de decisões de vida ou morte, então a maior diferença entre seu desempenho e o desempenho dos não psicopatas deveria se manifestar nos dilemas de alto conflito (pessoal) — quando a pressão está no máximo e o problema é mais pessoal.

Foi exatamente o que descobriram.

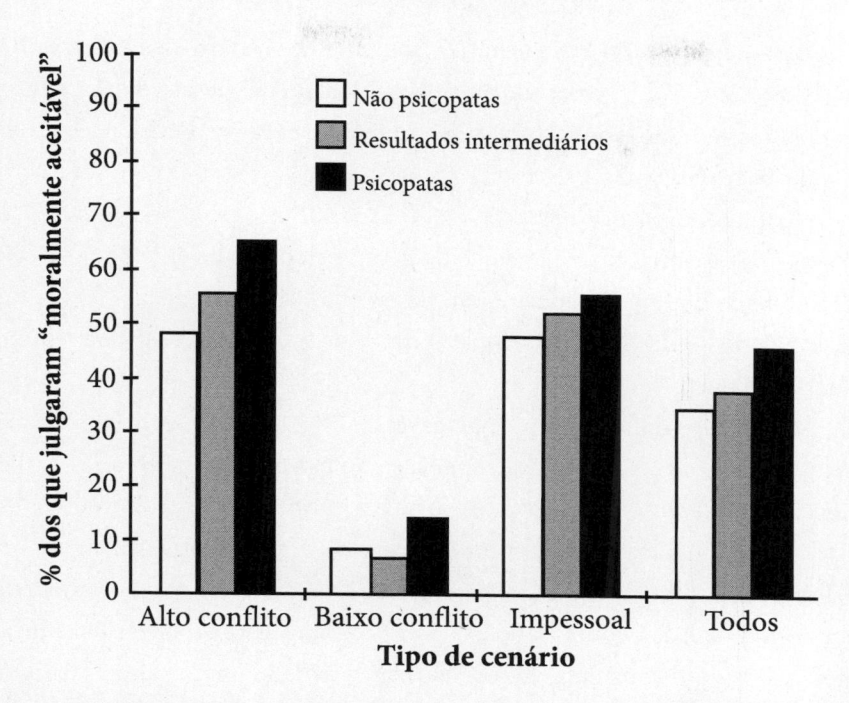

Figura 7.1. Psicopatas são moralmente menos impressionáveis — mas somente quando se trata de apostas altas (adaptado de Ermer et al., 2011).

Nos cenários de "alto conflito", os psicopatas realmente classificaram um número maior de julgamentos utilitaristas como "moralmente aceitáveis" que os não psicopatas. Eles se mostraram melhores em sufocar bebês, ou ao menos em lidar com a dor dessa situação, que seus parceiros de teste mais moralmente impressionáveis. E, presumivelmente, seriam melhores em continuar vivos e preservar a vida de seus companheiros de refúgio no porão, se os cenários fossem reais.

Mas há mais. Assim como eu descobrira com o exemplo do William Brown no capítulo 3, Kiehl e seus colegas também descobriram que os psicopatas, além de terem menos problemas de higiene moral em geral que os não psicopatas, também levam consideravelmente menos tempo para avaliar os enigmas a sua frente. Eles são mais rápidos em chegar à decisão sobre o curso de ação apropriado. Não apenas isso, mas esses tempos de resposta atenuados são acompanhados, como encontrado por Martin Klasen em condições de fluxo, por reduzida atividade no córtex cingulado anterior.

Mas — e eis o cerne da questão — somente nos cenários de "alto conflito". Nos dilemas de "baixo conflito", o diferencial deliberativo desaparece. Psicopatas são tão propensos a vetar a ideia de colocar pílulas no bule de chá da avó quanto não psicopatas.

A conclusão parece bastante clara. Quando as apostas são altas e as costas estão contra a parede, você quer um psicopata ao seu lado. Mas se não há nada em jogo, e vocês estão no mesmo nível, esqueça. Psicopatas se desligam — e levam tanto tempo para colocar o show na estrada quanto o resto de nós.

De fato, eletroencefalogramas revelaram diferenças consistentes na maneira como o cérebro de psicopatas e não psicopatas responde a tarefas e situações altamente interessantes ou altamente motivadoras. Em situações intensas, psicopatas demonstram uma ativação significativamente maior das regiões esquerdas e pré-frontais do cérebro (a área diretamente atrás da têmpora esquerda), comparados a não psicopatas. Essa assimetria cerebral está associada a considerável redução da ansiedade, maior afeto positivo, elevação da atenção e orientação para a recompensa.

E também, aparentemente, a estados espirituais elevados. O neurocientista Richard Davidson, da Universidade de Wisconsin, descobriu precisamente o mesmo perfil na elite dos monges budistas, os deuses olímpicos do Alto Himalaia, quando estão imersos em meditação profunda.[12]

"Há muitas evidências [para sugerir] que os melhores esportistas [desenvolveram] habilidades psicológicas que lhes permitem se concentrar e controlar a ansiedade", explica Tim Rees, psicólogo do esporte na Universidade de Exeter. Além disso, acrescenta, "também há evidências de que, uma vez que se chega a certo nível de habilidade, são as diferenças na abordagem psicológica que diferenciam as pessoas na elite máxima".[13]

O estado mental que separa os grandes dos bons e, como mostrado por Kent Kiehl, em certas situações limítrofes separa os vivos dos mortos, é inerentemente psicopático em sua natureza.

E também inerentemente espiritual.

Parem todos os relógios

A conexão feita por Csíkszentmihályi e outros entre "ficar no presente" e ausência de ansiedade não é nova. A prática da "atenção plena correta", por exemplo, é o sétimo passo no Nobre Caminho Óctuplo, um dos principais ensinamentos de Sidarta Gautama, o Buda, há mais de 2.500 anos.

Em seu livro *The Nobel Eightfold Path: The Way to the End of Suffering* [O Nobre Caminho Óctuplo: o caminho para o fim do sofrimento], Bhikkhu Bodhi, um monge da tradição Teravada, descreve a prática:

> A mente é deliberadamente mantida no nível da *atenção superficial*, uma observação distanciada do que acontece conosco e a nossa volta no momento presente. Na prática da atenção plena correta, a mente é treinada para permanecer no presente, aberta, quieta e alerta, contemplando o evento presente. Todos os julgamentos e interpretações devem ser suspensos ou, se ocorrerem, somente registrados e abandonados.[14]

De acordo com o Mahasatipatthana Sutta, um dos discursos centrais do cânon Páli do Budismo Teravada, esse treinamento, consistentemente aplicado, acaba levando ao "surgimento do insight e das qualidades do desapaixonamento, do desapego e da libertação".[15]

Qualidades, como vimos, que psicopatas parecem ter naturalmente.

Mas as similaridades entre a ocidental e psicopática mentalidade e os transcendentais estados mentais do Oriente não terminam aí. Mais recentemente, psicólogos como Mark Williams, da Universidade de Oxford — que encontramos no capítulo anterior —, e o já mencionado Richard Davidson começaram o inovador e integrador, embora empiricamente exigente, processo de atrelar as propriedades restauradoras das práticas de meditação do budismo a uma estrutura mais sistematizada e terapêutica, orientada para a clínica.

Parece estar funcionando. Intervenções baseadas na atenção plena, como vimos, mostraram-se uma estratégia metacognitiva particularmente eficiente para lidar com os sintomas da ansiedade e da depressão, duas condições a que psicopatas são singularmente imunes.

Os fundamentos principais da terapia, como se poderia esperar, derivam amplamente dos ensinamentos budistas já mencionados. Mas há outro ingrediente, uma espécie de ingênua, infantil curiosidade, que lembra bastante a essência do fator de "abertura para a experiência" da estrutura de personalidade Big Five que exploramos no capítulo 2. E no qual psicopatas, se você lembra, têm pontuações muito altas.

"O primeiro componente [da atenção plena] envolve a autorregulação da atenção, e é mantido na experiência imediata", explica o psiquiatra Scott Bishop, em um influente artigo sobre o assunto publicado em 2004, "permitindo elevado reconhecimento dos eventos mentais no presente momento. O segundo componente envolve adotar uma orientação particular na direção das experiências no presente, uma orientação caracterizada pela curiosidade, pela abertura e pela aceitação".[16]

Ou, como os mestres zen-budistas de artes marciais diriam, *shoshin*, "mente de aprendiz".

"Na mente do aprendiz há inúmeras possibilidades", elucida Shunryu Suzuki, um dos mais celebrados mestres budistas contemporâneos. "Na mente do especialista, há poucas."[17]

E poucos discordariam. Quando Dickens decide mandar os fantasmas do passado, do presente e do futuro até Scrooge, ele escolhe três espectros que nos assombram a todos. Mas ancore seu pensamento inteiramente no presente, exclua a tagarelice do lamentoso e recriminatório passado e o elusivo, importuno futuro, e a ansiedade começa a ceder. A percepção começa a se acentuar. E a questão se torna utilitária: o que fazer com esse abrangente "agora", esse enorme e enfático presente. "Saboreamos" o momento, como um santo? Ou o "tomamos", como um psicopata? Refletimos sobre a natureza da experiência? Ou focamos nossa atenção inteiramente em nós mesmos, em uma frenética perseguição por gratificação instantânea?

Há muitos anos, viajei para um remoto monastério no Japão em busca da resposta para esse mistério. O mistério em questão se referia a um teste, enfrentado por aqueles que entram nos rarefeitos, espirituais campos gelados das altas artes marciais.

O teste envolve um homem ajoelhado — braços ao lado do corpo, vendado — enquanto outro homem fica em pé atrás dele com uma espada samurai diretamente sobre sua cabeça. Em um momento qualquer a sua escolha, desconhecido por seu vulnerável adversário, o homem em pé moverá a espada, causando ferimentos e provavelmente a morte. A menos que o golpe seja evitado e o homem com a espada seja desarmado.

Esse resultado parece improvável. Mas não é. O teste que acabei de descrever é real: um antigo e requintadamente coreografado ritual, praticado em *dojos* secretos e impenetráveis no Japão e no Alto Himalaia. Um teste ao qual se submetem rotineiramente aqueles que se aproximam da grandeza — os espectrais mestres da mente quilômetros acima da faixa preta.

Hoje em dia, felizmente, a espada é feita de plástico. Mas houve um tempo, muito antes da cultura da saúde e da segurança, em que ela era real.

Um *sensei* de aparência indistinta, por volta de seus 80 anos, revelou o segredo:

— É preciso esvaziar a mente totalmente — diz ele, enquanto sentamos de pernas cruzadas em um jardim de nuvens e lilases, nas profundezas das antigas florestas de faia das montanhas Tanzawa. — É preciso focar puramente no agora. Quando se entra em um estado como esse, você consegue cheirar o tempo. Consegue sentir suas ondas em seus sentidos. A menor ondulação pode ser sentida mesmo a grande distância. E o sinal é interceptado. Com frequência parece que os dois combatentes se movem simultaneamente. Mas não é assim. Não é difícil. Com prática, pode ser aprendido.

Lendo de novo o que o velho *sensei* me disse, lembro intensamente das palavras do neurocirurgião psicopático que encontramos no capítulo 4. É claro que eu não o conhecia quando fui para o Japão. Mas, se já o conhecesse, teria entusiasticamente contado a meu anfitrião sobre como ele às vezes se sente antes de uma operação difícil.

E o velho, em seu monástico *hakama* preto e seu quimono vermelho-sangue, teria sorrido.

O relato do cirurgião sobre o estado mental que ele chama de "supersanidade" — um "alterado estado de consciência que se alimenta da precisão e da clareza" — parece muito similar ao estado mental sobre o qual falava o *sensei*: o estado mental que precisa ser atingido pelo ajoelhado e vendado *sommelier* do tempo para desarmar o espadachim que o ataca.

Também me lembro do trabalho de Joe Newman, que, em seu laboratório na Universidade de Wisconsin, descobriu que não é que psicopatas não *sintam* ansiedade em certas situações. É que eles não percebem a ameaça:

sua atenção está focada inteiramente na tarefa que têm em mãos e distrações externas são implacavelmente ignoradas.

Usualmente, quando se trata de psicopatas, esse foco é construído como sendo malévolo: o frio e impiedoso assassino cruzando os limites da cidade feito um louva-a-deus movido a gasolina em busca da vítima perfeita; o ditador genocida, indiferente às regras da moral ou às leis civis, absolutamente determinado a silenciar qualquer opinião dissidente em sua indomável busca pela onipotência política e cultural.

Conotações compassivas, transcendentais ou espirituais raramente ou nunca são consideradas.

Mas alguns estudos recentemente começaram a jogar uma nova luz em tal estrondosa impossibilidade. E iniciaram uma gradual, mas fundamental, reavaliação do que precisamente significa ser psicopata.

Heróis e vilões

Mem Mahmut, da Universidade de Macquarie, em Sydney, descobriu algo extraordinário. Parece que psicopatas, longe de serem o tempo todo insensíveis e não emotivos, no contexto certo podem ser mais altruístas que o resto de nós.[18]

Mahmut conduziu um estudo compreendendo uma série de cenários da vida real nos quais pessoas pediam ajuda a passantes (voluntários sem conhecimento do experimento que já haviam feito testes de psicopatia e sido classificados com pontuações altas ou baixas).

Mas havia uma pegadinha. A pessoa pedindo ajuda, assim como o passante que respondia a ela não eram exatamente aleatórios. Eles eram, na verdade, os malignos coconspiradores de Mahmut em um exclusivo e diabólico experimento especialmente concebido para investigar a relação entre psicopatia e comportamento solícito.

O experimento consistia em três partes. Na primeira parte, os cúmplices de Mahmut pediam ajuda diretamente aos passantes, pretendendo estarem perdidos e se aproximando para pedir orientações. Na segunda parte, o "pedido" de ajuda era menos direto e explícito: uma desafortunada mulher que derrubara uma pilha de papéis. Na terceira parte, o pedido era ainda menos explícito: uma pesquisadora de laboratório que supostamente quebrara o braço fingindo ter dificuldades com uma variedade de tarefas simples — abrir uma garrafa d'água ou inscrever o nome do participante em um falso livro de registros, por exemplo —, mas bravamente insistindo apesar de seu ferimento evidente.

Mahmut queria saber quem, nesses três diferentes cenários, teria a maior probabilidade de oferecer ajuda: os frios psicopatas sem remorso ou seus mais calorosos e empáticos colegas de teste.

Os resultados nocautearam Mahmut. Tão fortemente que ele ainda está tentando entender o que houve.

Na primeira parte do experimento, em que o cúmplice pedia orientação, psicopatas, como previsto, ofereceram menos ajuda que não psicopatas.

Sem surpresas aqui.

Na segunda parte, no entanto — a parte dos papéis derrubados —, o abismo de altruísmo misteriosamente desapareceu. Tanto psicopatas quanto não psicopatas ofereceram a mesma quantidade de ajuda.

Mas foi na terceira parte, em que o cúmplice fingia um ferimento, que a preconcebida hipótese de Mahmut de que psicopatas seriam menos solícitos saiu dos trilhos.

Na verdade, o oposto se revelou verdadeiro.

Psicopatas se mostraram mais dispostos a abrir a garrafa d'água e assinar seu próprio nome no livro de registros que não psicopatas. Quando a pessoa se mostrava mais vulnerável e, ao mesmo tempo, não solicitava diretamente por ajuda, psicopatas responderam à altura. Quando realmente importou, eles foram significativamente mais solícitos que seus (supostamente, ao menos) mais calorosos e empáticos parceiros de teste.

Como talvez fosse de se esperar, os resultados do experimento de Mahmut arquearam certas sobrancelhas. Uma interpretação, é claro, é a de que, como certa iluminada (e sem dúvida bastante amarga) alma sugeriu, não existe ato verdadeiramente altruísta. Sempre há, não importa quão bem camuflado esteja nos escuros recessos de nossa densa selva psicológica, um oculto, interessado e distintamente menos nobre motivo — e os psicopatas do estudo de Mahmut, com sua antena de vulnerabilidade de longo alcance finamente sintonizada e altamente sensível (lembre-se do experimento conduzido por Angela Book, no qual psicopatas eram mais hábeis que não psicopatas em descobrir vítimas de um ataque violento apenas pela maneira como andavam), simplesmente "farejaram sangue".

"É o prazer que se esconde por trás de todas as virtudes que praticamos", escreveu o novelista W. Somerset Maugham em *Servidão humana*. "O homem pratica tais e tais atos porque acha que são bons para ele; e, quando são bons também para os outros, são considerados virtuosos. [...] Mas você visa apenas a um prazer individual quando dá uma moeda a um mendigo, assim como eu viso unicamente a um prazer pessoal quando bebo uísque com soda. Eu, que sou menos hipócrita que você, não aplaudo a mim mesmo pelo meu prazer nem solicito sua admiração."[19]

É verdade.

Por outro lado, no entanto, há evidências para sugerir que as incendiárias descobertas de Mahmut não são um acaso feliz. E que elas marcam o início de uma nova e bem-vinda virada no foco tanto empírico quanto teórico: para longe dos convencionais e pejorativos perfis fisiológicos produzidos em série pela brigada neuroimagética, em direção a uma pesquisa mais aplicada e pragmática da psicopatia funcional, "positiva". Como exemplo, Diana Falkenbach e Maria Tsoukalas, da Faculdade de Justiça Criminal John Jay, na Universidade Municipal de Nova York, recentemente começaram a estudar a incidência de características da dita psicopatia "adaptativa" naquilo que chamam de "populações de heróis": profissões da linha de frente como os serviços de polícia, militar e de resgate.[20]

O que elas descobriram se casa perfeitamente com os dados da pesquisa de Mahmut. Por um lado, embora sejam exemplos de um estilo de vida voltado para a sociedade, membros das populações de heróis são *durões*. De modo previsível, dado o nível de trauma e risco que tais profissões acarretam, eles demonstram maior preponderância de traços psicopáticos associados com as subescalas de ausência de medo/dominância e frieza emocional do PPI (por exemplo, dominância social, imunidade ao estresse e baixa ansiedade), comparados aos da população em geral.

Esses botões foram girados mais para cima.

Por outro lado, no entanto, eles se diferenciam dos psicopatas criminosos por sua relativa ausência de traços relacionados à subescala de impulsividade autocentrada (por exemplo, maquiavelismo, narcisismo, falta de planejamento e comportamento antissocial).

Esses botões foram girados mais para baixo.

Tal perfil é consistente com a anatomia do herói retratada pelo psicólogo Philip Zimbardo, fundador do Projeto de Imaginação Heroica — uma iniciativa cujo objetivo é a educação das pessoas nas insidiosas técnicas de influência social.[21] Ou, mais especificamente, como resistir a elas.

Em 1971, em um experimento que há muito entrou para o hall da fama da psicologia, Zimbardo construiu uma prisão simulada no porão do prédio de Psicologia da Universidade de Stanford e aleatoriamente designou doze estudantes para desempenharem o papel de prisioneiros, enquanto outros doze desempenhavam o papel de guardas.[22]

Após apenas seis dias, o estudo foi abandonado. Alguns dos "guardas" começaram a maltratar os "prisioneiros", fazendo mau uso de seu poder apenas porque o tinham.

Quarenta anos depois, após Abu Ghraib e as dolorosas lições aprendidas, Zimbardo está envolvido em um projeto radicalmente diferente: desenvolver o "músculo do herói" que existe em todos nós. Tendo libertado o gênio do vilão e da vítima, ele agora busca o oposto: dar poder às pessoas comuns para que se levantem e façam a diferença, quando de outro modo poderiam ser silenciadas pelo medo. E não somente quando se trata de confrontos físicos, mas psicológicos também. Os quais, dependendo das circunstâncias, podem ser tão desafiadores quanto.

— A decisão de agir heroicamente é uma escolha que muitos de nós seremos chamados a fazer em algum ponto de nossas vidas — diz-me Zimbardo. — Ela significa não ter medo do que os outros vão pensar. Ela significa não ter medo das consequências para nós mesmos. Ela significa não ter medo de colocar nosso pescoço em risco. A questão é: tomaremos essa decisão?

Tomando café em seu escritório, falamos de medo, conformidade e do imperativo ético de enfrentar os confrontos físicos e psicológicos. Sem surpresa, nosso velho amigo *pensamento de grupo* levanta a cabeça novamente, o que ocorre, como vimos no capítulo 3 com o desastre da *Challenger*, quando deturpadas e internas forças de gravidade sociais exercem tal pressão em uma coletividade que precipitam — nas palavras de Irving Janis, o psicólogo que realizou muito do trabalho pioneiro nesse processo — "uma deterioração da eficiência mental, do teste de realidade e do julgamento moral".[23]

Zimbardo cita, como outro exemplo, o ataque a Pearl Harbor pelas forças japonesas durante a Segunda Guerra Mundial.

Em 7 de dezembro de 1941, a marinha imperial japonesa lançou um ataque surpresa contra a base naval dos Estados Unidos na ilha havaiana de Oahu. A ofensiva foi planejada como um ataque preventivo destinado a impedir que a frota americana no Pacífico comprometesse as incursões planejadas pelos japoneses contra os Aliados na península Malaia e nas Índias Orientais Holandesas.

Isso se provou devastador.

Um total de 188 aeronaves americanas foram destruídas; 2.402 americanos foram mortos e 1.282 feridos — levando o então presidente Franklin D. Roosevelt a solicitar, no dia seguinte, uma declaração formal de guerra contra o Império do Japão. O Congresso lhe deu carta branca em menos de uma hora.

Mas o ataque a Pearl Harbor poderia ter sido prevenido? A catastrófica carnificina e as caóticas consequências poderiam ter sido evitadas? Há evidências para sugerir que sim, e que uma constelação de fatores de pensamento de grupo — suposições falsas, consensos não verificados, preconceitos não questionados, ilusões de invulnerabilidade — contribuiu para a singular falta de precaução dos oficiais da marinha americana estacionados no Havaí.

Ao interceptar comunicações japonesas, por exemplo, os Estados Unidos tinham informação confiável de que o Japão se preparava para a ofensiva. Washington agiu entregando essa informação ao alto-comando militar em Pearl Harbor. Mas os avisos foram casualmente ignorados. Os desenvolvimentos foram considerados uma exibição de poderio militar: o Japão meramente tomava medidas para prevenir a anexação de suas embaixadas em territórios inimigos. As racionalizações incluíam: "Os japoneses nunca ousariam um ataque surpresa contra o Havaí porque sabem que isso iniciaria uma guerra total, e os Estados Unidos certamente venceriam" e "Ainda que os japoneses fossem loucos o bastante para enviar seus porta-aviões contra nós [os Estados Unidos], certamente os detectaríamos e destruiríamos a tempo".

A história mostra que eles estavam errados.

Como exemplo de conveniência da habilidade psicológica de resolver problemas e das qualidades espirituais de ausência de medo e resiliência mental na ação heroica, tanto o fiasco da *Challenger* quanto o de Pearl Harbor fornecem intrigantes paralelos entre o trabalho de Philip Zimbardo e o de Diana Falkenbach e Maria Tsoukalas, já mencionado. Antes, exploramos a possibilidade de que características psicopáticas como charme, baixa ansiedade e imunidade ao estresse — as características que Falkenbach e Tsoukalas identificaram em comparativamente grande escala nas populações de heróis — podem muito bem, e de certa forma ironicamente, ter conseguido pegar uma carona em nosso pool genético evolutivo por sua propensão a facilitar a resolução de conflitos. Indivíduos dominantes entre chimpanzés, macacos-urso e gorilas competem por fêmeas intervindo nas disputas entre submissos.

Mas uma explicação alternativa — e as duas estão longe de serem mutuamente exclusivas — é a de que tais características também podem ter evoluído, e sobrevivido ao teste do tempo, precisamente pela razão oposta: por sua catalítica capacidade de instigar conflitos.

Essa posição se alinha melhor com uma leitura mais ortodoxa da evolução da psicopatia.[24] Tradicionalmente, a explicação darwiniana da psicopatia repousou predominantemente no aspecto não conformista do transtorno (cujo critério 1, como vimos no capítulo 2, se refere à "incapacidade de se conformar às regras sociais"): na atitude indiferente dos psicopatas às convenções sociais. Convenções como honestidade, responsabilidade e monogamia;* mas também convenções como conformidade social, a qual, em nosso passado ancestral, indubitavelmente contribuiu não apenas para uma tomada de decisão perigosamente pobre, mas também, e quase que com certeza, em tempos tão turbulentos e traiçoeiros, para uma pavorosa morte carnívora.

É o princípio de Davi e Golias: o cara baixinho com sua atiradeira lançando seu frio e divergente seixo nas engrenagens da máquina conquistadora, imune às pressões de uma tóxica empatia de grupo.

A voz solitária no ermo.

---

* É claro que tal vergonhosa indiferença à prática da monogamia também leva à promiscuidade sexual... e a uma propagação mais ampla dos genes.

Jack, o Estripador

Pesquisadores e médicos frequentemente afirmam que psicopatas não "topam" a empatia — que, por causa de sua amídala letárgica, eles simplesmente não sentem as coisas do mesmo modo que nós. Estudos revelaram que, quando psicopatas veem angustiantes imagens de, digamos, vítimas da fome, as luzes localizadas nos corredores emocionais de seus cérebros simplesmente não se acendem: que seus cérebros — vistos em ressonância magnética funcional — apenas baixam as persianas emocionais e instauram um toque de recolher emocional.[25]

Às vezes, como vimos, esses toques de recolher podem trazer vantagens — na profissão médica, por exemplo. Mas às vezes as persianas podem cortar completamente a luz. E a escuridão pode ser verdadeiramente impenetrável.

No verão de 2010, subi em um avião para Quantico, Virgínia, para entrevistar o agente especial supervisor James Beasley III na Unidade de Análise Comportamental do FBI. Beasley é uma das maiores autoridades americanas em psicopatas e serial killers, e fez o perfil de todos os tipos de criminosos. De sequestradores de crianças a estupradores. De barões do tráfico a *spree killers*.

Durante seus 27 anos como agente federal, os últimos 17 dos quais passou no Centro Nacional de Análise de Crimes Violentos, não há muito que o agente especial Beasley não tenha ouvido, visto ou enfrentado. Mas, vários anos atrás, ele entrevistou um cara que estava tão baixo na escala de temperatura que quase quebrou o termômetro.

— Houve uma série de assaltos à mão armada — explica Beasley. — E quem quer que estivesse por trás deles não hesitava em apertar o gatilho. Em geral, quando se lida com assaltos à mão armada, a pessoa que os comete usa a arma apenas como ameaça. Mas esse cara era diferente. E era sempre à queima-roupa. Um único tiro na cabeça. Eu não tinha a menor dúvida de que tínhamos um psicopata nas mãos. O cara era frio como gelo. Assombrosamente cruel. Mas havia algo nele que simplesmente não encaixava. Algo que me incomodava. Após um dos assassinatos — o qual acabou por ser seu último: nós o pegamos logo depois disso —, ele pegou a jaqueta da vítima. Isso não fazia sentido. Normalmente, quando alguém remove uma peça de roupa da cena do crime, isso significa uma de duas coisas. Ou se trata de algo de natureza sexual, ou há outro tipo de fantasia sendo encenada. Isso é conhecido como troféu. Mas nenhum desses dois cenários se encaixava no perfil do sujeito.[26] Ele era muito... não sei, funcional. Apenas negócios, se você entende o que digo. Então, quando o prendemos, perguntamos a ele. Qual foi o lance com a jaqueta do cara? E você sabe o que ele disse? Ele disse: "Aquilo? Foi só um impulso. Eu estava indo para a porta, olhei o cara caído em cima do balcão e subitamente pensei: essa jaqueta combina comigo. Quem vai ligar? O cara já está morto. Ele não vai a lugar nenhum. Então eu peguei. Eu a usei no bar aquela noite. Consegui transar, na verdade. Pode-se dizer que é minha jaqueta da sorte. Azar pra ele. Mas sorte pra mim..."

Quando se ouvem histórias como essa, é difícil acreditar que psicopatas já tenham ouvido falar em empatia, quem dirá experimentá-la. E, no entanto, surpreendentemente, o consenso está longe de ser atingido nesse caso. Mem Mahmut, por exemplo, nos mostrou que, em certas circunstâncias, psicopatas parecem ser *mais* empáticos que o restante de nós. Ou mais solícitos, de qualquer modo. E também, se você se lembra, há o estudo realizado por Shirley Fecteau e seus colegas, que mostrou que psicopatas parecem ter mais atividade em seus sistemas de neurônios espelhos, particularmente nos neurônios das áreas somatossensoriais de seus cérebros — as que nos permitem nos identificar com pessoas que sentem dor — que não psicopatas.

No presente, é impossível dizer se alguns psicopatas sentem mais empatia que outros; se alguns são melhores em "ligá-la e desligá-la" que outros; ou se simplesmente são melhores em fingi-la que outros. Mas essa é uma questão fascinante e vai ao cerne da verdadeira identidade do psicopata. E, certamente, será calorosamente debatida por anos.

Falando precisamente disso, pergunto a Beasley sobre os serial killers. Qual é, em sua experiência, a medida *deles* na escala de empatia? Estou razoavelmente certo de que sei a resposta. Mas Beasley tem uma surpresa para mim.

— A ideia de que serial killers não sentem empatia é um pouco enganosa — diz ele. — Claro, há caras como Henry Lee Lucas, que disse que matar uma pessoa é como esmagar um inseto.* E, para esse tipo funcional, instrumental, de serial killer, esses errantes perenes que só estão atrás de algum dinheiro fácil, a falta de empatia pode ser benéfica e contribuir para que não sejam pegos. Afinal, homens mortos não falam, certo? Mas, em outra categoria de serial killers, que chamamos de serial killers sádicos, para os quais o crime é um fim em si mesmo, a presença de empatia, e mesmo de elevada empatia, serve a dois objetivos importantes.[27] Veja Ted Bundy, por exemplo. Bundy enredava suas vítimas, todas estudantes universitárias, fingindo ter algum tipo de incapacidade. Braço na tipoia, muletas, esse tipo de coisa. Bundy sabia, ao menos racionalmente, quais botões apertar para conseguir sua ajuda, ganhar sua confiança. Se ele não soubesse, se não fosse capaz de se colocar no lugar delas, será que teria sido capaz de enganá-las tão eficazmente? Acredito que a resposta seja não. Certo grau de empatia *cognitiva*, uma quantidade módica de "teoria da mente", é um requisito essencial para o serial killer sádico.[28] Por outro lado, no entanto, precisa haver certo grau de empatia *emocional* também. De outro modo, como você poderia se divertir ao ver o sofrimento de suas vítimas? Ao espancá-las e torturá-las etc.? A resposta é simples: você não poderia. Então a conclusão, por mais estranha que pareça, é a seguinte: serial killers sádicos sentem a dor de suas vítimas exatamente da mesma maneira que eu ou você podemos senti-la. Eles a sentem cognitiva e objetivamente. Mas a diferença entre eles e nós é que eles transformam aquela dor em seu próprio *prazer* subjetivo. De fato, provavelmente se pode dizer que, quanto maior é a empatia que sentem, maior o prazer que obtêm. O que, se você pensar a respeito, é meio esquisito.

---

* Henry Lee Lucas foi um prolífico serial killer americano, descrito como "o maior monstro que já viveu", cuja confissão levou a polícia ao corpo de 246 vítimas. Subsequentemente, ele foi condenado pelo assassinato de 189 delas. A matança de Lucas se estendeu por três décadas, de 1960, quando ele matou a mãe a facadas após uma discussão, antes de fazer sexo com o corpo, até sua prisão em 1983, por posse ilegal de arma de fogo. No fim da década de 1970, Lucas se uniu a um cúmplice, Ottis Toole, e juntos eles vaguearam pelo sul dos Estados Unidos, perseguindo primária, mas não exclusivamente, caroneiros. Em certa ocasião, eles aparentemente dirigiram por dois estados antes de perceber que a cabeça cortada de sua última vítima ainda estava no banco de trás do carro. "Eu não tenho sentimentos, nem pelas pessoas, nem por nenhum dos crimes", disse Lucas certa vez. "Eu as pegava pedindo carona, correndo, jogando, coisas assim. Nós ficávamos juntos por um tempo, nos divertíamos. Então eu as matava e as jogava em algum lugar." Lucas morreu em 2001, na prisão, de parada cardíaca. Sua história foi contada em um filme de 1986 chamado *Henry: Retrato de um assassino*.

Com certeza é. Mas, enquanto estou ali ouvindo Beasley, começo a fazer conexões. Subitamente, as coisas começam a fazer sentido.

Greg Morant, um dos golpistas mais cruéis do mundo, é com certeza um psicopata. Ele simplesmente transpira empatia. Foi isso que o tornou tão bom, tão preciso em identificar e se concentrar nos pontos de pressão psicológicos de suas vítimas.

O estudo sobre o neurônio espelho conduzido por Shirley Fecteau, no qual psicopatas demonstraram maior empatia que não psicopatas... o vídeo que ela exibiu mostrava uma cena de dor física: uma agulha penetrando uma mão.

E, é claro, o experimento de Mem Mahmut. O fato de que psicopatas conseguiram ser mais empáticos que não psicopatas quando se tratava de um "braço quebrado" pode tê-lo surpreendido.

Mas certamente não a James Beasley.

— Exatamente como eu previ — comenta ele, sem hesitação. — Embora, talvez — ele faz uma breve pausa enquanto avalia as opções —, isso dependa do tipo de psicopata que ele estava testando.

Beasley me fala de um estudo conduzido por Alfred Heilbrun, psicólogo da Universidade Emory, na década de 1980.[29] Heilbrun analisou a estrutura de personalidade de mais de 150 criminosos e, com base nessa análise, fez uma distinção entre dois tipos muito diferentes de psicopatas: aqueles com pequeno controle sobre os impulsos, baixo QI e pouca empatia (o tipo de Henry Lee Lucas), e aqueles com maior controle sobre os impulsos, alto QI, motivação sádica e elevada empatia (o tipo de Ted Bundy ou, se você preferir, Hannibal Lecter).

Mas os dados escondiam um detalhe arrepiante. O grupo que exibia o maior grau de empatia, de acordo com a taxonomia de Heilbrun, compreendia psicopatas de alto QI com histórico de extrema violência. E, em particular, estupro: um ato que ocasionalmente incorpora um componente vicário, sádico. Não apenas atos violentos que infligem dor e sofrimento são mais intencionais que impulsivos, disse Heilbrun, ecoando as observações de Beasley, como também, precisamente em razão da presença de empatia e da consciência do perpetrador da dor sendo experimentada por sua vítima, é assim que ele atinge a excitação preliminar e a subsequente satisfação dos objetivos sádicos.

Parece que nem todos os psicopatas são daltônicos. Alguns veem o sinal de pare exatamente da mesma maneira que o restante de nós. Mas escolhem ignorá-lo.

A máscara por trás da face

O fato de que ao menos certa proporção de psicopatas parece experimentar empatia, e talvez experimentá-la em um grau mais ampliado que o nosso, pode ajudar a desvendar um mistério: como os psicopatas no estudo de "vulnerabilidade" de Angela Book conseguiam ver aquelas pistas na conduta, aqueles sinais indicativos no modo de andar das vítimas traumatizadas, melhor que o restante de nós.

Mas, se você acha que psicopatas estão sozinhos em sua capacidade de detectar fragmentos de emoção profunda invisíveis a olho nu, cacos de sentimentos não processados enterrados bem abaixo da capa da censura consciente, você está enganado. Paul Ekman, da Universidade da Califórnia, em Berkeley, relata que dois monges tibetanos mestres em meditação superaram juízes, policiais, psiquiatras, funcionários da alfândega e mesmo agentes do serviço secreto em uma tarefa de processamento de expressões subliminares que derrotara todos os que haviam tentado (e foram mais de 5 mil pessoas).[30]

A tarefa compreendia duas partes. Na primeira, faces exibindo uma das seis emoções básicas (raiva, tristeza, felicidade, medo, repulsa e surpresa) apareciam no monitor. As faces apareciam por tempo suficiente para que o cérebro as processasse, mas não para que os voluntários pudessem descrever conscientemente o que haviam visto. Na segunda, pedia-se aos voluntários que indicassem a face previamente mostrada no monitor em uma subsequente "linha de reconhecimento" de seis outras.

Tipicamente, o desempenho é obra do acaso. Em uma série de tentativas, os voluntários conseguiam uma taxa de acerto de aproximadamente uma em seis.

Mas os monges conseguiram três ou quatro.

Ekman especula que seu segredo pode residir em uma ampliada, quase sobrenatural habilidade de ler microexpressões: aqueles minúsculos, estroboscópicos quadros de emoção sobre os quais aprendemos mais cedo, que duram milissegundos e começam a se manifestar nos músculos de nossa face antes que nosso cérebro consciente tenha tempo de apagá-los e mostrar, em vez disso, a imagem que desejamos apresentar.

Se esse é o caso, eles dividem essa habilidade com psicopatas.

Sabrina Demetrioff, da Universidade da Colúmbia Britânica, recentemente descobriu precisamente essas habilidades em indivíduos com altas pontuações na Escala de Autoavaliação em Psicopatia de Hare, especialmente no que diz respeito às expressões de medo e tristeza.[31]

Ainda mais intrigante é o que aconteceu quando Ekman levou um dos monges que testara até o laboratório de psicofisiologia de Berkeley, dirigido por seu colega Robert Levenson, para avaliar sua "presença da mente". Lá, após ser ligado a um equipamento sensível às menores flutuações nas funções autônomas — contração muscular, pulsação, transpiração e temperatura da pele —, foi dito ao monge que em algum momento dos próximos 5 minutos ele ouviria o som de uma explosão súbita e alta (o equivalente, Ekman e Levenson decidiram, a uma arma sendo disparada a alguns centímetros do ouvido: o limite máximo de tolerância acústica humana).

Avisado sobre a explosão, o monge foi instruído a tentar, no limite de suas habilidades, suprimir a inevitável "resposta de sobressalto", ao ponto de, se possível, torná-la completamente imperceptível.

É claro que Ekman e Levenson haviam passado tempo demais em laboratório para esperar por um milagre. Das centenas de participantes já testados, nenhum conseguira uma linha reta. Nem mesmo os atiradores de elite da polícia. Não responder de todo era impossível. Os monitores sempre pegavam alguma coisa.

Ou ao menos era isso que eles achavam.

Mas eles nunca haviam testado um mestre de meditação tibetano antes. E, para seu espanto, eles finalmente encontraram alguém à altura. Aparentemente contra todas as leis da fisiologia humana, o monge não exibiu a menor reação à explosão. Ele não pulou. Ele não se encolheu. Ele não fez *nada*.

Ele obteve uma linha reta no monitor.

A arma disparou... e o monge ficou lá sentado. Feito uma estátua. Em todos os seus anos, Ekman e Levenson nunca tinham visto nada parecido.

— Quando ele tenta reprimir o sobressalto, este quase desaparece — Ekman observou mais tarde. — Nunca encontramos ninguém que pudesse fazer isso. Nem nós nem nenhum outro pesquisador. É um feito espetacular. Não fazemos a menor ideia da anatomia que permite que ele reprima o reflexo de sobressalto.

O próprio monge, que no momento da explosão estivera praticando uma técnica conhecida como meditação de presença aberta, tem outra visão a respeito.

— Naquele estado — explica ele —, eu não estava ativamente tentando controlar o sobressalto. Mas a detonação pareceu mais fraca, como se eu a ouvisse a distância. No estado distraído, a explosão subitamente o traz de volta ao momento presente, e isso faz com que você pule de surpresa. Mas, quando está em presença aberta, você descansa no momento presente. E o disparo simplesmente ocorre e causa apenas uma leve perturbação, como um pássaro cruzando o céu.

Fico pensando se eles testaram sua audição.

Morto na estrada

O trabalho de Paul Ekman, Robert Levenson e Richard Davidson, mencionado antes, apoia o consenso geral de que o cultivo e a manutenção de um estado mental relaxado podem ajudar consideravelmente não apenas nossas respostas, mas também nossa percepção dos fatores de estresse da vida moderna. Poucos de nós, é claro, chegarão aos rarefeitos cumes espirituais de um monge budista tibetano. Mas quase todos nós nos beneficiaríamos de manter a cabeça fria em uma ou outra ocasião.

Mas parece que psicopatas são exceção à regra. De fato, os psicopatas, em vez de praticar (como fazem os monges budistas) meditação para conseguir calma interior, parecem, como demonstrou seu desempenho na tarefa do dilema moral, ter um talento natural para isso. E não são somente seus resultados em tarefas cognitivas, de tomada de decisão, que suportam essa conclusão. Evidências adicionais desse talento inato para a calma vêm de estudos básicos sobre reatividade *emocional*.

Em um trabalho que lembra o estudo de interrupção emocional mencionado antes, Chris Patrick, por exemplo, da Universidade Estadual da Flórida, comparou as reações de psicopatas e não psicopatas enquanto viam uma série de imagens horríveis, nauseantes e eróticas, respectivamente.[32] Em todas as medidas fisiológicas — pressão arterial, produção de suor, ritmo cardíaco e número de piscadas —, ele descobriu que psicopatas são menos estimulados que os membros normais da população. Ou, para usar a terminologia própria, eles têm uma atenuada *resposta de sobressalto emocional*.

O maior mérito, escreveu no século XI o professor budista Atisha, é o domínio de si.[33] A maior magia é transmutar as paixões. E, em certa extensão, parece que os psicopatas estão um passo a nossa frente.

Mas esse "passo" não é sempre metafórico. A noção do psicopata estando "um passo à frente" às vezes pode ser tão verdadeira no sentido literal da frase — indo do ponto A ao ponto B — quanto o é quando se trata de nossas respostas a estímulos emocionais.

E essa perpétua peregrinação também pode ser asceticamente exigente.

O transitório, peripatético modo de vida, característica central da personalidade psicopática, tem, assim como a transmutação das paixões, antigas fundações nas tradições da iluminação espiritual. No tempo de Atisha, por exemplo, a personificação do arquétipo espiritual era o *Shramana* ou monge errante — e seu ideal de renúncia e abandono, de solidão, transitoriedade e contemplação emulava o caminho para a iluminação seguido pelo próprio Buda.

Em nossos dias, é claro, o *Shramana* está espiritualmente extinto: um fantasma primordial que assombra as encruzilhadas estreladas de espectrais e nirvânicos páramos. Mas, nas sombras iluminadas de néon de bares, motéis e cassinos, o psicopata resiste, assumindo, assim como seus monásticos antepassados, uma existência itinerante e nômade.

Veja assassinato em série, por exemplo. Os últimos números do FBI estimam que, a qualquer tempo, existem entre 35 e 50 serial killers agindo simultaneamente nos Estados Unidos.[34] Esse número é altíssimo, quaisquer que sejam os padrões. Mas pesquise um pouco mais e você começará a se perguntar se, de fato, ele não deveria ser ainda mais alto.

O sistema de rodovias interestaduais dos Estados Unidos é uma besta esquizofrênica. Durante as horas do dia, suas áreas de descanso são muito frequentadas e têm uma aura de convivência familiar. Mas, durante as horas de escuridão, esse clima pode mudar rapidamente — e muitas se tornam o refúgio de traficantes e prostitutas procurando por presas fáceis: motoristas de caminhão em longas viagens e outros trabalhadores itinerantes.

As famílias dessas mulheres não estão exatamente esperando por elas em casa. Muitos corpos permanecem por semanas, às vezes anos, em parques e depósitos de lixo por todo o país, frequentemente a centenas de quilômetros de onde as vítimas foram apanhadas. A polícia recentemente descobriu os restos mortais de uma das vítimas, assassinada de cinco a dez anos atrás, do assassino de Long Island, por exemplo, o qual, enquanto escrevo, foi ligado a um total de dez assassinatos em um período de quinze anos.

O verdadeiro número de vidas tiradas por Henry Lee Lucas nunca será conhecido.

A vastidão do país, a escassez de testemunhas, o fato de que cada estado constitui uma jurisdição legal independente, e o modo como vítimas e perpetradores frequentemente estão apenas "de passagem", tudo se soma para o logístico, estatístico pesadelo das autoridades envolvidas na investigação.

Perguntei a um agente especial do FBI se ele achava que psicopatas eram especialmente indicados para certos tipos de profissão.

Ele balançou a cabeça.

— Bom, eles definitivamente são bons motoristas de caminhão. Na verdade, eu diria que o caminhão provavelmente constitui a mais importante peça da caixa de ferramentas do serial killer nos Estados Unidos. Ele é ao mesmo tempo um *modus operandi* e um veículo de fuga.

O agente em questão faz parte de um time de oficiais da lei atualmente que trabalham na Iniciativa contra Mortes Seriais em Rodovias, do FBI, um esquema designado tanto para facilitar o fluxo de dados no complexo mosaico americano de jurisdições legais autônomas quanto para aumentar a consciência do público a respeito dos assassinatos.

A iniciativa começou quase acidentalmente. Em 2004, um analista do Escritório Estadual de Investigação de Oklahoma detectou um padrão. Os corpos de mulheres assassinadas começaram a aparecer em intervalos regulares ao longo da Interestadual 40, que forma um corredor ao longo de Oklahoma, Texas, Arkansas e Mississippi. Analistas do Programa de Apreensão de Criminosos Violentos [*Violent Criminal Apprehension Program*, ViCAP], uma matriz nacional que contém informações sobre homicídios, ataques de caráter sexual, pessoas desaparecidas e restos mortais humanos não identificados, verificaram sua base de dados para ver se existiriam padrões similares de mortes em rodovias em outros lugares.

Eles existiam. E como!

Até agora, as investigações revelaram mais de quinhentas vítimas de assassinato ao longo ou próximo a rodovias — assim como uma lista de duzentos suspeitos potenciais.

— Psicopatas são magos das sombras — diz o agente, com um mapa em larga escala dos Estados Unidos, cruzado por linhas do tempo, locais suspeitos e trajetórias de crimes, pendurado na parede atrás de sua escrivaninha. — Eles sobrevivem se mantendo em movimento. Eles não têm a mesma necessidade de relacionamentos próximos que as pessoas normais. Então vivem em uma órbita de perpétua deriva, na qual as chances de reencontrar suas vítimas são minimizadas. Mas eles também podem usar o charme. O que, ao menos no curto e médio prazos, permite que fiquem em um lugar por tempo suficiente para evitar suspeitas e cultivar vítimas. Seu extraordinário carisma — e, em alguns casos, ele chega aos limites do sobrenatural: mesmo sabendo que eles são frios como gelo e que o matariam assim que pusessem os olhos em você, às vezes você não consegue se impedir de gostar deles — age como uma espécie de cortina de fumaça psicológica que mascara suas verdadeiras intenções. Essa, falando nisso, é a razão pela qual você geralmente tende a encontrar uma maior proporção de psicopatas em áreas urbanas que nas áreas rurais. É fácil conseguir anonimato em uma cidade. Mas tente se misturar à multidão em uma comunidade agrícola ou mineradora. Seria um trabalho difícil. Infelizmente, as palavras "psicopata" e "errante" se encaixam como uma mão na luva. E isso é uma dor de cabeça para os órgãos da lei. É o que torna nosso trabalho tão infernalmente difícil às vezes.

A lição da mariposa

Peter Jonason, idealizador da psicologia "James Bond", tem uma teoria a respeito da psicopatia. Ele afirma que explorar outras pessoas é um negócio de alto risco que frequentemente resulta em fracasso. Não apenas as pessoas estão de sobreaviso contra degoladores e golpistas, como também tendem a reagir mal a eles: legalmente ou de outras maneiras. Se você vai trapacear, elucida Jonason, ser extrovertido, sedutor e cheio de autoestima ajuda a lidar com a rejeição. E facilita na hora de pegar a estrada e se mandar.

Bond, é claro, estava sempre na estrada. Sendo um espião, fazia parte de seu trabalho: assim como para o serial killer na interestadual, assim como para os monges errantes de outrora. Mas, embora esses três tenham razões bastante diferentes para suas viagens, e ocupem posições bastante diferentes ao longo do espectro psicopático, eles também são guiados por um esquema metafísico comum — a incessante busca por novas, elevadas experiências: seja uma luta mortal com um insano mestre do crime; seja o insondável, tóxico poder de tirar a vida de alguém; ou a transcendental pureza da eterna peregrinação.

Essa abertura para a experiência é a qualidade comum entre psicopatas e santos — e, se você se lembra, constitui um componente integral da meditação de atenção plena. E, no entanto, é uma das muitas qualidades que esses dois aparentes opostos partilham (ver Figura 7.2). Nem todos os traços psicopáticos são traços espirituais, e vice-versa. Mas há alguns, como vimos, que indubitavelmente se sobrepõem, e dos quais abertura para a experiência talvez seja o mais fundamental.

Hunter S. Thompson certamente concordaria. E é, afinal de contas, o único com o qual nascemos.

Traços psicopáticos   **Traços espirituais**

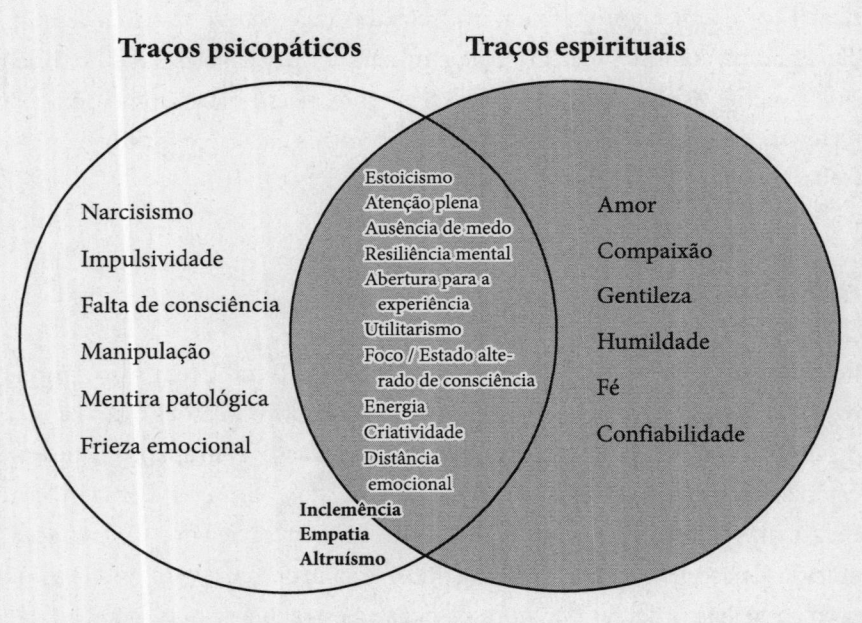

Traços psicopáticos:
- Narcisismo
- Impulsividade
- Falta de consciência
- Manipulação
- Mentira patológica
- Frieza emocional

Intersecção:
- Estoicismo
- Atenção plena
- Ausência de medo
- Resiliência mental
- Abertura para a experiência
- Utilitarismo
- Foco / Estado alterado de consciência
- Energia
- Criatividade
- Distância emocional
- Inclemência
- Empatia
- Altruísmo

Traços espirituais:
- Amor
- Compaixão
- Gentileza
- Humildade
- Fé
- Confiabilidade

Figura 7.2. A relação entre traços psicopáticos e traços espirituais.

Após terminar minhas entrevistas com o FBI em Quantico, fiz um desvio até a Flórida para umas férias. Matando tempo no centro de Miami antes de pegar meu voo para casa, me aventuro pelas *calles* de Little Havana, até um mercado de pulgas. Na mesa de um bricabraque, ao lado de uma pilha de quebra-cabeças, está um exemplar de *Archy and Mehitabel*, sua sobrecapa azul transformada em um tropical turquesa pelo sol e pelo sal do oceano.

A sabedoria dos psicopatas

O livro, originalmente escrito em 1927 pelo celebrado colunista nova-iorquino Don Marquis, conta a história do incomum personagem do título, Archy — uma barata escritora com peculiar pendor para a poesia —, e suas estranhas aventuras com seu melhor amigo Mehitabel, um gato de rua reencarnado que afirma ter sido Cleópatra na vida anterior.

Folheio as páginas. E desembolso um par de dólares. Basta para o voo de volta. Mais tarde nessa noite, 15 mil metros acima do sonolento Atlântico norte, encontro o seguinte poema.

É um poema sobre mariposas. Mas também é um poema sobre psicopatas.[35]

Eu o copiei e emoldurei. E agora ele me encara, formidável, sobre minha escrivaninha: um lembrete entomológico sobre os horizontes da existência.

E sobre a brutal, fatídica sabedoria daqueles que os perseguem.

>   eu estava falando com uma mariposa
>   na outra noite
>   ela estava tentando quebrar
>   uma lâmpada
>   e se eletrocutar nos fios
>
>   por que vocês, companheiras,
>   se arriscam assim, perguntei a ela
>   é a tradição
>   entre mariposas ou o quê
>   se isso fosse uma vela
>   em vez de uma lâmpada
>   você seria agora uma cinza feiosa
>   você não tem juízo
>
>   muito, ela respondeu
>   mas às vezes ficamos cansadas
>   de usá-lo
>   ficamos entediadas com a rotina
>   e ansiamos por beleza
>   e excitação

o fogo é belo
e sabemos que se chegarmos
muito perto ele nos matará
mas isso não importa
é melhor ser feliz
por um momento
e ser incinerada com beleza
que viver por muito tempo
e estar entediada o tempo todo
então compactamos toda nossa vida
em um pequeno rolo
e disparamos o rolo
é para isso que serve a vida
é melhor ser parte da beleza
por um instante e então deixar
de existir que existir para sempre
e nunca ser parte da beleza
nossa atitude em relação à vida
é vem fácil, vai fácil
nós somos como eram os humanos
antes de se tornarem
civilizados demais para se divertirem

e antes que eu pudesse argumentar
contra essa filosofia
ela se imolou
em um isqueiro para charutos
eu não concordo com ela
eu preferiria
ter metade da felicidade e duas vezes
a longevidade

mas ao mesmo tempo eu queria
que houvesse algo que eu desejasse
tanto quanto ela desejava eletrocutar a si mesma.

Notas

Prefácio

1. Ver Arne Öhman e Susan Mineka, "The Malicious Serpent: Snakes as a Prototypical Stimulus for an Evolved Module of Fear", *Current Directions in Psychological Science* 12, n. 1 (2003): 5-9. Para uma introdução de fácil leitura às bases evolutivas da emoção, ver Joseph E. LeDoux, *The Emotional Brain: The Mysterious Under Pinnings of Emotional Life* (Nova York: Simon & Schuster, 1996).
2. Ver Heinrich Klüver e Paul C. Bucy, "Psychic Blindness and Other Symptoms Following Bilateral Temporal Lobectomy in Rhesus Monkeys", *American Journal of Physiology* 119 (1937): 352-3; Heinrich Klüver e Paul C. Bucy, "Preliminary Analysis of Functions of the Temporal Lobes in Monkeys, *Archives of Neurology and Psychiatry* 42, n. 6 (1939): 979-1000.
3. Citação recolhida por Jane Spencer, "Lessons from the Brain-Damaged Investor", *Wall Street Journal*, 21 de julho de 2005. http://online.wsj.com/article/0, SB112190164023291519, 00.html (acessada em 19 de outubro de 2008).
4. Ver Elaine M. Fox, Riccardo Russo e George A. Georgiou, "Anxiety Modulates the Degree of Attentive Resources Required to Process Emotional Faces", *Cognitive, Affective e Behavioral Neuroscience* 5, n. 4 (2005): 396-404.
5. Oliver Sacks, *The Man Who Mistook His Wife for a Hat* (Londres: Picador, 1985).
6. Ver Szabolcs Kéri, "Genes for Psychosis and Creativity: A Promoter Polymorphism of the Neuregulin 1 Gene Is Related to Creativity in People with High Intellectual Achievement", *Psychological Science* 20, n. 9 (2009): 1070-73.

7. Joseph P. Forgas, Liz Goldenberg e Christian Unkelbach, "Can Bad Weather Improve Your Memory? A Field Study of Mood Effects on Memory in a Real--Life Setting", *Journal of Experimental Social Psychology* 45 (2009): 254-7.
8. A psicopatia é muito mais prevalente em homens que em mulheres. Várias razões para o fenômeno foram aventadas. Teóricos desenvolvimentistas insistem que diferenças na agressividade podem surgir em função das dicotômicas práticas parentais na criação de meninos e meninas, e indicam que meninas desenvolvem habilidades linguísticas e sociológicas mais cedo que meninos, o que pode predispor à emergência de estratégias mais eficazes de inibição desse comportamento. Teóricos evolucionistas, por sua vez, enfatizam diferenças inatas entre os gêneros no comportamento de ativação e recuo como possível fonte de discrepância: mulheres, por exemplo, tendem a reportar mais emoções de "recuo negativo" (como medo) na presença de estímulos aversivos, enquanto homens reportam mais emoções de "ativação negativa" (como raiva). Uma terceira escola de pensamento destaca o possível papel de fatores sociológicos na "presença" do transtorno: um sutil preconceito de gênero no diagnóstico médico, por exemplo, aliado ao tradicional estigma social contra mulheres que apresentam psicopatologias antissociais ou mesmo reportam sentimentos ou atitudes antissociais. Qualquer que seja a razão, e é provável que a demografia esconda uma confluência dos três fatores, estimativas da incidência de psicopatia tendem a variar entre 1 e 3% em homens e 0,5 e 1% em mulheres.

1. Escorpião interior

1. O relatório em questão, que Hare *conseguiu* publicar, era o seguinte: Sherrie Williamson, Timothy J. Harpur e Robert D. Hare, "Abnormal Processing of Affective Words by Psychopaths", *Psychophysiology* 28, n. 3 (1991): 260-73.
2. Ver Sarah Wheeler, Angela Book e Kimberley Costello. "Psychopathic Traits and the Perception of Victim Vulnerability", *Criminal Justice and Behavior* 36, n. 6 (2009): 635-48. Deve-se notar também que, embora psicopatas possam possuir um radar de vulnerabilidade, há evidências que sugerem que elementos de sua própria linguagem corporal "vazam" e os distinguem dos membros normais da população. Um estudo mostrou que psicopatas podem ser confiavelmente diferenciados de não psicopatas com base na exposição a sequências de vídeo de duração tão curta quanto 5 a 10 segundos. Ver Katherine A. Fowler, Scott O. Lilienfeld e Christopher J. Patrick, "Detecting Psychopathy from Thin Slices of Behavior", *Psychological Assessment* 21, n. 1 (2009): 68-78.

3. Ver Delroy L. Paulhus, Craig S. Neumann e Robert D. Hare, *Self-Report Psychopathy Scale: Version III* (Toronto: Multi-Health Systems, no prelo).
4. Kimberley Costello e Angela Book, "Psicopatia e Seleção de Vítimas", pôster apresentado na Conferência da Sociedade para o Estudo Científico da Psicopatia em Montreal, Canadá, maio de 2011.
5. Trata-se de um estudo em andamento e dados ainda estão sendo coletados para confirmar as descobertas iniciais.
6. Ver J. Reid Meloy e M. J. Meloy, "Autonomic Arousal in the Presence of Psychopathy: A Survey of Mental Health and Criminal Justice Professionals", *Journal of Threat Assessment* 2, n. 2 (2003): 21-34.
7. Ver Kent G. Bailey, "The Sociopath: Cheater or Warrior Hawk?", *Behavioral and Brain Sciences* 18(3), n. 3 (1995): 542-3.
8. Ver Robin I. M. Dunbar, Amanda Clark e Nicola L. Hurst, "Conflict and Cooperation among the Vikings: Contingent Behavioral Decisions", *Ethology and Sociobiology* 16(3), n. 3 (1995): 233-46.
9. Para conhecer mais sobre o trabalho de Joshua Greene e a fascinante interface entre neurociência e tomada de decisões morais, ver Joshua D. Greene, Brian R. Sommerville, Leigh E. Nystrom, John M. Darley e Jonathan D. Cohen, "An fMRI Investigation of Emotional Engagement in Moral Judgment", *Science* 293, n. 5537 (2001): 2105-8; Andrea L. Glenn, Adrian Raine e R. A. Schug, "The Neural Correlates of Moral Decision-Making in Psychopathy", *Molecular Psychiatry* 14 (janeiro, 2009): 5-6.
10. O dilema do trem foi proposto pela primeira vez dessa maneira por Philippa Foot em "The Problem of Abortion and the Doctrine of the Double Effect", em *Virtues and Vices and Other Essays in Moral Philosophy* (Berkeley, CA: University of California Press, 1978).
11. Ver Judith J. Thomson, "Killing, Letting Die and the Trolley Problem", *The Monist* 59 (1976): 204-17.
12. Ver Daniel M. Bartels e David A. Pizarro, "The Mismeasure of Morals: Antisocial Personality Traits Predict Utilitarian Responses to Moral Dilemmas", *Cognition* 121(1) (2011): 154-61.
13. Ver Belinda J. Board e Katarina Fritzon, "Disordered Personalities at Work", *Psychology, Crime and Law* 11, n. 1 (2005): 17-32.
14. Ver Mehmet K. Mahmut, Judi Homewood e Richard J. Stevenson, "The Characteristics of Non-Criminals with High Psychopathy Traits: Are They Similar to Criminal Psychopaths?", *Journal of Research in Personality* 42, n. 3 (2008): 679-92.

15. Pesquisa piloto ainda não publicada.
16. Ver Emma Jacobs, "20 Questions: Jon Moulton", *Financial Times*, 4 de fevereiro de 2010.
17. Agradeço a Nigel Henbest e Dame Heather Couper por essa história.
18. Para conhecer melhor o trabalho de Rachman, ver Stanley J. Rachman, "Fear and Courage: A Psychological Perspective", *Social Research 71*, n. 1 (2004): 149-76. Nesse artigo, Rachman deixa bem claro que especialistas em desarmamento de bombas não são psicopáticos — uma visão ecoada aqui. Antes, o que se tenta mostrar é que autoconfiança e calma sob pressão são dois traços que psicopatas e desarmadores de bombas têm em comum.
19. Ver Neil Jacobson e John Gottman, *When Men Batter Women: New Insights into Ending Abusive Relationships* (Nova York: Simon and Schuster, 1998).
20. Ver Lilianne R. Mujica-Parodi, Helmut H. Strey, Frederick Blaise, Robert Savoy, David Cox, Yevgeny Botanov, Denis Tolkunov, Denis Rubin e Jochen Weber, "Chemosensory Cues to Conspecific Emotional Stress Activate Amygdala in Humans", *PLoS ONE* 4, n. 7 (2009): e6415. doi:10.1371/journal.pone.0006415.
21. Artigo em avaliação para publicação. Deve-se notar, em relação a meu estudo, que psicopatas não foram melhores que não psicopatas em detectar suor do medo e suor sem medo com base no odor. O distinto odor de qualquer suor vem da contaminação por bactérias e os protocolos de coleta e armazenagem foram estipulados, assim como no estudo de Mujica-Parodi, para impedir o crescimento de bactérias. A diferença entre psicopatas e não psicopatas reside no efeito que a exposição ao suor do medo teve em seu desempenho.

2. O verdadeiro psicopata pode se levantar, por favor?

1. Para uma visão aprofundada da contribuição de Eysenck para a teoria da personalidade, ver Hans J. Eysenck e Michael W. Eysenck, *Personality and Individual Differences: A Natural Science Approach* (Nova York: Plenum Press, 1985) Para o artigo original incorporando os quatro temperamentos de Hipócrates, ver Hans J. Eysenck, "A Short Questionnaire for the Measurement of Two Dimensions of Personality", *Journal of Applied Psychology* 42, n. 1 (1958): 14-17.
2. Ver Gordon. W Allport e H. S. Odbert, "Trait-Names: A Psycho-Lexical Study", *Psychological Monographs* 47, n. 1 (1936): 1-171.
3. Ver Raymond. B. Cattell, *Personality and Motivation Structure and Measurement* (Yonkers-on-Hudson, NY: World Book Co., 1957).

4. Ver Ernest. C. Tupes e Raymond E. Christal, "Recurrent Personality Factors Based on Trait Ratings", Technical Report ASD-TR-61-97, Personnel Laboratory, Aeronautical Systems Division, Air Force Systems Command, United States Air Force. Lackland Air Force Base, Texas, maio de 1961. Republicado em *Journal of Personality* 60, n. 2 (1992): 225-51.
5. Ver Paul T. Costa e Robert R. McCrae, "Primary Traits of Eysenck's PEN System: Three-and Five-Factor Solutions", *Journal of Personality and Social Psychology* 69, n. 2 (1995): 308-17.
6. Os átomos da personalidade Big Five são tão indivisíveis que foram observados até mesmo em outras espécies. Um estudo de 1997, conduzido por James King e Aurelio Figueredo na Universidade do Arizona, mostra que a personalidade dos chimpanzés também se conforma ao modelo de cinco fatores encontrado em humanos — com um extra: dominância, um artefato evolutivo de sua sociedade hierárquica. Sam Gosling, agora na Universidade do Texas, em Austin, fez um trabalho similar com hienas. Gosling recrutou quatro voluntários para fornecer, com a ajuda de escalas especialmente desenhadas, avaliações padronizadas da personalidade de um grupo de *Crocuta crocuta* (um tipo de hiena pintada). As hienas foram abrigadas na Estação de Campo para Pesquisa do Comportamento da Universidade da Califórnia, em Berkeley. Eis que, quando Gosling analisou os dados, cinco dimensões saltaram da planilha a sua frente: assertividade, excitabilidade, amabilidade em relação aos humanos, sociabilidade e curiosidade. Essas dimensões, se esquecermos meticulosidade por um momento, combinam muito bem com as quatro outras estrelas do firmamento da personalidade humana (neuroticismo, amabilidade, extroversão e abertura para experiências). E Gosling não parou aí. Encorajado por esses resultados, ele levou sua calculadora emocional para o fundo do mar — e encontrou claras diferenças em sociabilidade... em polvos. Parece que certos polvos preferem comer na segurança de suas próprias tocas, enquanto outros gostam de jantar *al fresco*. Ver James E. King e Aurelio J. Figueredo, "The Five- Factor Model plus Dominance in Chimpanzee Personality", *Journal of Research in Personality* 31 (1997): 257-71; Samuel D. Gosling, "Personality Dimensions in Spotted Hyenas (*Crocuta crocuta*)", *Journal of Comparative Psychology* 112 n. 2 (1998): 107-18. Para uma visão mais geral dos traços de personalidade no reino animal, ver também S. D. Gosling e Oliver P. John, "Personality Dimensions in Non-Human Animals: A Cross-Species Review", *Current Directions in Psychological Science* 8, n. 3 (1999:) 69-75.

7. Para saber mais sobre a estrutura da personalidade, em particular as Big Five, ver R. R. McCrae e P. T. Costa, *Personality in adulthood* (Nova York: Guilford Press, 1990); R. R. McCrae e P. T. Costa, "A Five-Factor Theory of Personality", em L. A. Pervin e O. P. John (org.), *Handbook of Personality: Theory and Research*, 2nd ed. (Nova York: Guilford Press, 1990), pp. 139–53.
8. Para saber mais sobre a relação entre personalidade e escolha profissional, ver Adrian Furnham, Liam Forde e Kirsti Ferrari, "Personality and Work Motivation", *Personality and Individual Differences*, 26, n. 6 (1999): 1035–43; Adrian, Furnham, Chris J. Jackson, Liam Forde e Tim Cotter, "Correlates of the Eysenck Personality Profiler", *Personality and Individual Differences*, 30, n. 4 (2001): 587–94.
9. Para o estudo de Lynam, ver Joshua D. Miller, Donald R. Lynam Thomas A. Widiger e Carl Leukefeld, "Personality Disorders as Extreme Variants of Common Personality Dimensions: Can the Five-Factor Model Adequately Represent Psychopathy?", *Journal of Personality* 69 n. 2 (2001): 253–76. Para saber mais sobre a relação entre psicopatia e o Modelo de Personalidade de Cinco Fatores, ver Thomas A. Widiger e Donald R. Lynam, "Psychopathy and the Five Factor Model of Personality", em T. Million, E. Simonsen, M. Birket-Smith e R. D. Davis (orgs.), *Psychopathy: Antisocial, Criminal e Violent Behaviors* (Nova York: Guilford Press, 1998); e Joshua D. Miller e Donald R. Lynam, "Psychopathy and the Five-Factor Model of Personality: A Replication and Extension", *Journal of Personality Assessment*, 81 n. 2 (2003): 168–78. Para uma análise da relação entre o Modelo de Cinco Fatores e outros transtornos de personalidade, incluindo psicopatia, ver Paul T. Costa e Robert R. McCrae, "Personality Disorders and the Five-Factor Model of Personality", *Journal of Personality Disorders* 4, n. 4 (1990): 362–71.
10. Ver Scott O. Lilienfeld, Irwin D. Waldman, Kristin Landfield, Ashley L. Watts, Steven Rubenzer e Thomas R. Faschingbauer, "Fearless Dominance and the U.S. Presidency: Implications of Psychopathic Personality Traits for Successful and Unsuccessful Political Leadership", *Journal of Personality and Social Psychology*.
11. Ver Steven J. Rubenzer, Thomas R. Faschingbauer e Deniz S. Ones, "Assessing the U.S. Presidents Using the Revised NEO Personality Inventory", "Innovations in Assessment with the Revised NEO Personality Inventory", org. de R. R. McCrae e P. T. Costa, número especial, *Assessment* 7, n. 4 (2000): 403–19. Para saber mais sobre o desenvolvimento e a estrutura do Inventário de Personalidade NEO, ver

P. T. Costa e R. R. McCrae, *Revised NEO Personality Inventory (NEO-PI-R) e NEO Five-Factor Inventory (NEO-FFI) Professional Manual* (Odessa, FL: Psychological Assessment Resources, 1992); P. T. Costa e R. R. McCrae, "Domains and Facets: Hierarchical Personality Assessment Using the Revised NEO Personality Inventory", *Journal of Personality Assessment* 64, n. 1 (1995): 21-50.

12. O inventário completo dos componentes dos transtornos de cada grupo são os seguintes (*DSMIVTR*, Washington, DC: American Psychiatric Association, 2000):

Grupo	Transtorno de personalidade	Características
a) estranho/ excêntrico	Esquizotípica	Aparência e processos mentais excêntricos; não abertamente esquizofrênico, mas pode ouvir vozes ou sentir presenças; crenças bizarras, como telepatia ou capacidade de se comunicar com os mortos; conversação difícil — divaga ou fala sozinho; às vezes criativo.
	Paranoide	Extremamente desconfiado dos outros; tendência a guardar rancor; nunca concede o "benefício da dúvida"; estilo interpessoal hostil e irritável; ciumento e cheio de segredos; amigos de longa data raros ou nenhum; expressões de raiva ocasionais, mas geralmente alheado.
	Esquizoide	Agudamente introvertido e arredio, preferindo a própria companhia à de outros; frequentemente visto como "distante" e "solitário"; tende a viver em um mundo de fantasia, mas sem perder o contato com a realidade (como na esquizofrenia); pobre em habilidades sociais.

Grupo	Transtorno de personalidade	Características
b) dramático/ errático	Antissocial	Incapacidade de perceber os sentimentos dos outros; dificuldade em formar relacionamentos próximos; ações frequentemente executadas por impulso; ausência de culpa ou consciência; incapacidade de apreender as consequências e aprender com a experiência.
	Borderline	Sentimentos de vazio e falta de valor que podem às vezes levar a ferimentos autoinfligidos ou suicídio; história de relacionamentos tempestuosos; instabilidade emocional caracterizada por frequentes e/ou drásticas mudanças no humor; autoestima flutuante; tendência a categorizar os outros em "a meu favor" ou "contra mim".
	Histriônica	Reações e dramatização extrema dos eventos cotidianos; adora se tornar o centro das atenções; provocante; sedutor; excessiva preocupação com imagem e aparência; exagerado senso de valor próprio.
	Narcisista	Excessivo desejo por poder, status e sucesso; busca por atenção persistente e elaborada; manipula outros para seus próprios interesses; exterior charmoso e carismático esconde interior insensível e autocentrado; mentalidade "eu, eu, eu".

Grupo	Transtorno de personalidade	Características
c) ansioso/ inibido	Esquiva	Enraizados sentimentos de inferioridade; elevada sensibilidade à crítica; adoraria ser aceito, mas não está preparado para o risco de rejeição; ansioso, tenso e atormentado pela insegurança; frequentemente cria desculpas para evitar situações sociais.
	Dependente	Confiança excessiva nos outros para tomar decisões e conformidade excessiva ao que os outros querem fazer; sentimentos de inutilidade e incompetência; história de relacionamentos "grudentos" e "açucarados"; frequentemente se sente "abandonado" se a cara-metade se ocupa com suas próprias coisas; busca constantemente por aprovação.
	Obsessivo--compulsiva	Extremamente perfeccionista, pedante e preocupado com os menores detalhes; ruminativo e excessivamente controlado, especialmente ao tomar decisões; padrões elevados e inflexíveis que podem ser impingidos aos relacionamentos pessoais e profissionais; frequentemente autoritário. (Deve ser distinguido do Transtorno Obsessivo-Compulsivo.)

13. Ver Lisa M. Saulsman e Andrew C. Page, 'The Five-Factor Model and Personality Disorder Empirical Literature: A Meta-Analytic Review', *Clinical Psychology Review* 23, n. 8: (2004): 1055–85.

14. Aqui estão as descobertas de Saulsman e Page de maneira gráfica:

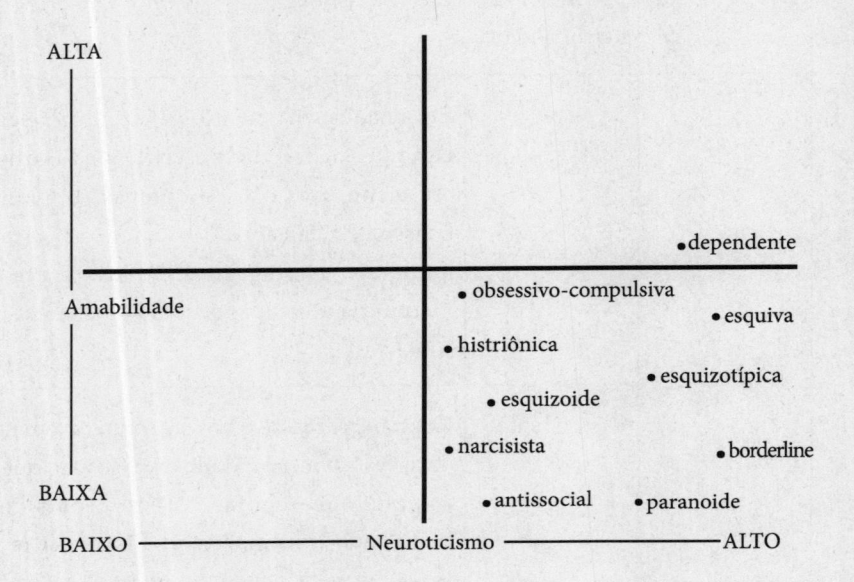

```
ALTA
                              |
                              |
                              |
                              |                    • dependente
                              |
    Amabilidade               | • obsessivo-compulsiva
                              |                         • esquiva
                              | • histriônica
                              |                    • esquizotípica
                              |       • esquizoide
                              |
                              |       • narcisista       • borderline
    BAIXA                     |           • antissocial • paranoide
    BAIXO ─────────────── Neuroticismo ─────────────── ALTO
```

15. *Theophrastus, Characters*, trad. de James Diggle (Cambridge: Cambridge University Press, 2009).
16. Ver Philippe Pinel, *Medico-Philosophical Treatise on Mental Alienation*, trad. de *Traité médico-philosophique sur l'aliénation mentale, 1809*, de Gordon Hickish, David Healy e Louis C. Charland (Oxford: Wiley-Blackwell, 2008).
17. Ver Benjamin Rush, *Medical Inquiries and Observations upon the Diseases of the Mind* (1812; Nova York: New York Academy of Medicine/Hafner, 1962).
18. Ver Hervey Cleckley, *The Mask of Sanity: An Attempt to Clarify some Pychopathic Personality* (St Louis, MO: C. V. Mosby, 1941, 1976). O texto completo em inglês pode ser baixado em http://www.cassiopeca.org/cass/sanity_1.PDF.
19. Ver Judith J. Thomson, 'The Trolley Problem', *Yale Law Journal* 94, n. 6 (1985): 1395-1415.
20. Ver Robert D. Hare, "A Research Scale for the Assessment of Psychopathy in Criminal Populations", *Personality and Individual Differences* 1, n. 2 (1980): 111-19.
21. Ver Robert D. Hare, *The Hare Psychopathy Checklist — Revised: Technical Manual* (Toronto: Multi-Health Systems, 1991).
22. Ver Robert D. Hare, *The Hare Psychopathy Checklist — Revised*, 2ª ed. (Toronto: Multi-Health Systems, 2003). Para uma detalhada visão geral da estrutura dinâmica da personalidade psicopática, ver Craig S. Neumann, Robert

D. Hare e Joseph P. Newman, "The Super-Ordinate Nature of the Psychopathy Checklist — Revised", *Journal of Personality Disorders* 21, n. 2 (2007): 102-17. E também Robert D. Hare e Craig S. Neumann, "The PCL-R Assessment of Psychopathy: Development, Structural Properties, and New Directions", em C. Patrick (org.), *Handbook of Psychopathy* (Nova York: Guilford Press, 2006), pp. 58-88.

23. Ver Megan J. Rutherford, John S. Cacciola e Arthur I. Alterman, "Antisocial Personality Disorder and Psychopathy in Cocaine-Dependent Women", *American Journal of Psychiatry* 156, n. 6 (1999): 849-56.

24. Para mais fatos e números relativos à psicopatia, além de uma introdução extremamente acessível ao mundo da psicopatia em geral, ver Robert D. Hare, *Without Conscience: The Disturbing World of the Psychopaths Among Us* (Nova York: Guilford Press, 1993).

25. Ver James F. Hemphill, R. D. Hare e Stephen Wong, "Psychopathy and Recidivism: A Review", *Legal and Criminological Psychology* 3, n. 1 (1998): 139-70.

26. A ideia de duas prototípicas e ficcionalizadas histórias destacando as diferenças entre psicopatia e transtorno de personalidade antissocial origina-se de uma descrição similar publicada em James Blair, Derek Mitchell e Karina Blair, *The Psychopath: Emotion and the Brain* (Malden, MA: Blackwell, 2005) pp. 4-6.

27. Ver Robert D. Hare, *The Hare Psychopathy Checklist — Revised* (Toronto: Multi-Health Systems, 1991).

28. Ver Stephanie M. Mullins-Sweatt, Natalie G. Glover, Karen J. Derefinko, Joshua M. Miller e Thomas A. Widiger, "The Search for the Successful Psychopath", *Journal of Research in Personality*, 44, n. 4 (2010): 554-8.

29. Ver Scott O. Lilienfeld e Brian P. Andrews, "Development and Preliminary Validation of a Self-Report Measure of Psychopathic Personality Traits in noncriminal Populations", *Journal of Personality Assessment* 66, n. 3 (1996): 488-524.

30. Transtornos do espectro autista incluem autismo, síndrome de Asperger, transtorno desintegrativo da infância, síndrome de Rett e o transtorno pervasivo do desenvolvimento, sem outra especificação. Para mais informações sobre o autismo em geral, acesse http://www.autism.org.uk/. Para mais informações sobre a ideia de espectro autista, acesse http://www.autism.org.uk/about--autism/autism-and-asperger-syndrome-an-introduction/what-is-autism.aspx.

31. Para mais informações sobre esquizofrenia — sintomas, diagnóstico, tratamento e suporte —, acesse http://www.schizophrenia.com/. Para mais informações sobre o espectro esquizofrênico e possíveis correlatos neurais subjacentes, acesse http://www.schizophrenia.com/sznews/archives/002561.html.

32. Ver Kristina D. Hiatt, William A. Schmitt e Joseph P. Newman, "Stroop Tasks Reveal Abnormal Selective Attention Among Psychopathic Offenders", *Neuropsychology* 18, n. 1 (2004): 50-59.
33. Ver Joseph P. Newman, John J. Curtin, Jeremy D. Bertsch e Arielle R. Baskin-Sommers, "Attention Moderates the Fearlessness of Psychopathic Offenders", *Biological Psychiatry* 67, n. 1 (2010): 66-70.

3. Carpe noctem

1. Fonte da citação: Matthew Moore, "Officers 'Not Trained' to Rescue Drowning Boy", *Daily Telegraph*, 21 de setembro de 2007, http://www.telegraph.co.uk/news/uknews/1563717/Officers-not-trained-to-rescue-drowning-boy.html (acessada em 17 de novembro de 2010).
2. Ver Vladas Griskevicius, Noah J. Goldstein, Chad R. Mortensen, Robert B. Cialdini e Douglas T. Kenrick, "Going Along Versus Going Alone: When Fundamental Motives Facilitate Strategic (Non) Conformity", *Journal of Personality and Social Psychology* 91, n. 2 (2006): 281-94.
3. Ver Irving L. Janis e Leon Mann, *Decision Making: A Psychological Analysis of Conflict, Choice and Commitment* (Nova York: Free Press, 1977).
4. Ver Andrew M. Colman e J. Clare Wilson, "Antisocial Personality Disorder: An Evolutionary Game Theory Analysis", *Legal and Criminological Psychology* 2, n. 1 (1997): 23-34.
5. Ver Takahiro Osumi e Hideki Ohira, "The Positive Side of Psychopathy: Emotional Detachment in Psychopathy and Rational Decision-Making in the Ultimatum Game", *Personality and Individual Differences* 49, n. 5 (2010): 451-6.
6. Citação extraída da celebradíssima obra de estratégia militar de Sun Tzu, *A arte da guerra*. Ver *The Art of War by Sun Tzu — Special Edition*, trad. e org. de Lionel Giles (1910; reimpresso em El Paso, TX: El Paso Norte Press, 2005).
7. Para as últimas atualizações no comportamento altruísta em chimpanzés, ver Victoria Horner, J. Devyn Carter, Malini Suchak e Frans B. M. de Waal, "Spontaneous Prosocial Choice by Chimpanzees", *PNAS*, 108, n. 33 (2011): 13847-51. Combate altruísta também é observado em pássaros. Corvos machos, por exemplo, competem uns com os outros por parceiras não por meios agressivos, mas antes executando "atos de bravura". Ou seja, em vez de se enfrentarem bico a bico em um combate ornitológico, eles desafiam um ao outro em jogos mortais de demonstração de superioridade: o "jogo", nesse caso, consistindo

em arriscados esforços para verificar se uma carniça em potencial está realmente morta (as perigosas alternativas sendo dormindo, ferida ou fingindo). "Ao demonstrar que possuem coragem, experiência e velocidade de reação para lidar com os perigos da vida", diz Frans de Waal, professor de comportamento primata na Universidade de Emory, "a ocasional ousadia dos corvídeos serve para aumentar seu status e impressionar parceiras potenciais". Frans B. M. de Waal, *Good Natured: The Origins of Right and Wrong in Humans and Other Animals* (Cambridge, MA: Harvard University Press, 1996), p. 134.
8. De Waal, *Good Natured*, p. 144.
9. Ibid., p. 129.
10. Ibid., p. 144.
11. Zollikofer, P. E. Christoph, Marcia S. Ponce de León, Bernard Vandermeersch e François Lévêque, "Evidence for Interpersonal Violence in the St Césaire Neanderthal", *PNAS*, 99, n. 9 (2002): 6444-8.
12. O dilema do prisioneiro foi originalmente concebido na RAND Corporation, em 1950, pelos matemáticos Merrill Flood e Melvin Dresher. Mais tarde no mesmo ano, o jogo foi formulado pela primeira vez em termos de tempo de prisão por Albert Tucker e recebeu seu nome oficial.
13. Em um mundo de "interação repetida" (como a vida cotidiana), uma estratégia psicopática realmente apresenta lacunas. Essa observação, no entanto, não leva em consideração esses dois pontos:

a) Ao se mover de um lugar para outro, o psicopata, sem necessidade de relacionamentos próximos, cria seu próprio "mundo virtual", no qual a possibilidade de encontros repetidos é mínima.

b) A suprema capacidade dos psicopatas de seduzir e adotar camuflagens psicológicas até certo ponto impede que sejam identificados como "desertores". Ela age, ao menos no curto e médio prazos, como uma cortina de fumaça, permitindo que suas infrações passem despercebidas. De fato, evitar detecção explica parcialmente a maior incidência de psicopatia nos cenários urbanos — onde o anonimato, se desejado, é garantido —, em oposição às áreas rurais, onde "se misturar à multidão" não é exatamente uma opção.

Conclusão? Os psicopatas possuem exatamente o tipo certo de "kit de personalidade" para forçar ou quebrar regras. Se você vai trapacear no jogo da vida, ser implacável e destemido garante que você nunca estará muito longe de sua zona de conforto, enquanto ser extrovertido e sedutor pode ajudar a se safar por mais tempo. E, caso você seja descoberto, elevada autoestima torna mais fácil lidar com a rejeição.

14. Para maiores informações sobre o torneio de realidade virtual criado por Robert Axelrod e os preceitos da teoria dos jogos em geral, ver Robert Axelrod, *The Evolution of Cooperation* (Nova York: Basic Books, 1984).
15. Ver Robert L. Trivers, "The Evolution of Reciprocal Altruism", *Quarterly Review of Biology* 46, n. 1 (1971): 35-7.
16. Ver Thomas Hobbes, *Leviathan*, partes I e II, ed. rev., org. de A.P. Martinich e Brian Battiste (Peterborough, ON: Broadview press, 2010).

4. A sabedoria dos psicopatas

1. Ver Peter K. Jonason, Norman P. Li e Emily A. Teicher, "Who is James Bond? The Dark Triad as an Agentic Social Style", *Individual Differences Research* 8, n. 2 (2010): 111-20.
2. Ver P. K. Jonason, N. P. Gregory W. Webster e David P. Schmitt, "The Dark Triad: Facilitating Short-Term Mating in Men", *European Journal of Personality* 23 (2009): 5-18.
3. Ver Baba Shiv, George Loewenstein e Antoine Bechara, "The Dark Side of Emotion in Decision-making: When Individuals with Decreased Emotional Reactions Make More Advantageous Decisions", *Cognitive Brain Research*, 23, n. 4 (2005): 85-92. Neuroeconomia é um campo interdisciplinar que foca nos processos mentais subjacentes à tomada de decisões financeiras. Ele combina métodos de pesquisa de neurociência, economia e psicologia social e cognitiva e incorpora ideias e conceitos de biologia teórica, ciência da computação e matemática. Para aqueles que desejam explorar a relação entre emoções e tomadas de decisão em maiores detalhes, um excelente lugar para começar é o extremamente legível trabalho de Antonio Damasio, *Descartes' Error: Emotion, Reason and the Human Brain* (Nova York: Putnam, 1994).

Também se deve notar que os resultados do experimento de Shiv *et al.* não negam o fato de que emoções frequentemente desempenham papel útil nas tomadas de decisões financeiras, e que assumir riscos indiscriminadamente (como se, no atual clima financeiro, precisássemos ser lembrados disso) pode levar ao desastre. Para ilustrar, embora os jogadores com danos cerebrais tenham se saído bem no jogo específico do estudo, fora do laboratório eles não se deram tão bem — três deles, por exemplo, declararam falência. Sua incapacidade de sentir medo os levou a assumir riscos excessivos no mundo real e sua falta de julgamento emocional por vezes os deixou nas garras de pessoas que tiraram vantagem deles. A conclusão é que, embora às vezes as emoções indubitavelmente se coloquem no caminho da tomada de decisão racional, elas ainda assim desempenham importante papel na salvaguarda de nossos interesses.

4. Ver Cary Frydman, Colin Camerer, Peter Bossaerts e Antonio Rangel, "MAOA-L Carriers Are Better at Making Optional Financial Decisions Under Risk", Proceedings of the Royal Society, B 278 n. 1714 (2011): 2053-9. Em relação ao elo entre "gene guerreiro" e agressão, Antonio Rangel, que dirige o laboratório onde Cary Frydman está baseado, clama por precaução. "Estudos prévios que associaram o *MAOA-L* com agressividade ou impulsividade devem ser interpretados cuidadosamente", diz ele. "A questão-chave é se, no contexto de vida desses indivíduos, essas decisões foram ou não ótimas." (Ver Debora McKenzie, "People with 'Warrior Gene' Better at Risky Decisions", *New Scientist*, 9 de dezembro 2010. http://www.newscientist.com/article/ dn19830-people-with--warrior-gene-better-at-risky-decisions.html (acessada em 14 de janeiro de 2011). Em um estudo publicado em 2009, por exemplo, Dominic Johnson, na Universidade de Edimburgo, descobriu que portadores do *MAOA-L* realmente são mais agressivos, mas apenas após muita provocação e sem aparente impulsividade — uma descoberta, assim como a de Frydman, que parece indicar mais uma estratégia de autointeresse que indiscriminada autodestruição. Ver Rose McDermott, Dustin Tingley, Jonathan Cowden, Giovamni Frazzetto e Dominic D. P. Johnson, "Monoamine Oxidase A Gene (MAOA) Predicts Behavioral Aggression Following Provocation", *PNAS* 106, n. 7 (2009): 2118-23.
5. Ver Richard Alleyne, "Gene That Makes You Good at Taking Risky Decisions", *Daily Telegraph*, 8 de dezembro de 2010, http://www.telegraph.co.uk/science/science-news/8186570/Gene-that-makes-you-good-at-taking-risky-decisions.html (acessada em 14 de janeiro de 2011).
6. Ver Paul Babiak, Craig S. Neumann e Robert D. Hare, "Corporate Psychopathy: Talking the Walk", *Behavioral Sciences and the Law* 28, n. 2 (2010): 174-93.
7. Citação retirada de Alan Deutschman, "Is Your Boss a Psychopath?" *Fast Company*, 1, julho de 2005, http://www.fastcompany.com/magazine/96/openboss. html (acessada em 8 de julho de 2009).
8. Ver Kevin Dutton, *Flipnosis: The Art of Split-Second Persuasion* (Londres: William Heinemann, 2010).

9. Ver Morgan Worthy, Albert L. Gary e Gay M. Kahn, "Self-Disclosure as an Exchange Process", *Journal of Personality and Social Psychology* 13, n. 1 (1969): 59-63.
10. Ver John Brown, "Some Tests of the Decay Theory of Immediate Memory", *Quarterly Journal of Experimental Psychology* 10, n. 1 (1958): 12-21; Lloyd Peterson e Margaret Peterson, "Short Term Retention of Individual Verbal Items", *Journal of Experimental Psychology* 58, n. 3 (1959): 193-8.
11. Para saber mais sobre as várias técnicas de intervenção terapêutica e sobre o trabalho de Stephen Joseph, ver Stephen Joseph, *Theories of Counselling and Psychotherapy: An Introduction to the Different Approaches* (Basingstoke: Palgrave Macmillan, 2010); e Stephen Joseph, *Psychopathology and Therapeutic Approaches: An Introduction* (Basingstoke: Palgrave Macmillan, 2001).
12. Ver Eyal Aharoni e Kent A. Kiehl, "Quantifying Criminal Success in Psychopathic Offenders", artigo apresentado na Conferência da Sociedade para o Estudo Científico da Psicopatia em Montreal, Canadá, maio de 2011.
13. Ver Helinä Häkkänen-Nyholm e Robert D. Hare, "Psychopathy, Homicide, and the Courts: Working the System", *Criminal Justice and Behavior* 36, 3 n. 8 (2009) 761-77.
14. Ver Stephen Porter, Leanne ten Brinke, Alysha Baker e Brendan Wallace, "Would I Lie to You? 'Leakage' in Deceptive Facial Expressions Relates to Psychopathy and Emotional Intelligence", *Personality and Individual Differences* 51, n. 2 (2011) 133-7.
15. Ver Ahmed A. Karim, Markus Schneider, Martin Lotze, Ralf Veit, Paul Sauseng, Christoph Braun e Niels Birbaumer, "The Truth About Lying: Inhibition of the Anterior Prefrontal Cortex Improves Deceptive Behavior", *Cerebral Cortex* 20, n. 1 (2010): 205-13.
16. Ver Michael C. Craig, Marco Catani, Quinton Deeley, Richard Latham, Eileen Daly, Richard Kanaan, Marco Picchioni, Philip K. McGuire, Thomas Fahy e Declan G. M. Murphy, "Altered Connections on the Road to Psychopathy", *Molecular Psychiatry* 14 (2009): 946-53.
17. Ver Angela Scerbo, Adrian Raine, Mary O'Brien, Cheryl-Jean Chan, Cathy Rhee e Norine, Smiley, "Reward Dominance and Passive Avoidance Learning in Adolescent Psychopaths", *Journal of Abnormal Child Psychology* 18, n. 4 (1990): 451-63.
18. Ver Joshua W. Buckholtz, Michael T. Treadway, Ronald L. Cowan, Neil D. Woodward, Stephen D. Benning, Rui Li, M. Sib Ansari, *et al.*, "Mesolimbic Dopamine Reward System Hypersensitivity in Individuals with Psychopathic Traits", *Nature Neuroscience* 13, n. 4 (2010): 419-21.

19. Para a citação integral e mais detalhes sobre o estudo, ver http://www.sciencedaily.com/releases/2010/03/100314150924.htm (acessada em 9 de março de 2011).
20. Ver Jeffrey T. Hancock, Michael T. Woodworth e Stephen Porter, "Hungry Like the Wolf: A Word-Pattern Analysis of the Language of Psychopaths", *Legal and Criminological Psychology* (2011).
21. Ver Shirley Fecteau, Alvaro Pascual-Leone e Hugo Théoret, "Psychopathy and the Mirror Neuron System: Preliminary Findings from a Non-Incarcerated Sample", *Psychiatry Research* 60, n. 2 (2008): 137-44.
22. Neurônios espelhos foram descobertos pela primeira vez (em macacos) em 1992, por uma equipe de pesquisa italiana liderada por Giacomo Rizzolatti, na Universidade de Parma. De maneira simples, eles são células cerebrais especialmente equipadas para mimetizar as ações — e os sentimentos — dos outros. Ver Giuseppe Di Pellegrino, Luciano Fadiga, Leonardo Fogassi, Vittorio Gallese e Giacomo Rizzolatti, "Understanding Motor Events: A Neurophysiological Study", *Experimental Brain Research* 91 (1992): 176-80; Giacomo Rizzolatti, Luciano Fadiga, Vittorio Gallese e Leonardo Fogassi, "Premotor Cortex and the Recognition of Motor Actions", *Cognitive Brain Research* 3 (1996): 131-41.
23. Para um interessante, e recente, artigo sobre contágio de bocejos e empatia, ver Ivan Norscia and Elisabetta Palagi, "Yawn Contagion and Empathy in *Homo sapiens*", PLoS ONE 6, n. 12 (2011).
24. Ver Heather L. Gordon, Abigail A. Baird e Alison End, "Functional Differences Among Those High and Low on a Trait Measure of Psychopathy", *Biological Psychiatry* 56, n. 7 (2004): 516-21.
25. Ver Yawei Cheng, Ching-Po Lin, Ho-Ling Liu, Yuan-Yu Hsu, Kun-Eng Lim, Daisy Hung e Jean Decety, "Expertise Modulates the Perception of Pain in Others", *Current Biology* 17, n. 19 (2007): 1708-13.
26. Ver Clemens Kirschbaum, Karl-Marlin Pirke e Dirk H. Hellhammer, "The Trier Social Stress Test — a Tool for Investigating Psychobiological Stress Responses in a Laboratory Setting", *Neuropsychobiology* 28, n.ºs 1-2 (1993): 76-81.
27. Ver John. J. Ray e J. A. B. Ray, "Some Apparent Advantages of Subclinical Psychopathy", *Journal of Social Psychology* 117 (1982): 135-42.
28. Ibid.
29. Para saber mais sobre o B-Scan, ver http://www.b-scan.com/index.html (acessada em 3 de fevereiro de 2012). Para uma divertida e acessível introdução à psicopatia no cenário corporativo, ver Paul Babiak e Robert D. Hare, *Snakes in Suits: When Psychopaths go to Work* (Nova York: Harper Business, 2006).

5. Faça de mim um psicopata

1. Para ter uma ideia do que Hare está falando, ver Tom Geoghegan, "Why Are Girls Fighting Like Boys?", *BBC News Magazine*, 5 de maio de 2008, http://news.bbc.co.uk/1/hi/magazine/7380400.stm (acessada em 30 de maio de 2008). Para uma visão mais acadêmica, ver Susan Batchelor, "Girls, Gangs and Violence: Assessing the Evidence", *Probation Journal* 56, n. 4 (2009): 399-414.
2. Ver Steven Pinker, *The Better Angels of Our Nature: Why Violence Has Declined* (Nova York: Viking, 2011).
3. Ver Manuel Eisner, "Long-Term Historical Trends in Violent Crime", *Crime and Justice* 30 (2003): 83-142.
4. Michael Shermer, "The Decline of Violence", *Scientific American*, 7 de outubro de 2011.
5. Ver Pinker, *The Better Angels of Our Nature*, pp. 47-56, "Rates of violence in state and nonstate societies".
6. Citação retirada de Shermer, "The Decline of Violence". Mantenha-se cético quanto às afirmações de que vivemos em um mundo ainda mais perigoso.
7. Citação retirada de Gary Strauss, "How Did Business Get so Darn Dirty?", *USA Today (Money)*, 12 de junho de 2002, http://www.usatoday.com/money/covers/2002-06-12-dirty-business.htm (acessada em 1º. de junho de 2010).
8. Ver Clive R. Boddy, "The Corporate Psychopaths Theory of the Global Financial Crisis", *Journal of Business Ethics* 102, n. 2 (2011): 255-9. (O apelido "Átila corporativo" foi aplicado pela primeira vez a Fred "The Shred" Goodwin, que, como CEO do Banco Real da Escócia entre 2001 e 2009, acumulou uma perda corporativa de 24,1 bilhões de libras, a maior da história do Reino Unido.)
9. Ver Strauss, "How Did Business Get so Darn Dirty?"
10. Para a cobertura dessa citação pela mídia, ver Camille Mann, "Elizabeth Smart Was Not Severely Damaged by Kidnapping, Defense Lawyers Claim", CBS News, 19 de maio de 2011, http://www.cbsnews.com/8301-504083 162-20064372-504083.html (acessada em 31 de julho de 2011).
11. Para uma análise aprofundada da delinquência juvenil no Reino Unido, incluindo prevalência, motivação e fatores de risco, ver Debbie Wilson, Clare Sharp e Alison Patterson, "Young People and Crime: Findings from the 2005 Offending, Crime and Justice Survey" (Londres: Home Office, 2006).
12. Sara Konrath, Edward H. O'Brien e Courtney Hsing, "Changes in Dispositional Empathy in American College Students Over Time: A Meta-Analysis", *Personality and Social Psychology Review* 15, n. 2 (2011): 180-98.

13. Para o pano de fundo e o desenvolvimento do IRI, ver Mark H. Davis, "A Multidimensional Approach to Individual Differences in Empathy", *JSAS Catalog of Selected Documents in Psychology* 10, n. 85 (1980); e Mark. H. Davis, "Measuring Individual Differences in Empathy: Evidence for a Multidimensional Approach", *Journal of Personality and Social Psychology* 44, n. 1 (1983): 113-26.
14. Ver *US News* "Today's College Students More Likely to Lack Empathy", *US News*/Health, 28 de maio de 2010, http://health.usnews.com/health-news/family-health/brain-and-behavior/articles/2010/05/28/todays-college-students--more-likely-to-lack-empathy (acessada em 8 de agosto de 2011).
15. Ver Jean M. Twenge, Sara Konrath, Joshua D. Foster, W. Keith Campbell e Brad J. Bushman, "Egos Inflating Over Time: A Cross-Temporal Meta-Analysis of the Narcissistic Personality Inventory", *Journal of Personality* 76, n. 4 (2008): 875-901; Jean M. Twenge, Sara Konrath, Joshua D. Foster, W. Keith Campbell e Brad J. Bushman, "Further Evidence of an Increase in Narcissism Among College Students", *Journal of Personality* 76 n. 4 (2008): 919-27.
16. Ver *US News*, "Today's College Students More Likely to Lack Empathy".
17. Ver Thomas Harding, "Army Should Provide Moral Education for Troops to Stop Outrages", *Daily Telegraph*, 22 de fevereiro de 2011, http://www.telegraph.co.uk/news/8341030/ Army-should-provide-moral-education-for-troops-to--stop-outrages.html (acessada em 5 de abril de 2011).
18. Ver Nicole K. Speer, Jeremy R. Reynolds, Kheena M. Swallow e Jeffrey M. Zacks, "Reading Stories Activates Neural Representations of Perceptual and Motor Experiences", *Psychological Science* 20, n. 8 (2009): 989-99.
19. O ensaio de Nicholas Carr foi publicado em Mark Haddon (org.), *Stop What You're Doing and Read This!* (Londres: Vintage, 2011) — uma coletânea de ensaios sobre o poder de transformação da leitura.
20. Para ler a íntegra da enquete — Christina Clark, Jane Woodley e Fiona Lewis, "The Gift of Reading in 2011: Children and Young People's Access to Books and Attitudes towards Reading — ver http://www.literacytrust.org.uk/assets/0001/1303/TheGiftofReadingin2011.pdf (acessada em 6 de janeiro de 2012).
21. Para uma excelente introdução ao surgimento da subdisciplina da neurolei, ver David Eagleman, "The Brain on Trial", *Atlantic* (jul./ago. 2011), http://www.theatlantic.com/magazine/print/2011/07/the-brain-on-trial/8520/ (acessada em 24 de outubro de 2011).
22. Ver Avshalom Caspi, Joseph McClay, Terrie E. Moffitt, Jonathan Mill, Judy Martin, Ian W. Craig, Alan Taylor e Richie Poulton, "Role of Genotype in the Cycle of Violence in Maltreated Children", *Science* 297 n. 5582 (2002): 851-4.

23. Para uma discussão matizada sobre a pesquisa e a controvérsia em torno do "gene guerreiro", ver Ed Yong, "Dangerous DNA: The Truth about the 'Warrior Gene'", *New Scientist*, 12 de abril de 2010, http://www.newscientist.com/article/mg20627557.300-dangerous-dna-the-truth-about-the-warrior-gene.html?page=1 (acessada em 9 de dezembro de 2012).
24. Para maiores informações sobre o caso Waldroup, ver "What Makes Us Good or Evil?" BBC *Horizon*, 7 de setembro de 2011, http://www.youtube.com/watch?v=xmAyxpAFS1s (acessada em 9 de fevereiro de 2012). Para saber mais sobre o perfil neural, genético e psicológico dos assassinos violentos, ouça a excelente série de Barbara Bradley Hagerty *Inside the Criminal Brain* NPR, 29 de junho — 1º de julho de 2010, http://www.npr.org/series/128248068/inside-the-criminal-brain (acessada em 13 de junho de 2011).
25. Para maiores informações sobre o emergente campo da neurociência cultural, ver Joan Y. Chiao e Nalini Ambady, "Cultural Neuroscience: Parsing Universality and Diversity across Levels of Analysis", em Shinobu Kitayama e Dov. Cohen (orgs.), *Handbook of Cultural Psychology* (Nova York: Guilford Press, 2007), pp. 237-254; e Joan Y. Chiao (org.), *Cultural Neuroscience: Cultural Influences on Brain Function: Progress in Brain Research* (Nova York: Elsevier, 2009).
26. Para uma clara e acessível introdução ao campo da epigenética, ver Nessa Carey, *The Epigenetics Revolution: How Modern Biology Is Rewriting Our Understanding of Genetics, Disease and Inheritance* (Londres: Icon Books, 2011).
27. Ver Gunnar Katti, Lars O. Bygren e Sören Edvinsson, "Cardiovascular and Diabetes Mortality Determined by Nutrition during Parents' and Grandparents' Slow Growth Period". *European Journal of Human Genetics* 10, n. 11 (2002): 682-8.
28. Ver Alan Harrington, *Psychopaths* (Nova York: Simon & Schuster, 1972).
29. Ver Robert A. Josephs, Michael J. Telch, J. Gregory Hixon, Jacqueline J. Evans, Hanjoo Lee, Valerie S. Knopik, John E. McGeary, Ahmad R. Hariri e Christopher G. Beevers, "Genetic and Hormonal Sensitivity to Threat: Testing a Serotonin Transporter Genotype X Testosterone Interaction", DOI:10.1016/j.psyneuen.2011.09.006.
30. Ver "Gary Gilmore's Eyes"/"Bored Teenagers" (19 de agosto de 1977: Anchor Records ANC1043).
31. Para o estudo inaugural utilizando TMS, ver Anthony T. Barker, Reza Jalinous e Ian L. Freeston, "Non-Invasive Magnetic Stimulation of Human Motor Cortex", *Lancet* 325, n. 8437 (1985): 1106-7.

32. Ver Liane Young, Joan Albert Camprodon, Marc Hauser, Alvaro Pascual-Leone e Rebecca Saxe, "Disruption of the Right Temporoparietal Junction with Transcranial Magnetic Stimulation Reduces the Role of Beliefs in Moral Judgements", *PNAS* 107, n. 15 (2010): 6753-8. Imagine que você observa o funcionário de uma fábrica de produtos químicos colocando açúcar na xícara de café de um colega de trabalho. O açúcar está guardado em um recipiente cujo rótulo diz "tóxico". Enquanto você observa, uma fissura no tempo subitamente se abre e dela surge, em uma suspeita nuvem de fumaça, um etéreo filósofo moral, usando óculos e roupas de proteção. Ele apresenta a você quatro cenários. Esses cenários incorporam duas dimensões independentes do espaço de possibilidades, alinhados ortogonalmente entre si. A primeira dimensão se relaciona ao que o funcionário *acredita* que o recipiente contém (açúcar ou pó tóxico). A segunda dimensão se relaciona ao que o recipiente *de fato* contém (açúcar ou pó tóxico).

Temos então a seguinte mistura de possibilidades quânticas, destiladas do coquetel de resultados e crenças pessoais (ver tabela abaixo):

1. O funcionário acha que o pó é açúcar. E, de fato, é açúcar. O colega bebe o café. E sobrevive.
2. O funcionário acha que o pó é açúcar. Mas, na verdade, é pó tóxico. O colega bebe o café. E morre.
3. O funcionário acha que o pó é tóxico. Mas é açúcar. O colega bebe o café. E sobrevive.
4. O funcionário acha que o pó é tóxico. E, de fato, é pó tóxico. O colega bebe o café. E morre.

		Resultado	
		Neutro	Negativo
Crença	Neutro	1	2
	Negativo	3	4

Tendo em mente que, de acordo com um princípio básico da lei criminal, "o ato não torna a pessoa culpada a menos que a mente também seja culpada", quão permissíveis, pergunta o filósofo, em uma escala de 1 a 7 (1 = completamente proibido; 7 = completamente ok) seriam as ações do funcionário em cada um dos quatro cenários?

Em 2010, Liane Young, do Departamento do Cérebro e Ciências Cognitivas do Instituto de Tecnologia de Massachusetts, e seus colegas pediram a voluntários que realizassem precisamente esse julgamento, como parte de uma investigação sobre a neurobiologia da tomada de decisão moral.

Mas havia um porém.

Antes de fazer esse julgamento, alguns dos participantes do estudo receberam estimulação transcraniana magnética (TMS) em uma região do cérebro associada ao processamento moral (a junção temporal parietal direita). Mais especificamente (o que a torna diferente da experiência moral de Ahmed Karim no capítulo 4), processamento moral ao avaliar crenças, atitudes e intenções subjacentes às ações de uma terceira parte.

Será que essa estimulação artificial da junção temporal parietal direita dos participantes afetaria os diferentes cenários? Em outras palavras, perguntaram-se Young e seus coautores, seria a moralidade maleável?

A resposta, como se viu, é sim.

Quando os julgamentos morais do grupo experimental foram comparados aos de um grupo correspondente que recebera TMS em um local de controle (isto é, não na junção temporal parietal direita), Young detectou um padrão. No cenário 3 (no qual havia intenção de dano, mas o resultado se mostrou positivo), os participantes que receberam TMS em sua junção temporal parietal direita julgaram as ações do funcionário mais moralmente permissíveis que aqueles que a receberam em outro local.

Aparentemente, a moralidade realmente pode ser manipulada. Ou antes, um de seus componentes pode. A capacidade de acuradamente atribuir intencionalidade ao julgar o comportamento de outrem pode ser aumentada ou diminuída.

33. Ver Andy McNab, *Bravo Two Zero* (Londres: Bantam Press, 1993).
34. Para ouvir o programa, acesse http://www.bbc.co.uk/programmes/p006dg3y.
35. Para saber mais sobre as experiências de Andy McNab no Serviço Aéreo Especial, incluindo seus assustadores processos de seleção e técnicas de interrogatório, ver Andy McNab, *Immediate Action* (Londres: Bantam Press, 1995).

6. Os sete sucessos capitais

1. Para ouvir o programa, acesse http://soundcloud.com/profkevindutton/great-british-psychopath.
2. Ver Michael R. Levenson, Kent A. Kiehl e Cory M. Fitzpatrick, "Assessing Psychopathic Attributes in a Noninstitutionalized Population", *Journal of*

Personality and Social Psychology 68, n. 1 (1995): 151-8. Para fazer o teste, acesse http://www.kevindutton.co.uk/.
3. Psicopatas são notoriamente difíceis de tratar e suas habilidades de sedução e persuasão podem iludir — dando a impressão de que foi feito progresso quando, na realidade, o psicopata está fingindo reabilitação para (na maioria dos casos) ganhar liberdade condicional. Recentemente, no entanto, um novo tratamento para transgressores juvenis intratáveis com tendências psicopáticas dá razões para otimismo. Michael Caldwell, psicólogo do Centro de Tratamento Juvenil Mendota, em Madison, Wisconsin, teve resultados promissores com uma técnica terapêutica intensiva e individual conhecida como *descompressão*, cujo objetivo é encerrar o círculo vicioso no qual punição por mau comportamento inspira novo mau comportamento, o qual, por sua vez, é punido novamente, e novamente, e novamente... Ao longo do tempo, o comportamento de jovens encarcerados tratados por Caldwell se torna gradualmente mais manobrável, tornando-os subsequentemente capazes de participar de serviços de reabilitação mais tradicionais. Para ilustrar, um grupo de mais de 150 jovens inscritos no programa de Caldwell demonstraram 50% menos probabilidade de se envolver em crimes violentos após o tratamento que um grupo comparável que passou por reabilitação em unidades correcionais juvenis regulares. Para saber mais sobre descompressão e sobre o tratamento de psicopatas, ver Michael F. Caldwell, Michael Vitacco e Gregory J. Van Rybroek, "Are Violent Delinquents Worth Treating? A Cost-Benefit Analysis", *Journal of Research in Crime and Delinquency* 43, n. 2 (2006): 148-68.
4. Ver John Arlidge, "A World in Thrall to the iTyrant", *Sunday Times News Review*, 9 de outubro de 2011.
5. Ver James K. Rilling, Andrea L. Glenn, Meeta R. Jairam, Giuseppe Pagnoni, David R. Goldsmith, Hanie A. Elfenbein e Scott O. Lilienfeld, "Neural Correlates of Social Cooperation and Non-Cooperation as a Function of Psychopathy", *Biological Psychiatry* 61, n. 11 (2007): 1260-71.
6. Ver "Mental Toughness and Attitudes to Risk-Taking", *Personality and Individual Differences* 49, n. 3 (2010): 164-8.
7. Williams e sua equipe estão baseados no Centro de Atenção Plena de Oxford, na Universidade de Oxford. Saiba mais sobre a pesquisa corrente do centro visitando seu website: http://oxfordmindfulness.org/. Para os interessados em atenção plena, ver também Mark Williams e Danny Penman, *Mindfulness: A Practical Guide to Finding Peace in a Frantic World* (Londres: Piatkus, 2011).

8. Milhões de páginas foram escritas para responder a essa pergunta. Para os que desejam manter as coisas leves e injetar uma dose de fantasia na mistura, recomendo fortemente o romance de Robert Harris *The Fear Index* (Londres: Hutchinson, 2011).
9. Ver Artur Z. Arthur, "Stress as a State of Anticipatory Vigilance", *Perceptual Motor Skills*, 64, n. 1 (1987): 75–85.

7. Supersanidade

1. Ver Alan Harrington, *Psychopaths* (Nova York: Simon & Schuster, 1972), p. 45.
2. Ver Hervey Cleckley, *The Mask of Sanity: An Attempt to Clarify Some Issues about So-Called Psychopathic Personality* (St. Louis, MO: C. V. Mosby, 1941, 1976), p. 391, http://www.cassiopaea.org/case/sanity 1.pdf.
3. Ver Norman Mailer, *The White Negro*, primeira publicação em *Dissent* (outono, 1957), http://www.learnto question.com/resources/database/archives/003327.html.
4. Ver Harrington, *Psychopaths*, p. 233.
5. Para uma biografia detalhada de São Paulo e insights esclarecidos sobre sua complexa psicologia, ver Andrew N. Wilson, *Paul: The Mind of the Apostle* (Nova York: W. W. Norton & Co., 1997).
6. Ver Michael White, L. *From Jesus to Christianity: How Four Generations of Visionaries and Story tellers Created the New Testament and the Christian Faith* (San Francisco, CA: HarperCollins, 2004), p. 170.
7. "Se", poema de Rudyard Kipling do qual esses versos foram retirados, foi publicado pela primeira vez em sua coletânea *Rewards and Fairies* (Londres: Macmillan, 1910).
8. Ver Derek G. V. Mitchell, Rebecca A., Richell, Alan Leonard e R. James R. Blair, "Emotion at the Expense of Cognition: Psychopathic Individuals Outperform Controls on an Operant Response Task", *Journal of Abnormal Psychology* 115, n. 3 (2006): 559–66.
9. Para saber mais sobre o conceito de fluir, ver Mihály Csíkszentmihályi, *Finding Flow: The Psychology of Engagement with Everyday Life* (Nova York: Basic Books, 1996).
10. Martin Klasen, René Weber, Tilo T. J. Kircher, Krystyna A. Mathiak e Klaus Mathiak, "Neural Contributions to Flow Experience during Video Game Playing", *Social Cognitive and Affective Neuroscience* 7, n. 4 (2012), 485–95.

11. Ver Elsa Ermer, Joshua D. Greene, Prashanth K. Nyalakanti e Kent A. Kiehl, "Abnormal Moral Judgments in Psychopathy", pôster apresentado na Conferência da Sociedade para o Estudo Científico da Psicopatia em Montreal, Canadá, maio de 2011.
12. Ver Antoine Lutz, Lawrence L. Greischar, Nancy B. Rawlings, Matthieu Ricard e Richard J. Davidson, "Long-Term Meditators Self-Induce High-Amplitude Gamma Synchrony during Mental Practice", *PNAS* 101, n. 46 (2004): 16369-73. Richard Davidson é diretor do Laboratório de Neurociência Afetiva da Universidade de Wisconsin. Para saber mais sobre seu trabalho, visite o website do laboratório em http://psyphz.psych.wisc.edu/. Ver também Richard J. Davidson e Sharon Begley, *The Emotional Life of Your Brain: How Its Unique Patterns Affect the Way You Think, Feel, and Live — and How You Can Change Them* (Nova York: Hodder & Stoughton, 2012).
13. Citação retirada de Steve Connor, "Psychology of Sport: How a Red Dot Swung It for Open Champion", *Independent*, 20 de julho de 2010.
14. Ver Bhikkhu Bodhi, *The Noble Eightfold Path: The Way to the End of Suffering* (Onalaska, WA: BPS Pariyatti Publishing, 2000), Cap. 6, "Right Mindfulness (Samma Sati)".
15. Ver Mahatssatipatthana Sutta, *The Great Discourse on the Establishing of Awareness* (Onalaska, WA: Vipassana Research Publications, 1996).
16. Ver Scott R. Bishop, Mark Lau, Shauna Shapiro, Linda Carlson, Nicole D. Anderson, James Carmody, Zindel V. Segal et al., "Mindfulness. A Proposed Operational Definitions", *Clinical Psychology: Science and Practice* 11, n. 3 (2004): 230-41.
17. Ver Shunryu Suzuki, *Zen Mind, Beginner's Mind: Integrated Talks on Zen Meditation and Practice*, org. de Trudy Dixon e Richard Baker (Nova York & Tóquio: Weatherhill, 1970).
18. Mehmet Mahmut e Louise Cridland, "Exploring the Relationship between Psychopathy and Helping Behaviours", pôster apresentado na Conferência da Sociedade para o Estudo Científico da Psicopatia em Montreal, Canadá, maio de 2011.
19. Ver W. Somerset Maugham, *Of Human Bondage* (Londres: George H. Doran and Company, 1915).
20. Diana Falkenbach e Maria Tsoukalas, "Can Adaptive Psychopathic Traits Be Observed in Hero Populations?", pôster apresentado na Conferência da Sociedade para o Estudo Científico da Psicopatia em Montreal, Canadá, maio de 2011.

21. Para saber mais sobre o Projeto de Imaginação Heroica, visite seu website em http://heroicimagination.org/.
22. Philip G. Zimbardo, "The Power and Pathology of Imprisonment", Hearings before Subcommittee N. 3 of the Committee on the Judiciary, House of Representatives, Ninety-Second Congress, *First Session on Corrections, Part II, Prisons, Prison Reform and Prisoner's Rights: California, Congressional Record*, Serial N. 15, 25 de outubro de 1971, Washington, DC: US Government Printing Office, 1971, www. prisonexp.org/pdf/congress.pdf.
23. Ver Irving L. Janis, *Groupthink: A Psychological Study of Policy Decisions and Fiascoes*, 2ª ed. (Boston: Houghton Mifflin, 1982).
24. Ver Timothy A. Judge, Beth A. Livingston e Charlice Hurst, "Do Nice Guys — and Gals — Really Finish Last? The Joint Effects of Sex and Agreeableness on Income", *Journal of Personality and Social Psychology* 102, n. 2 (2012): 390–407.
25. Ver Uma Vaidyanathan, Jason R. Hall, Christopher J. Patrick e Edward M. Bernat, "Clarifying the Role of Defensive Reactivity Deficits in Psychopathy and Antisocial Personality Using Startle Reflex Methodology", *Journal of Abnormal Psychology* 120, n. 1 (2011): 253–8.
26. Para aqueles interessados em saber mais sobre a ciência do perfil criminal, ver Brent Turvey, *Criminal Profiling: An Introduction to Behavioral Evidence Analysis* (San Diego: Academic Press, 1999); David V. Canter e Laurence J. Alison (orgs.), *Criminal Detection and the Psychology of Crime* (Brookfield, VT: Ashgate Publishing, 1997).
27. Ver Andreas Mokros, Michael Osterheider, J. Stephen Hucker e Joachim Nitschke, "Psychopathy and Sexual Sadism", *Law and Human Behavior* 35, n. 3 (2011): 188–99.

A Tipologia Kelleher para serial killers do sexo masculino os diferencia em quatro categorias distintas: visionários, missionários, hedonistas e caçadores de poder. Visionários respondem a mensagens paranormais, comunicação divina e/ou alter egos influentes que os mandam matar. Missionários se sentem incumbidos de "limpar" a sociedade, normalmente vitimizando prostitutas e outros alvos em minorias seletivamente designadas, como homossexuais e grupos étnicos ou religiosos particulares. Hedonistas — o tipo mais comum de serial killer do sexo masculino — são predominantemente orientados para o prazer, frequentemente se excitando ao matar. Eles podem ser subdivididos em três tipos distintos: assassinos por luxúria (que matam por gratificação sexual); assassinos por emoção (que matam puramente pelo prazer de caçar e matar suas vítimas); e assassinos por conforto (que matam por ganho material). Finalmente, caçadores de poder matam para exercer controle sobre suas vítimas. Muitos desses assassinos abusam sexualmente de suas vítimas, mas diferem dos assassinos por luxúria porque, em seu caso, o estupro é usado como força de dominação, e não por gratificação sexual.

A Tipologia Kelleher para serial killers do sexo feminino compreende cinco diferentes tipos: viúvas-negras, anjos da morte, predadoras sexuais, assassinas por vingança e assassinas por lucro. Viúvas-negras matam membros da família, amigos e qualquer outra pessoa com quem tenham estabelecido relacionamento pessoal próximo, seu objetivo primário sendo atenção e simpatia. Anjos da morte trabalham em hospitais e casas de repouso e se sentem exaltadas por seu poder sobre a vida e a morte, frequentemente levando suas vítimas à beira da morte para então curá-las "milagrosamente". Esse tipo de assassina é geralmente diagnosticada com Síndrome de Munchausen por procuração.

Os motivos das predadoras sexuais, assassinas por vingança e assassinas por lucro são bastante autoevidentes — embora se deva notar que predadoras sexuais são extremamente raras (Aileen Wuornos sendo provavelmente o único exemplo de assassina serial que se enquadra nessa descrição). Assassinas por lucro constituem o tipo mais comum de serial killer do sexo feminino, com quase três quartos das mulheres nessa categoria.

Para aqueles que desejam saber mais sobre serial killers, tanto da variedade masculina quanto da feminina, ver Michael D. Kelleher e C. L. Kelleher, *Murder Most Rare: The Female Serial Killer* (Westport, CT: Praeger, 1998); e Michael Newton, *The New Encyclopedia of Serial Killers*, 2ª ed. (Nova York: Checkmark Books, 2006).

28. Ver Heinz Wimmer e Josef Perner, "Beliefs about Beliefs: Representation and Constraining Function of Wrong Beliefs in Young Children's Understanding of Deception", *Cognition* 13, n. 1 (1983): 103-28.

29. Ver Alfred B. Heilbrun, "Cognitive Models of Criminal Violence Based Upon Intelligence and Psychopathy Levels", *Journal of Consulting and Clinical Psychology* 50, n. 4 (1982): 546-57.

30. O trabalho de Paul Ekman e Robert Levenson é descrito em Daniel, Goleman, and the Dalai Lama (prefácio), *Destructive Emotions: How Can We Overcome Them?: A Scientific Dialogue with the Dalai Lama* (Nova York: Bantam Books, 2003). Para uma visão de fundo geral, ver também Paul Ekman, Richard J.

Davidson, Matthieu Ricard e B. Alan Wallace, "Buddhist and Psychological Perspectives on Emotions and Well-Being", *Current Directions in Psychological Science* 14, n. 2 (2005): 59-63.

31. Os dados ainda não foram publicados.
32. Ver Christopher J. Patrick, Margaret M. Bradley e Peter J. Lang "Emotion in the Criminal Psychopath: Startle Reflex Modulation", *Journal of Abnormal Psychology* 102, n. 1 (1993): 82-92.
33. Para um guia acessível aos escritos e à filosofia de Atisha, ver Geshe Sonam Rinchen, *Atisha's Lamp for the Path to Enlightenment*, org. e trad. Ruth Sonam (Ithaca, NY: Snow Lion Publications, 1997).
34. Ver Blake Morrison, "Along Highways, Signs of Serial Killings", *USA Today*, 5 de outubro de 2010.
35. Ver Don Marquis, "The Lesson of the Moth", em *The Annotated Archy and Mehitabel*, org. de Michael Sims (Nova York: Penguin, 2006).

Agradecimentos

Falando psicologicamente, escritores vêm em várias formas e tamanhos. Para mim, escrever um livro que faz as pessoas rirem seria, em tese, relativamente fácil. Escrever um livro que faz as pessoas rirem e pensarem — como fiz antes com *Flipnosis* (ou assim disseram aqueles que gostam de mim) — é um pouco mais difícil. Escrever um livro que faz as pessoas apenas pensarem, bem... não é nem um pouco fácil.

A sabedoria dos psicopatas provavelmente se encaixa nessa terceira categoria (embora, às vezes, eu tenha conseguido sorrir, não vamos discutir a respeito). Psicopatas são inegavelmente fascinantes. Mas a verdade nua e crua é que não há nada remotamente engraçado a respeito deles. Eles podem ser perigosos, destrutivos e mortais — e qualquer escritor sério tem o dever de tratá-los tão judiciosamente na página impressa quanto o faria na vida real.

Essa escrupulosa higiene editorial é ainda mais importante em condições de gentileza existencial: quando se apresenta a noção de que o cérebro do psicopata não é inteiramente o mundo glacial e inóspito entrevisto, como ocorre frequentemente, em uma remota órbita neurológica dentro do pululante firmamento sináptico, mas oferece, em vez disso e contrariamente à crença popular, um habitável refúgio psicológico para pessoas normais, regulares, durante o curso de suas vidas cotidianas (ao menos em suas regiões mais amenas e temperadas). Evidências devem ser apresentadas dentro de argumentos científicos hermeticamente selados e empiricamente esterilizados para erradicar mesmo o mais infinitesimal micróbio de hipérbole ou glamourização — e as conclusões devem ser geradas em condições estritamente controladas e altamente seguras.

Mas psicopatas são tão cativantes no papel quanto são pessoalmente... e minha mulher garante que eu não escapei ileso de suas intricadas garras. Ao fim deste livro, eu aparentemente estou um pouco mais longe no espectro psicopático que estava no começo e, por um tempo, andei patinando em gelo fino.

Então, naturalmente, ela tem um plano. Para reequilibrar a balança e compensá-la, ela insiste que meu próximo livro seja um tratado sobre amor e compaixão — dois atributos que, em minha opinião, são absolutamente superestimados e inestimavelmente supérfluos (grande chance de eu escrever *esse* livro). Sobre o que, Elaine, eu gostaria de dizer: obrigado por nada, amor. Meu advogado vai ligar pra você.

Billy Wilder disse uma vez que agentes são como pneus: para chegar a algum lugar, você precisa de ao menos quatro e eles precisam ser trocados a cada 8 mil quilômetros. Pessoalmente, não posso enaltecer o bastante os méritos do uniciclo — em particular os da variedade Patrick Walsh. Com a ajuda de meu especialista em reparos Jake Smith-Bosanquet, eu venho rodando com Patrick já há alguns anos e gostei de cada minuto no selim. Só Deus sabe aonde nossa próxima aventura irá nos levar.

Outras pessoas sem a ajuda das quais este livro jamais teria visto a escuridão da noite (e que pagaram devidamente a taxa de inclusão) são: Denis Alexander, Paul Babiak, Alysha Baker, Helen Beardsley, James Beasley III, Peter Bennett, James Blair, Michael Brooks, Alex Christofi, David Clark, Claire Conville, Nick Cooper, Sean Cunningham, Kathy Daneman, Ray Davies, Roger Deeble, Mariette DiChristina, Liam Dolan, Jennifer Dufton, Robin Dunbar, Elsa Ermer, Peter Fenwick, Simon Fordham, Mark Fowler, Susan Goldfarb, Graham Goodkind, Annie Gottlieb, Cathy Grossman, Robert Hare, Amelia Harvell, John Horgan, Glyn Humphreys, Hugh Jones, Terry Jones, Stephen Joseph, Larry Kane, Deborah Kent, Nick Kent, Paul Keyton, Kent Kiehl, Jennifer Lau, Scott Lilienfeld, Howard Marks, Tom Maschler, Matthias Matuschik, Andy McNab, Alexandra McNicoll, Drummond Moir, Helen Morrison, Joseph Newman, Richard Newman, Jonica Newby, Steven Pinker, Stephen Porter, Caroline Pretty, Philip Pullman, Martin

Redfern, Christopher Richards, Ann Richie, Ruben Richie, Joe Roseman, John Rogers, Jose Romero-Urcelay, Tim Rostron, Debbie Schiesser, Henna Silvennoinen, Jeanette Slinger, Nigel Stratton, Christine Temple, Leanne ten Brinke, John Timpane, Lisa Tuffin, Essi Viding, Dame Marjorie Wallace, Fraser Watts, Pete Wilkins, Mark Williams, Robin Williams, Andrea Woerle, Philip Zimbardo, Konstantina Zougkou. (Nota: apesar de sua inquestionável importância, Ian Collins não compareceu com o desembolso necessário e, portanto, aqui se destaca por sua ausência.)

Agradecimentos especiais também aos meus editores na William Heinemann, Tom Avery e Jason Arthur, e para as igualmente rigorosas Amanda Moon e Karen Maine na Farrar, Straus and Giroux.

Nota do autor

Por razões legais (e, às vezes, pessoais), os nomes e os detalhes identificatórios de certas pessoas foram alterados. Essa necessária camuflagem demográfica, no entanto, não compromete de nenhum modo a voz desses indivíduos disfarçados — e todos os passos foram dados para relatar encontros e conversas tão autêntica e acuradamente quanto possível. Deve-se notar que, dadas as restrições em relação aos equipamentos de gravação, esse foi especialmente o caso no Broadmoor, onde algum grau de licença narrativa se tornou inevitável ao equilibrar a balança entre manter o sigilo dos pacientes e preservar a paisagem única tanto dos personagens quanto do diálogo.

Índice

abelha jataí (*Tetragonisca angustula*) 100n
abelhas, "ladra" e "soldado" 100n
abertura para experiência 52, 54, 56, 184, 208, 226, 233n6
abuso sexual por assassinos caçadores de poder 255n27
acupuntura 131-132, 137
Adverts, The 152
advogado do diabo, O (filme) 13
Aeroporto de Newark, trevo rodoviário 88, 90
Afeganistão 137, 156
agentes da lei: vantagens do "talento" psicopático 25-26
agentes secretos 122
agressão 66, 68, 133
  e MAOA-L 243n4
  e o gene psicopático potencial 151
  e polimorfismo MAOA 133
  e preconceito de gênero 230n8
  e psicoticismo 50
  em criminosos 34
  incondicional 101
  longa linhagem de agressão interpessoal 96
  pessoal oportunista 183
  transtorno de conduta 65n
agressores, taxa de batimentos cardíacos em 38-39
Aharoni, Eyal 122, 135
Aldrin, Buzz 36
Allen, Corey 89
Allport, Gordon 51
altruísmo 71, 94, 104, 210-212, 258n7
alucinações 172
  auditivas 198n
amabilidade 52, 54-56, 59, 71, 233n6
amante da guerra, O (filme) 125-126
ameaças de dominância social 151
amídala 10, 31, 40, 77, 115, 125, 129-130, 151, 154, 165, 176, 183, 216
Amyciaea lineatipes 14
análise de frequência de voz 132n2
análise fatorial 51
analistas de governança corporativa 143
Andrews, Brian 72-73, 111n
anfetamina 127

anjos da morte 255n27
ansiedade 56, 188, 207
　e supervigilância a ameaças 11
　evolução da 12
　falta 61, 79, 134, 206-207, 209, 212, 215
　política de tolerância zero da 42
antipsicopatas 43
Apple 182-183
aprendiz, O (série de TV) 142
argumento da carona 95-96
Aristóteles 11, 60
Arlidge, John 182
Armstrong, Neil 36, 37
arqueologia cognitiva 43
　assassino de Long Island 223
assassinos por conforto 254n27
assassinos por emoção 254n27
assassinos por luxúria 254n27
assertividade 56
Associação Americana de Psiquiatria 65
Associação Nacional de Chefes de Polícia dos Estados Unidos 23
atenção plena 171, 186-189, 193, 207, 208, 226, 251n7
"Átila corporativo" 151, 246n8
Atisha 222, 223
atividade eletrodérmica 91, 161
autenticidade afetada 123
autismo 239n30
　espectro autista 75, 239n30
　ligação "gênio"/"loucura" 11
autoconfiança 25, 69, 94, 114n, 184, 202, 232n18
autoconsciência 56
autodisciplina 71

autoestima 225, 242n13
Axelrod, Robert 102, 103-105, 106

Babiak, Paul 118, 135, 136-37, 143
Bacon, Sir Francis 92
Bailey, Kent 28, 32
Baird, Abigail 130
Banco Real da Escócia 246n8
Barker, Dr. Anthony 153
Bartels, Daniel 33, 34
BBC 157
Beasley, agente especial supervisor James, III 216-219
Bechara, Antoine 116, 133, 190
behavioristas 73
Bentham, Jeremy 33
Bernet, Professor William 149
berserkers 28, 32
Big Five, teste de personalidade 53-57, 59, 71, 208
　avaliação de especialistas sobre o perfil de personalidade psicopática 56-57
　avaliação de especialistas sobre psicopatas de sucesso 71
Bin Laden, Osama 126, 159
Bishop, Scott 208
Blair, James 77, 132-133, 134, 137
Blake, Richard 171-173, 191, 192
Board, Belinda 34, 38, 117, 118, 128
Boddy, Clive R. 143-144, 151
Bodhi, Bhikkhu: *The Noble Eightfold Path: The Way to the End of Suffering* 207
Bolsa de Valores de Londres 143
Book, Angela 22-23, 26, 28, 41, 119, 220
Bravo Two Zero 155, 156

British Open, Campeonato, St. Andrews 202
Broadmoor, Hospital 169, 194
  e CEOs 117
  Paddock, Centro 171-173, 191
  Transtornos de Personalidade Severos e Perigosos (DSPD), unidade de 172, 173, 192
Brown, John 121n
Buckholtz, Joshua 127
Buda (Sidarta Gautama) 207, 223
budismo 188, 207-208
  monges budistas 43, 206, 220-221, 222
  Zen 208
budismo Teravada 207
Bundy, Ted 13, 21, 22, 23, 218, 219
busca de excitação 56
Business Scan (B-Scan) 135-137

caçada persistente 29
caçadores 29, 32
caçadores de personalidade 49-53
caçadores de poder (categoria de serial killers do sexo masculino) 254n27
Caldwell, Michael 251n3
Cambridge Gamble Task 41
carisma 14, 25, 39, 74, 95, 108n, 113, 117, 119, 182, 198, 225
Carr, Nicholas: "*The Dreams of Readers*" 147
Carter, Rosalynn 20
Caspi, Avshalom 148
Cattell, Raymond 51-52
  dezesseis fatores primários da personalidade 51-52
cenário de transplante 62-63

cenário do café 249n32
cenário do inquilino indesejado 176-178
Centro de Crime e Justiça, King's College, Londres 145
Centro de Tratamento Juvenil Mendota, Madison, Wisconsin 251n3
  Beth Israel Deaconess Medical Center, Boston 129
Centro Nacional de Análise de Crimes Violentos (EUA) 216
Centro para a Ciência do Cérebro, Universidade de Essex 160
Centro para o Estudo da Evolução, Universidade de Sussex 101n
Centro para Trauma, Resistência e Crescimento, Universidade de Nottingham 121
Centro Weinberg de Governança Corporativa, Universidade de Delaware 144
CEOs, atributos psicopáticos em 117, 129, 170
Challenger, desastre da 87-88, 213, 215
charme 9, 14, 20, 23, 34, 35, 61, 68, 76, 94, 95, 119, 171, 178-179, 182, 193, 215, 225, 241n13, 251n3
  Escala de Psicopatia (renomeada como Escala de Psicopatia — Revisada) 63-64, 70, 72, 76, 79, 80, 81, 117, 135, 139, 172
  modelo de quatro fatores 64
Cheng, Yawei 131, 132
chimpanzés
  contágio de bocejos 130n
  resolução de conflitos 94-95, 215
China: petição para a lei do "bom samaritano" 140

Christal, Raymond 52
Churchill, Sir Winston 1
cibernética 104
cirurgiões
    emoções antes de entrar na sala de cirurgia 131, 138, 159, 209
    vantagens do "talento" psicopático 25, 26, 35-36
Cleckley, Hervey 61-62, 64, 72, 74
    The Mask of Sanity 61-62, 197
    escalas, defensores de 73
Clinton, presidente Bill 57, 144
cobras *versus* pit bulls 38
código genético 150
Cohen, Leonard 183
Colman, Andrew 88, 89, 90, 92, 97, 115, 118
Comissão Rogers 88
competência 56
"competência criminal", placar de 122
comportamento lícito: incapacidade de se adequar ao 65
comportamento obsessivo-compulsivo 12, 58, 59
comportamento predatório 10, 11, 13, 24, 26-30, 36, 45, 87, 96, 120, 126, 128
compulsão 54
condutividade da pele 161
conformidade 71, 86
conformidade social 215
consciência 166
    falta de 9
"contabilidade de guerrilha" 143
contágio de bocejos 130
Convenção de Genebra 197
convenções sociais 215
convergência 87
Cooper, Nick 130n, 161-168
coragem 37, 38, 43, 107, 186, 187
córtex anterior pré-frontal 124
córtex cingulado anterior 77, 132, 203, 205
córtex fusiforme 77
córtex insular direito 115
córtex motor 153, 165
córtex orbital frontal 35, 77, 115
córtex órbito-frontal medial 31
córtex paracingulado anterior 31
córtex parietal posterior 31
córtex pré-frontal 31, 124, 125, 147
córtex pré-frontal dorsolateral 130, 165
córtex pré-frontal medial 132
córtex pré-frontal visual 130
córtex somatossensorial 115, 129, 132, 217
córtex superior pré-frontal 132
corvos competindo em "atos de bravura" 240n7
Costa, Paul 52
Cowell, Simon 142
Cracknell, Iain 180-182
Craig, Michael 124
criatividade 117
    e esquizofrenia 11
    e esquizotipia 75
    e neuroticismo 55
    e o gene *neuregulin 1* 11
criminosos
    atributos psicopáticos em 34, 38
    criminosos psicopatas e a subescala de impulsividade autocentrada 212
    criminosos psicopatas e jogadores de videogame 203
    e técnicas de descompressão 251n3

motivações dos ladrões ingleses 145
reincidência em prisioneiros psicopatas 66, 72, 198
crise financeira global 144
Crocuta crocuta (espécie de hiena pintada) 233n6
Crust, Lee 184
Csíkszentmihályi, Mihály 202, 207
culpa, ausência de 61, 77
"cultura da dignidade", argumento da 142, 150
curdos 24

Dahmer, Jeffrey 21
Daily Telegraph 85-86
Dannatt, lorde 146
darwinismo 44, 87, 90, 106, 215
Davi e Golias 215
Davidson, Richard 206, 222
Davis, Steve 202
De Waal, Frans 95, 240n7
Dean, James 89
delírios 172
Demetrioff, Sabrina 123n, 220
depressão 56, 153, 188, 207
  e atenção 12
  evolução da 12
desarmadores de bombas 37-39, 232n18
Descartes, René 153
DiCaprio, Leonardo 96
Dickens, Charles 208
difusão, imageamento por tensor de 124
dilema do prisioneiro 97-100, 102, 103, 183, 241n12
dilemas morais 222
  alto conflito (pessoal) 203-206
  baixo conflito (pessoal) 203-204, 206
  impessoal 31, 203n
  pessoal 31
  tipos de 203-204
dinâmica "cooperar/desertar" 183
disfunção neural 77
distração 121
divisão *socialite*/eremita 59
doença de Parkinson 153
Donnelly, Robert 18
dopamina 127
Dunbar, Robin 28, 32, 33
  e psicopatia 65, 66, 70
  relato de caso 67-68

Egocentrismo 34, 50, 61
Ekman, Paul 220-222
Elizabeth II, rainha 155
Elson, Charles 144
embaixada iraniana em Londres, ataque do SAS à (1980) 158-159
emoções
  cinco básicas 12
  controle das 122, 200
  fingindo 123, 130-131
  papel das 242n3
  pobreza de 61
  "psicopatas funcionais" 116
empatia 30, 200, 216
  cognitiva 218
  declínio em estudantes universitários 146
  emocional 218
  dos predadores 29
  falta de 25, 34, 77
  fria 31, 32
  quente 31, 32

emprego: profissões mais/menos psicopáticas do Reino Unido 170
enigma do funeral 48
 Great British Psychopath Survey 170
enxaqueca 153
epigenética 150, 151
epilepsia do lobo temporal 198n
Escala de Autoavaliação de Psicopatia 22, 23, 26, 221
escola Peripatética, Atenas 60
Escritório Estadual de Investigação de Oklahoma 224
espectro psicopático 25, 75, 79, 81, 180, 225
esporte
 drogas de desempenho 144
 estoicismo no 201
 inclemência no 178
 psicologia do 202
esquizofrenia
 e criatividade 11
 e o gene *neuregulin 1* 11
 espectro esquizofrênico 75
 "gênio"/"loucura", ligação 11
 um transtorno dimensional 75
estabilidade 50
estilo de vida interpessoal transiente 61
estimulação magnética transcraniana (TMS) 45, 124, 129, 130, 137, 153–154, 161, 164, 165, 250n32
estímulos aversivos 230n8
estoicismo 200, 201
Estrangulador de Stockwell 172
estresse
 atividade eletrodérmica 91
 imunidade ao 215

Estripador de Yorkshire 172
estupro 18, 62, 66, 136, 144, 219, 255n27
 caso de Brian David Mitchell 144
 caso de Gacy 18
 como modo de dominação 255n27
 como modo de gratificação sexual 255n27
 em série 66
evolução moral 105
evolução, teoria da 196
evolucionista, psicologia/psicólogo 10, 44, 115n
evolucionistas, teóricos 230n8
executivos, atributos psicopáticos em 34, 38
"experiência ótima" 202
experimento do contrabando de lenço 26, 27, 28
Extreme Persuasion (programa de rádio) 157
extroversão 50, 52, 54, 56, 59, 114, 225, 233n6, 242n13
Eysenck, Hans 49
 modelo de personalidade incorporando os quatro temperamentos de Hipócrates 49–50

Facebook 43
Faculdade de Administração de Stanford 115
Faculdade de Justiça Criminal John Jay, Universidade Municipal de Nova York 212
Faculdade de Magdalen, Oxford 195
 sala de professores 32

Faculdade de Medicina da Geórgia 61
Falkenbach, Diana 212, 215
Faschingbauer, Thomas 57
fascículo uncinado 125
FBI (Federal Bureau of Investigation) 92, 223, 224
　Iniciativa contra Mortes Seriais em Rodovias 224
　Unidade de Análise do Comportamento 216
Fear Factor (reality game show) 142
Fecteau, Shirley 129–130, 217, 219
Figueredo, Aurelio 233n6
financeiro, setor 143–144, 189, 190
Financial Times 35
"fluir" 202
foco 25, 34, 36, 55, 74, 78, 129, 159, 162, 171, 178–179, 182, 191, 193, 201, 202, 203, 210
Foot, Philippa 30, 204n
Força Aérea dos Estados Unidos 52
Forças Especiais 92, 126, 131, 136, 137, 155, 157, 159, 162, 184–185, 186
Forgas, Joe 12
fraude 122–125
fraude, propensão à 65
frieza/calma sob pressão 41, 55, 74, 113, 114n, 119, 122, 155, 216, 222, 225, 246n18
Fritzon, Katarina 34, 38, 117–118, 128
fronteira sem destino/obcecado por controle 59
frota americana no Pacífico 214
Frydman, Cary 116–117, 133, 243n4
funções autônomas 221

Fundação para o Estudo da Personalidade na História, Houston, Texas 57

Gacy, John Wayne 18–21, 23, 80
Galvani, Luigi 153
"Gary Gilmore's Eyes" (música pop) 152
gekkoísmo 143
"gene guerreiro" 117, 148, 243n4
genes transportadores de serotonina 151
"gênio"/"loucura", ligação 11
genômica comportamental 149
"Geração Eu" 145
Geraghty, James 24, 36
Gilbert e Sullivan (Sir W.S. Gilbert e Sir Arthur Sullivan) 12
Gilmore, Gary 152–153, 166
Goodwin, Fred "The Shred" 246n8
gorilas: resolução de conflitos 215
Gosling, Sam 233n6
Gran Turismo (videogame) 167
grandioso senso de valor próprio 24
Greene, Joshua 30, 31
gregos antigos 60
Griffiths, Dai 180, 181
Griskevicius, Vladas 87
guerra: estatística de fatalidades 141

habilidades de comunicação não verbal, análise das 132n2
Häkkänen-Nyholm, Helinä 123
Hancock, Jeff 128
"Hannibal Lecter" 13, 24, 164, 219
Hare, Robert 19–20, 36, 63–64, 66, 117, 118, 123, 128, 135, 137, 139–140, 143, 148, 150–153, 163, 221
Harrington, Alan 151
　Psychopaths 196

Harris, Capitão George L. 83-84
Harris, Robert: *The Fear Index* 252n8
Harry, príncipe 155
Harvard Faculty Club 145
hedonistas (categoria de serial killers do sexo masculino) 254n27
Heilbrun, Alfred 219
Henry: Retrato de um assassino (filme) 218n
hienas pintadas, avaliação da personalidade de 233n6
hipocampo 77
Hipócrates 49, 50
 quatro temperamentos 49, 50
hipotálamo 40
hipótese "lexical" da personalidade 51
Hitler, Adolf 93
Hobbes, Thomas: *Leviatã* 105, 141
Holmes, Alexander, marujo 84-86, 107
homens: emoções de "ativação negativa" 230n8
"Homer Simpson" 109, 130
homicídios, queda na taxa de 140
Hussein, Saddam 24

IBM 182
Igreja: abuso sexual de menores 144
ilha de Oahu, Havaí 214
iluminação espiritual 188, 197
imprevisibilidade 61
impulsividade 38, 50, 56, 65, 127, 212
 e MAOA-L 243n4
imunidade à punição 61
inclemência 9, 13, 23, 25, 27, 35, 44, 74, 95, 119, 121, 122, 162, 171, 178, 182, 193, 197, 198, 216, 241n13

Índice de Reatividade Interpessoal 146
influência social 213
Instituto de Psiquiatria, King's College, Londres 125, 148
Instituto de Tecnologia da Califórnia 116
Instituto de Tecnologia de Massachusetts (MIT) 154
 Departamento do Cérebro e Ciências Cognitivas 250n32
Instituto Nacional de Saúde (EUA) 52
Instituto Nacional de Saúde Mental, Washington, DC 132
intencionalidade 154, 250n32
Interestadual 40 (EUA) 224
internet 47, 87, 140, 148
introversão 50, 54
Inventário da Personalidade Psicopática 73-74, 81, 85, 111n, 126, 129, 130, 131, 135, 180, 212
Iraque 155
Irmandade Ariana ("A Rocha") 92, 106
irresponsabilidade 38, 61, 66
irritabilidade 66

Jack, o Estripador 21
Jacobson, Neil e Gottman, John: *When Men Batter Women* 38-39
"James Bond" 112, 113, 137, 225
Janis, Irving 87, 213
Jobs, Steve 182
jogo do ultimato 90-91
Johnson, Dominic 243n4
Jonason, Peter 118, 137, 225
Jonason, Peter *et al*: "Who is James Bond? The Dark Triad as an Agentic Social Style" 113-114

Joseph, Stephen 121
Journal of Business Ethics 143
junção temporal parietal 132
junção temporal parietal direita 154,165, 250n32
Juventude transviada (filme) 89

Karim, Ahmed 124, 137, 153, 154, 164, 250n32
Keegan, Richard 184
Kelleher, Tipologia para serial killers do sexo masculino 254n27
Kennedy, John F. 57
Kéri, Szabolcs 11
Kiehl, Kent 44, 133-134, 137, 203, 205-206
King, James 233n6
Kipling, Rudyard 200, 201, 202
Klasen, Martin 203, 205
Konrath, Sara 146
Kouri, Jim 23, 57

Laboratório de Cognição Dinâmica, Universidade de Washington, St. Louis 147
leitura de histórias 147-148
Levenson, Escala de Autoavaliação de Psicopatia de 96, 170
Levenson, Robert 221, 222
Lewinsky, Monica 144
Lilienfeld, Scott 48, 57, 70, 72-75, 79, 80, 111n
linguagem: ausência de contexto emocional para psicopatas na 19-20
livre-arbítrio 60, 149
lobos frontais 147
lobos temporais 147

Loewenstein, George 10, 116, 133, 190
Lucas, Henry Lee 217, 218, 223
Lynam, Donald 55, 71
Lyon, Jordon 86

macacos-urso: resolução de conflitos 215
Madoff, Bernie 48
magnanimidade 94-95
Mahasatipatthana Sutta 207
Mahmut, Mehmet 35, 210-212, 217, 219
Mailer, Norman 197
manie sans delire 60
manipulação 23, 56, 61, 118, 131, 199
Manson, Charles 21
Manual Diagnóstico e Estatístico de Transtornos Mentais 58-59
 exclusão da psicopatia 70
 grupos estranho/excêntrico, dramático/errático e ansioso/inibido 253-257n12
 transtorno de personalidade antissocial 65-66, 72, 73
MAOA (monoamina oxidase A) 117, 133, 148, 149
MAOA-L 117, 243n4
Maquiavel 93
maquiavelismo 113 - 114, 212
marinha americana 214
Marinha Imperial do Japão 214-215
Marquis, Don: *Archy and Mehitabel* 226-228
Matrix (filme) 102
Maudsley, Robert 24
Maynard Smith, John 101n
McCrae, Robert 52

McGoohan, Patrick 53
McNab, Andy 155-158, 160-164, 166, 167, 168, 184
meditação de presença aberta 221
medo, ausência de 9, 25, 35, 38-39, 44, 77, 94, 95, 125, 129, 154, 171, 185-186, 187, 193, 198, 200, 201, 212, 241n13
  e gene psicopata potencial 151
medo, resposta de 10
Meloy, Reid 27, 28, 32, 120
Melville, Herman 47
Meninas
  estratégias de inibição do comportamento 230n8
  habilidades linguísticas e socioemocionais 230n8
  ver também mulheres
mente brilhante, Uma (filme) 11
mentira 124, 125, 153, 154
  quociente 124
meticulosidade 52, 54, 56, 59, 71, 233n6
MI5 113
microexpressões 123, 157, 220
mielina 124n2
Mill, John Stuart 33
missionários (categoria de serial killers do sexo masculino) 254n27
mistério de Candyman, O (filme) 41
Mitchell, Brian David 144
Mitchell, Derek 200
modéstia 71
Moffitt, Terrie 148
monges tibetanos budistas 43, 222
  em teste de processamento subliminar de faces 220-221
monogamia 215

moral, flexibilidade 250n32
Morant, Greg 119-121, 199, 219
Morris, Karl 202
Morrison, dr. Helen 18-20, 23
Mossberg, Walt 182
Moulton, Jon 35
Mujica-Parodi, Lilianne 40, 41
mulheres
  assassinas seriais 255n27
  criminalidade feminina 140
  e radar psicopata 28
  emoções de "recuo negativo" 230n8
  estigma social de apresentar sentimentos antissociais 230n8
  ver também meninas
Mullins-Sweatt, Stephanie 71, 72, 73
Museu dos Serial Killers, Florença 21-23

narcisismo, narcisistas 58, 59, 114, 146, 172, 212
Nasa 36, 87, 88
Nash, John 11
National Literacy Trust 148n
NBC 142
NEO, Inventário de Personalidade 52-57, 64
nervo trigêmeo 164
neuregulin 1, gene 11
neurociência 61, 148
neurociência cognitiva 30, 43
neurociência cultural 149
neuroeconomia, neuroeconomistas 90, 115, 118, 242n3
neurolei 148, 149
neurônios espelhos 129, 217, 219, 245n22
neuroticismo 50, 52, 55, 56, 59, 114n, 233n6

Newman, Joseph 75-81, 132, 209
Nietzsche, Friedrich 93, 139
Nijinsky, Vaslav 11
Nobre Caminho Óctuplo 207
Nokia 182
Novick, Don 189-191

obsessão 54
OCEAN (abertura para a experiência, meticulosidade, extroversão, amabilidade e neuroticismo) 52
Ohira, Hideki 90-92
ondas alfa 20
ondas beta 20
ondas cerebrais, tipos de 20
ondas delta 20
ondas teta 20
Only fools and horses (programa de TV) 9
Oosthuizen, Louis 202
Operação Nimrod 158
Orwell, George 178
Osumi, Takhiro 90-92
Överkalix, estudo sueco 150

Pacino, Al 13
padrões de eletroencefalograma 19-20, 61, 161, 162, 163
Page, Andrew 59
paraquedistas 40, 157-158
Patrick, Chris 222
Paulo, São 197-200, 201
Pearl Harbor, ataque a (1941) 214-215
Pedro, São 199
penitenciária de segurança máxima de San Quentin 92
pensamento de grupo 87, 88n, 213, 214

perfeccionismo 54
perfil psicológico 34, 117
período de crescimento lento 150n
personalidade colérica 49, 50
personalidade fleumática 49, 50
personalidade melancólica 49, 50
personalidade psicopática
  a "presença" 44
  ação 171, 189-192, 193
  amoralidade 35
  arrogância 56, 71
  assertividade 71
  atenção plena 171, 186-189, 193
  ausência de ansiedade 61, 79, 114n, 134, 206, 209
  ausência de consciência 9
  ausência de culpa 61, 77
  ausência de medo 9, 25, 35, 44, 77, 79, 94, 122, 129, 134, 151, 154, 171, 184-186, 187, 193, 198, 200, 241n13
  ausência de neuroticismo 114n
  ausência de objetivos de longo prazo 56
  ausência de remorso 13, 71, 77
  ausência de sentimento de vergonha 61
  autoconfiança 25, 56, 69, 232n18
  autoestima 225, 242n13
  baixa aversão ao risco 77
  baixo limiar para o tédio 173
  busca por excitação 71
  carisma 14, 25, 56, 113, 117, 198, 225
  charme 9, 14, 20, 23, 34, 35, 61, 68, 76, 94, 95, 119, 171, 178-179, 182, 193, 225, 241n13, 251n13

controle emocional 122
desonestidade 71
egocentrismo 34, 61
estilo interpessoal transiente 61, 223, 224
estoicismo 200
exploração 71, 225
extroversão 225, 242n13
foco 25, 34, 36, 78, 126, 129, 171, 178-179, 182, 193, 203, 210
frieza 41, 113, 216, 222, 225, 246n18
grandioso senso de valor próprio 24
imprevisibilidade 61
impulsividade 38, 56, 127
imunidade à punição 61
incapacidade de assumir a culpa 70
inclemência 56
inclemência 9, 13, 23, 25, 27, 35, 44, 119, 121, 122, 171, 182, 193, 197, 198, 210, 216, 241n13
indiferença à adversidade 56
inteligência 61, 62
irresponsabilidade 38, 61
manipulação 23, 56, 61, 118, 131, 199
mentira 56
motivação 198
motivados por recompensas 20, 126-129, 206
persuasão 23, 32, 34, 63, 111, 113, 131, 251n3
pobreza de emoções 61, 62
predatório 13, 28, 126
resiliência mental 171, 183-184, 193
riscos 20, 126, 127, 128
superficialidade 69

talento para o disfarce 15, 20, 123, 178-179, 224, 241n43
"visão de túnel" emocional 78
personalidade sanguínea 49, 50
personalidade
   dezesseis fatores primários da personalidade de Cattell 51-52
   dimensões Big Five 53, 233n6
   fatores recorrentes de Tupes e Christal 52
   hipótese "lexical" 50
   introversão/extroversão 50
   Inventário da Personalidade NEO 52
   lista de Allport 51
   neuroticismo/estabilidade 50
   OCEAN 52
   psicoticismo 50
   quatro temperamentos de Hipócrates 49, 50
persuasão 23, 32, 34, 74, 95, 111, 113, 131, 251n3
Petersen, Dean 94
Peterson, Lloyd 121n
Peterson, Margaret 121n
Pinel, Philippe 60
Pinker, Steven 140-142, 145-146, 150, 151
   The Better Angels of Our Nature 140
piscadas, taxa de 44, 222
pixelização emocional 128
Pizarro, David 33, 34
polícia: racismo institucional 144
polimorfismo genético 11
polo temporal 31
polvos, sociabilidade em 233n6
"populações de heróis" 212, 213
Porter, Stephen 123

Prenda-me se for capaz (filme) 96
presidentes dos Estados Unidos 57
primatas: resolução de conflitos 95
Primeira Guerra do Golfo 155
Prisão Estadual da Flórida 21
Prisão Estadual de Utah, Draper, Utah 152
Prisão Wakefield 24
prisioneiro, O (série de TV) 53
"dilema do trem" 30–34, 62, 204n
Programa de Apreensão de Criminosos Violentos (ViCAP) 224
Projeto de Imaginação Heroica 213
psicologia clínica, psicólogos 58–59, 64
psicólogos cognitivos 78
psicólogos ocupacionais 52–54
psicólogos sociais 88
Psicopata americano (filme) 168
Psicopatia
  corporativa 117–118, 136
  definida 65
  dificuldade de tratar psicopatas 251n3
  e altruísmo 210–211
  e ASPD 65, 66, 69, 70
  e baixos níveis de MAOA 148, 149
  e iluminação espiritual 188
  e o problema da empatia 25, 29, 34, 77, 216–219
  e radar de vulnerabilidade 22, 26–27, 199, 220
  e sucesso na vida 134–135
  e traços espirituais 226
  espada de dois gumes 42–45
  evolução da 44, 215
  funcional/disfuncional 35
  linguagem corporal 230n2
  mal-adaptativa 134
  modelo da teoria dos jogos 89–90
  "o novo homem" 196
  o primeiro psicopata 95–97
  o psicopata "puro" 76, 172
  positiva 212
  possibilidade de se tornar adaptativa 44
  preconceito de gênero vn2 230n8
  primeiro desenvolvimento da psicopatia 28
psicopatas "bem-sucedidos" 48, 70, 71
"psicopatas funcionais" 116, 133, 134, 137, 190, 217
reduzida matéria cinzenta no córtex pré-frontal anterior 124
sabedoria dos psicopatas 42
psicose e gene *neuregulin 1* 11
psicoticismo 50
pulsação 161, 222
  agressores 37–38
  desarmadores de bombas 37, 38
  e acupuntura 131–132
  Neil Armstrong 36

Quantico, Virgínia 216, 226
Quem quer ser milionário? (videogame) 168
questionários de avaliação de psicopatia 96
questões "bala de prata" 48

Rachman, Stanley 37, 38, 39, 232n18
raciocínio moral, trabalho de Liane Young sobre 154, 249n32
radar psicopata 27–28

Rain Man (filme) 11
Raine, Adrian 126
raios gama 127n
Rangel, Antonio 243n4
Rapoport, Anatol 103, 105
Ray, John 134
Reagan, Ronald 88
recompensas, motivados por 20, 126–128, 206
Rede de Pesquisa da Mente, Albuquerque 133
redes sociais 87
Rees, Tim 206
remorso, ausência de 13, 67, 77
resiliência mental 74, 171, 183–184, 193
resolução de conflitos 94, 95, 215
resposta de pânico 132
resposta de sobressalto 221
resposta de sobressalto emocional 222
resposta galvânica da pele 132, 161
ressonância magnética funcional 31, 40, 44, 61, 127, 130, 131, 134, 147, 203, 216
Rett, síndrome de 239n30
Rhodes, Primeiro Suboficial Francis 83, 84, 107
Richardson, Wylie 149
Rilling, James 183
risco 133
  assumindo riscos 20, 126, 127, 128, 184
  aversão ao risco 10, 77, 184
Rizzolatti, Giacomo 245n22
Robinson, Anne 142
Rogers, Colin 158
Roosevelt, família 57
Roosevelt, Franklin D. 214

Rossi, Fabrizio 21, 23, 44
Rubenzer, Steven 57
Rush, Benjamin 60

Sacks, Oliver: *O homem que confundiu sua mulher com um chapéu* 11
santos 197, 200, 226
santos contra trapaceiros 100–102, 104
Saulsman, Lisa 59
SEALs 159
Segunda Guerra Mundial 214
seleção natural 28, 115n, 151
senso de vergonha, ausência de 61
  serial killers 13, 18 21, 23, 24, 26, 35, 57, 113, 217–218, 223–224, 225, 254n27
Serviço Aéreo Especial (SAS) 156–158, 162, 185
Sete Sucessos Capitais, conjunto de habilidades chamado 193
"Sherlock Holmes" 169
Shiv, Baba 109, 115, 116, 118, 133, 190
shoshin ("mente de aprendiz") 208
Shramana (monge errante) 223
si, domínio de 222
si, noção de 147
Síndrome de Asperger 239n30
Síndrome de Munchausen por procuração 255n27
"*process goal*" 202
sistema de rodovias interestaduais dos Estados Unidos 223
Smart, Elizabeth 144
sobrevivência do mais apto 96, 99, 105
Sociedade para o Estudo Científico da Psicopatia: conferência (Montreal, 2011) 139

SOS, mentalidade 192-194
Spector, Phil 94
Speer, Nicole 147
St. Césaire, França 95
Steinem, Gloria 115
substância cinzenta periaquedutal 132
sulco superior temporal 31, 77
Sun Tzu 94
suor 222
   suor de exercícios 40, 41
   suor do medo 40, 41, 42, 232n21
superpsicopatas 152
supersanidade 195-196
Suzuki, Shunryu 208

Talibã 137, 156, 155
Tarefa de Interrupção Emocional 200-201, 222
tarefa de reconhecimento de emoções 130, 137
tarefa imagem-palavra de Stroop 78
tarefas de decisão lexical 19
Taube, Seth 143
técnica de descompressão 251n3
Teofrasto: *Os caracteres* 60
teoria/teóricos dos jogos 11, 27, 44, 89-90, 97-100, 102, 115-116, 118, 137, 190
teóricos desenvolvimentistas 230n8
terapia cognitivo-comportamental (CBT) 188
Teresa, Madre 80
teste de artes marciais 208-209
testosterona 151
Thompson, Hunter S. 195, 226
Thomson, Judith Jarvis 30, 62

TIT FOR TAT, programa 103-104, 106
Tolkien, J.R.R. 93
tomada de decisão 222
   de risco 41
   difícil 13
   disfuncional 191
   e emoções 35, 190, 243n3
   financeira 243n3
   moral 124, 203-204, 231n9, 250n32
   na NASA 88
   ótima 89
   pobre 133, 134, 215
   velocidade e qualidade da 134
   vida e morte 204
tomografia por emissão de pósitrons 127
Toole, Ottis 218n
"transformação psicopata" 154, 164-168
transtorno antissocial 59
transtorno borderline 59, 172, 173
transtorno de conduta 65
transtorno de personalidade antissocial (ASPD) 65-66, 73
   critérios para 72
transtorno de personalidade esquizotípica 58, 59, 75
   e criatividade 75
transtorno dependente 59
transtorno desintegrativo da infância 239n30
transtorno esquizoide 59
transtorno evasivo 59
transtorno histriônico 59
transtorno paranoide 59, 172, 173
transtorno pervasivo do desenvolvimento 239n30

transtornos de personalidade definidos pelo *DSM* 58-59
  grupos estranho/excêntrico, dramático/errático e ansioso/inibido 58
transtornos em *cluster* 172
"triângulo dourado" do desempenho 205
Trier, teste de estresse social de 132
Trivers, Robert 104-105
troféu 217
Tsoukalas, Maria 212, 215
Tupes, Ernest 52
Twenge, Jean 146

UCL (University College London) 200
Universidade Aachen 203
Universidade Brock, Canadá 22
Universidade Carnegie Mellon, Pittsburgh 10, 115, 116
Universidade da Califórnia, Berkeley 220, 233*n*6
  Laboratório de Psicofisiologia 221
Universidade da Califórnia, San Diego, Faculdade de Medicina 27
Universidade da Colúmbia Britânica 19, 128, 220
Universidade da Virgínia 28
Universidade de Cambridge 174
Universidade de Colúmbia 33
Universidade de Cornell 33, 128
Universidade de Edimburgo 243*n*4
Universidade de Emory, Atlanta 48, 183, 219
Universidade de Exeter 206
Universidade de Harvard 30, 104
Universidade de Helsinque 123
Universidade de Illinois 51
Universidade de Iowa 115
Universidade de Kentucky 55
Universidade de Leicester 88
Universidade de Lincoln 184
Universidade de Macquarie, Sydney 35, 210
Universidade de Michigan: Instituto de Pesquisa Social 146
Universidade de Nagoya, Japão 90
Universidade de New South Wales 12
Universidade de Oxford 28, 207
  Departamento de Psiquiatria 188
Universidade de Parma 245*n*22
Universidade de São Paulo 100*n*
Universidade de Semmelweis, Budapeste 11
Universidade de Sheffield 153
Universidade de Stanford 115, 213
Universidade de Stony Brook, Nova York 40
Universidade de Sussex 100*n*
Universidade de Tübingen, Alemanha 124, 154
Universidade de Wisconsin, Madison 76, 206, 209
Universidade de Zurique 95
Universidade do Arizona 233*n*6
Universidade do Novo México 113, 122, 133
Universidade do Sul da Califórnia, Los Angeles 116, 126
Universidade do Texas, em Austin 233*n*6
Universidade Estadual da Flórida 222
Universidade Estadual de Oklahoma 71

Universidade Estadual de San Diego 146
Universidade Estadual do Arizona 87
Universidade Nacional Yang-Ming, Taiwan 131
Universidade Vanderbilt, Nashville, Tennessee 126, 149
utilitarismo 33, 63, 205

valores sociais, inversão dos 147
Van Gogh, Vincent 11
vantagem adaptativa 11
vantagens da paranoia 12
Verdi, Giuseppe 12
videogames, jogadores 140, 142, 167n, 203
vigaristas 119-121, 122, 219
vikings 28, 32
violência
 ameaça de 185, 187
 e empatia 219-220
 frequência em psicopatas reincidentes 66
 motivação para a 145
 Pinker falando sobre 141, 145
 psicopática 172

visionários (categoria de serial killers do sexo masculino) 254n27
viúvas-negras 255n27
viver no momento 189, 200
voar, medo de 188
Volta, Alessandro 153
vulnerabilidade 26, 56, 119, 199, 220

Waldroup, Bradley 149
Wall Street 140, 143, 151
Whyte, William H. 87
Wilde, Oscar 169
William Brown, tragédia do 83-85, 86, 107, 205
Williams, Mark 188, 207
Wuornos, Aileen 255n27

Young, Liane 154, 164, 249n32
YouTube 43

Zacks, Jeffrey 147
Zald, David 127
Zen budismo 208
Zimbardo, Philip 213-214, 215
Zollikofer, Christoph 95, 96, 141

Este livro foi composto na tipografia
Minion Pro Regular, em corpo 11,5/15,5, e impresso
em papel off-white no Sistema Digital Instant Duplex
da Divisão Gráfica da Distribuidora Record.